Kafka IN ACTION

Kafka IN ACTION

예제로 마스터하는
카프카 스트리밍 플랫폼

최중연 옮김

딜런 스콧
빅토르 가모프
데이브 클라인 지음

i!i
에이콘

 에이콘출판의 기틀을 마련하신 故 정완재 선생님 (1935-2004)

딜런

날마다 나를 자랑스럽게 만드는 하퍼와 우리 가족에게,
날마다 더 큰 기쁨을 선사하는 노엘에게 이 책을 바친다.
항상 나의 가장 큰 지지자인 부모님, 누나, 아내에게도 이 책을 바치고 싶다.

빅토르

이 책을 집필하는 동안 많은 도움을 준 아내 마리아에게 이 책을 바친다.
시간이 많이 걸리는 작업이었기에 여기저기서 많은 시간을 할애해야 했다.
당신의 격려가 없었다면 아무 일도 일어나지 않았을 것이다. 사랑한다.
천진난만하며 솔직한 내 아들 앤드루와 마이클에게도
이 책을 바치고 싶고 고맙게 생각한다.
사람들이 아이들에게 아빠가 어디에서 일하냐고 물으면
"아빠는 카프카에서 일해요."라고 말하곤 했다.

데이브

아내 데비와 우리 자녀인 재커리, 애비게일, 벤자민, 사라, 솔로몬, 한나, 요안나, 리베카,
수산나, 노아, 사무엘, 기드온, 조슈아, 다니엘에게 이 책을 바친다.
궁극적으로 내가 하는 모든 일은 창조주이자 구세주이신
예수 그리스도의 영광을 위해 하는 것이다.

2011년 첫 릴리스를 시작으로 아파치 카프카는 데이터 인 모션 시스템data-in-motion system이라는 새로운 카테고리를 만들어 냈으며, 현재는 수많은 최신 이벤트 기반 애플리케이션의 토대가 되고 있다. 딜런 스콧, 빅토르 가모프, 데이브 클라인이 공동 저술한 이 책은 아파치 카프카로 이벤트 기반 애플리케이션을 설계하고 구현하는 기술을 제공한다. 저자들은 다년간의 실제 카프카 사용 경험을 바탕으로 집필했으며, 이 책의 차별화된 부분은 바로 경험에서 나오는 현장감이다.

잠시 "애초에 왜 카프카가 필요한가?"라는 질문을 해보자. 역사적으로 대부분의 애플리케이션은 데이터 저장 시스템data-at-rest system을 기반으로 구축됐다. 관심 있는 이벤트가 발생하면 즉시 이러한 시스템에 저장됐지만, 이러한 이벤트의 활용은 사용자가 명시적으로 정보를 요청하거나 나중에 일괄 처리 작업이 시작될 때 이뤄졌다.

데이터 인 모션 시스템을 통해 새로운 이벤트가 발생했을 때 수행할 작업을 미리 정의해 애플리케이션을 구축할 수 있다. 새로운 이벤트가 발생하면 거의 실시간으로 애플리케이션에 자동으로 반영된다. 이러한 이벤트 기반 애플리케이션은 기업이 데이터에서 새로운 인사이트를 훨씬 더 빠르게 도출할 수 있다는 점에서 매력적이다. 이벤트 기반 애플리케이션으로 전환하려면 사고의 전환이 필요하며, 항상 쉬운 것은 아니다. 이 책은 이벤트 기반적 사고를 이해하는 데 도움이 되는 포괄적인 리소스와 함께 직접 사용해 볼 수 있는 현실적인 실습 예제를 제공한다.

이 책에서는 개발자가 카프카로 종단 간end-to-end 이벤트 기반 애플리케이션을 구축하는 방법에 중점을 두고 카프카가 어떻게 작동하는지 설명한다. 기본적인 카프카 애플리케이션을 구축하는 데 필요한 구성 요소와 카프카 스트림즈 및 ksqlDB 같은 라이브러리를 사용해 고급 애플리케이션을 만드는 방법을 배우게 된다. 애플리케이션을 빌드한 후에는 모니터링 및 보안 같은 주요 주제를 포함하여 프로덕션 환경에서 애플리케이션을 실행하는 방법도 다룬다.

독자들도 나만큼이나 이 책을 즐기기를 바란다. 행복한 이벤트 스트리밍이 되기를!

— 준 라오Jun Rao, 컨플루언트Confluent 공동 창립자

| 옮긴이 소개 |

최중연(newpcraft@gmail.com)

엔터프라이즈 환경에서 쿠버네티스 기반 카프카 클러스터를 제공하는 서비스를 개발 및 운영하고 있으며, 운영자 개입이 최소화되고 자동으로 관리되는 완전 관리형 서비스Fully Managed Services 설계에 관심이 많다. 번역서로는 에이콘출판사에서 펴낸 『일래스틱 스택을 이용한 머신러닝 2/e』(2022), 『일래스틱 스택을 이용한 머신러닝』(2020), 『Kafka Streams in Action』(2019), 『일래스틱서치 쿡북 3/e』(2019), 『키바나 5.0 배우기』(2017), 『Elasticsearch in Action』(2016) 등이 있다.

아파치 카프카는 분산형 이벤트 스트리밍 플랫폼으로, 대용량 데이터를 처리하고 실시간으로 스트리밍하는 데 사용되는 강력한 핵심 도구 중 하나다. 카프카는 링크드인에서 개발됐으며, 현재는 아파치 소프트웨어 재단의 오픈소스 프로젝트로 관리되고 있다. 아파치 카프카는 실시간 데이터 파이프라인, 이벤트 스트리밍, 로그 집계 등 다양한 애플리케이션과 시스템에서 사용되며, 대규모 기업부터 스타트업까지 다양한 조직에서 활발하게 사용되고 있다.

컴퓨팅 분야의 유행은 마치 패션처럼 빠르게 변화한다. 그러나 2011년 첫 출시 이후 지금도 메시지 큐와 메시지 버스 영역에서는 아파치 카프카가 여전히 주요 플랫폼으로 남아 있으며, 스트리밍 플랫폼으로 빠르게 확장되고 있다. 과거에도 아파치 카프카는 스트림 처리가 가능했지만, 스톰, 플링크, 스파크 등과 결합하여 스트림 처리를 확장했던 시기도 있었다. 그러나 현재는 프로듀서 및 컨슈머 개념과 이를 확장하여 구현한 카프카 스트림즈만으로도 대용량 실시간 스트리밍 처리를 프로덕션 환경에 성공적으로 적용하고 있다.

프로덕션 환경에서 아파치 카프카를 이용해 데이터를 처리할 때는, 처리해야 할 데이터 규모와 별개로 여러 지식들을 배우고 고려해야 한다. 스프링 카프카 같은 잘 정의된 고수준 API를 사용하면 빠르게 필요한 애플리케이션 개발을 완료할 수 있다. 그러나 서비스가 느려지거나 실패할 때 카프카 클러스터뿐만 아니라 클라이언트의 저수준 API가 작동하는 원리를 이해하지 못한다면 서비스 정상화가 지연될 뿐만 아니라 이러한 문제를 미연에 방지할 수도 없을 것이다.

이 책은 아파치 카프카를 활용하여 애플리케이션을 개발하는 과정에서 필요한 기본 개념을 예제와 함께 설명하며, 독자의 이해를 점진적으로 높이기 위해 클라이언트, 서버, 카프카 생태계 등을 차례대로 다룬다. 이 과정을 진행하면서 아파치 카프카의 장점뿐만 아니라 한계에 대해서도 인사이트를 얻어 안정적인 프로덕션 애플리케이션을 개발하고 운영하는 데 도움이 되기를 기대한다.

| 지은이 소개 |

딜런 스콧 Dylan Scott

자바와 펄 분야에서 10년 이상의 경력을 쌓은 소프트웨어 개발자다. 대규모 데이터 마이그레이션을 위한 메시징 시스템으로 카프카를 사용하기 시작한 후, 카프카와 스트림 처리의 세계를 더 깊이 파고들기 시작했다. 뮬Mule, 래빗MQRabbitMQ, MQSeries, 카프카 등 다양한 기술과 큐를 사용했다.

업계에서의 경험을 보여주는 PMP, ITIL, CSM, Sun Java SE 1.6, Oracle Web EE 6, Neo4j, Jenkins Engineer 등의 다양한 자격증을 보유하고 있다.

빅토르 가모프 Viktor Gamov

아파치 카프카를 기반으로 이벤트 스트리밍 플랫폼을 만드는 회사인 컨플루언트Confluent에서 개발자와 개발자 커뮤니티를 대상으로 정보를 전달하는 대변인 역할을 하고 있다. 경력 전반에 걸쳐 오픈소스 기술을 사용해 엔터프라이즈 애플리케이션 아키텍처를 구축하는 데 필요한 포괄적인 전문지식을 쌓았다. 아키텍트와 개발자가 지연 시간이 짧고 확장 가능하며 가용성이 높은 분산 시스템을 설계하고 개발하도록 돕는 것을 즐긴다.

분산 시스템, 스트리밍 데이터, JVM, 데브옵스DevOps 주제에 대한 전문 콘퍼런스 연사이며, JavaOne, Devoxx, OSCON, QCon 등의 이벤트에서 단골 연사로 활동 중이다. 또한 『Enterprise Web Development』(O'Reilly, 2014)의 공동 저자다.

빅토르의 트위터 @gamussa를 팔로우하면 체육관 생활, 음식, 오픈소스 그리고 카프카에 관한 글을 볼 수 있다!

데이브 클라인^{Dave Klein}

28년간 개발자, 건축가, 프로젝트 관리자(복직), 작가, 트레이너, 콘퍼런스 주최자, 홈스쿨링 아빠로 일하다가 최근 꿈에 그리던 컨플루언트의 개발자 지원 담당자로 자리를 잡았다. 아파치 카프카를 통한 이벤트 스트리밍의 놀라운 세계에 감탄하고 있으며, 다른 사람들이 이 놀라운 세계를 탐험할 수 있도록 돕고 싶어 한다.

기술 서적에 대해 이야기할 때 자주 받는 질문 중 하나가 왜 서면 형식이냐는 것이다. 적어도 딜런에게 독서는 항상 그가 선호하는 학습 스타일의 일부였다. 또 다른 요인은 그가 처음 읽었던 실용적인 프로그래밍 책인 앤드루 존슨Andrew L. Johnson의 『Elements of Programming with Perl』(Manning, 2000)을 기억하는 향수 때문이기도 하다. 책 내용이 깊은 인상을 남겼고, 다른 저자와 함께 페이지를 하나씩 넘기는 것이 즐거웠다. 아파치 카프카로 작업하며 읽었던 자료에서 일부 실용적인 내용을 이 책에 담으려고 한다.

카프카로 처음 작업을 시작했을 때 새로운 것을 배운다는 설렘이 우리를 감동시켰다. 우리가 생각했을 때 카프카는 이전에 사용했던 다른 메시지 브로커나 엔터프라이즈 서비스 버스ESB, Enterprise Service Bus와는 달랐다. 우리가 발견한 가장 큰 문제점을 해결하기 위한 선택지로 카프카를 살펴보기 시작했을 때, 빠른 프로듀서와 컨슈머 개발 속도, 데이터를 재처리할 수 있는 능력, 독립적인 컨슈머가 다른 컨슈머 애플리케이션에서 데이터를 제거하지 않고도 공유할 수 있는 능력과 같은 옵션들이 우리를 감동시켰다.

우리는 카프카가 데이터 플랫폼의 표준을 바꿀 것으로 보고 있으며, 카프카는 배치 및 ETL 워크플로를 실시간 데이터 피드에 가깝게 바꾸는 데 도움을 줄 수 있다. 이러한 기반은 많은 엔터프라이즈 사용자에게 익숙한 과거의 데이터 아키텍처로부터의 변화일 가능성이 높기 때문에, 카프카에 대한 사전지식이 없는 사용자가 카프카 프로듀서와 컨슈머로 작업을 하고, 기본적인 카프카 개발자 역할과 관리 작업을 수행할 수 있는 능력을 개발할 수 있도록 하고 싶었다. 학습이 끝날 무렵에는 새로운 핵심 카프카 지식을 바탕으로 클러스터 모니터링, 메트릭, 다중 사이트 데이터 복제와 같은 고급 카프카 주제를 편안하게 파고들 수 있기를 바란다.

이 책은 오늘날 카프카의 모습 중 어느 한 순간을 포착하고 있음을 항상 기억하자. 여러분이 이 책을 읽을 때쯤이면 카프카는 더 나은 모습으로 변화하고 있을 것이다. 아파치 카프카의 기초를 배우는 즐거운 여정에 도움이 되기를 바란다.

| 감사의 글 |

딜런: 우선 가족에게 고맙다는 인사를 전하고 싶다. 매일 보내주는 응원과 사랑은 모두를 사랑한다는 말만으로는 감사하기에 충분하지 않다. 댄과 데비, 항상 나의 가장 큰 지지자이자 최고의 팬이 되어주어 고맙다. 사라, 하퍼, 노엘, 모두가 보내주는 성원에 대해 나의 사랑과 자부심은 몇 마디 말로는 다 표현할 수 없을 것 같다. 항상 나를 지지해 준 DG 가족과 JC에게도 감사의 인사를 전한다.

이 작업의 공동 저자로 참여해 준 빅토르 가모프와 데이브 클라인에게도 특별히 감사의 인사를 전한다! 이 프로젝트를 진행하도록 동기를 부여해 준 직장 팀 동료와 기술 분야의 친구들도 언급할 필요가 있다. 세레니티 팀(베키 캠벨, 아담 도만, 제이슨 페어, 댄 러셀), 로버트 아베타, 제레미 캐슬이다. 검토뿐만 아니라 친절한 조언도 해준 자불라니 심플리시오 치바야에게도 감사 인사를 전한다.

빅토르: 아내의 모든 지원에 감사의 인사를 전한다. 컨플루언트의 개발자 관계 및 커뮤니티 팀Developer Relations and Community Team인 에일 머레이, 예바 바이젝, 로빈 모팻, 팀 버글런드에게도 감사의 인사를 전한다. 여러분 모두 아파치 카프카 커뮤니티를 위해 놀라운 일을 하고 있다!

데이브: 이 흥미진진한 여정에 참여하게 해준 딜런과 빅토르에게 감사의 인사를 전하고 싶다.

매닝의 편집자인 토니 아리톨라에게 감사의 인사를 전한다. 그녀의 경험과 지도가 이 책을 실현시키는 데 도움이 되었다. 토니가 편집장을 맡기 전 초대 편집자였던 크리스틴 와터슨과 기술 편집자인 라파엘 빌라, 니키 버크너, 펠리페 에스테반 빌도소 카스티요, 마우르 파틸, 발렌틴 크레타즈, 윌리엄 루덴말에게도 감사의 인사를 전한다. 그래픽에 큰 도움을 준 척 라슨과 코드의 기술 교정을 담당한 수만트 탐베에게도 감사의 인사를 전한다.

매닝 팀은 제작에서 홍보에 이르기까지 다양한 방면에서 도움을 준 고마운 팀이다. 편집, 수정, 마감일이 포함된 오타나 이슈가 콘텐츠와 소스 코드에 포함될 수 있겠지만(적어도 우리는 오타가 없는 책을 본 적이 없다!), 이 팀은 이러한 오류를 최소화하는 데 확실히 도움을 줬다.

네이선 마즈, 마이클 놀, 자나키람 MSV, 빌 베젝, 구나르 몰링, 로빈 모팻, 헨리 카이, 마틴 파울러, 알렉산더 딘, 발렌틴 크레타즈, 애니 리에게도 감사의 인사를 전한다. 이 그룹은 우리가 그들의 작업에 대해 이야기할 수 있게 해주고 훌륭한 제안과 피드백을 제공하는 데 큰 도움이 됐다.

준 라오, 기꺼이 '추천의 글'을 써주었다는 사실이 영광이며 정말 감사한 일이다!

이 책에 도움이 되는 자료 사용을 허락하고 카프카의 발전을 위해 노력하고 있는 아파치 카프카 커뮤니티 전체(물론 제이 크랩스, 네하 나크헤데, 준 라오도 포함)와 컨플루언트 팀에 큰 감사의 인사를 전한다. 이 책을 통해 개발자들이 카프카에 더 많은 관심을 갖게 되기를 바랄 뿐이다.

마지막으로, 모든 리뷰어 여러분께 감사를 전한다. 브라이스 달링, 크리스토퍼 베일리, 시세로 잔도나, 코너 레드먼, 댄 러셀, 데이비드 크리프, 펠리페 에스테반 빌도소 카스티요, 핀 뉴익, 플로린-가브리엘 바부체아누, 그레고르 레이먼, 제이슨 페어, 자비에르 콜라도 카베사, 존 무어, 호르헤 에스테반 킬카테 오토야, 조슈아 화로위츠, 매든모한 사바다무수, 미셸 마우로, 피터 페를레프스, 로만 레브첸코, 샨케트 나이크, 쇼바 아이어, 수만트 탐베, 비톤 비타니스, 윌리엄 루덴말름. 여러분의 제안이 이 책을 더 나은 책으로 만드는 데 큰 도움이 되었다. 누락된 이름이 있다면 그 실수를 용서해 주길 바란다. 진심으로 감사의 인사를 전한다.

차례

08 카프카 스토리지   217

11 스키마 레지스트리

12 카프카 스트림즈와 ksqlDB를 활용한 스트림 처리

우리는 아파치 카프카를 실제로 시작하기 위한 가이드로서 이 책을 저술했다. 앞으로 특정 사용 사례에 맞게 카프카 동작을 변경하는 데 사용할 수 있는 몇 가지 조절 가능한 요소와 구성을 설명하는 작은 예제를 통해 독자를 안내할 것이다. 카프카의 핵심은 이 기초에 초점을 맞추고 있으며, 이를 기반으로 카프카 스트림즈 및 ksqlDB 같은 제품을 만들었다. 이 책이 끝날 때쯤이면 카프카를 사용해 다양한 비즈니스 요구사항을 충족시키는 방법을 익히고, 요구사항을 해결하기 위해 어디서부터 시작해야 할지 알 수 있기를 바란다.

대상 독자

스트림 처리를 배우고자 하는 모든 개발자를 위한 책이다. 카프카에 대한 사전지식은 필요하지 않지만, 기본적인 명령줄/터미널 지식이 있으면 도움이 된다. 카프카에는 우리가 사용할 강력한 명령줄 도구가 있으며, 사용자는 최소한 명령줄 프롬프트에서 탐색할 수 있어야 한다.

약간의 자바 언어 기술이나 모든 언어의 프로그래밍 개념을 인식할 수 있는 능력이 있으면 이 책을 최대한 활용하는 데 도움이 될 수 있다. 주로 자바 11(및 자바 8) 코딩 스타일로 제시된 코드 예제를 이해하는 데 도움이 될 것이다. 필수는 아니지만 분산 애플리케이션 아키텍처에 대한 일반적인 지식도 있으면 도움이 된다. 예를 들어, 사용자가 복제 및 실패에 대해 더 많이 알고 있을수록 카프카가 레플리카를 사용하는 방법을 더 쉽게 배울 수 있다.

이 책의 구성

이 책은 총 12개 장에 걸쳐 3부로 구성되어 있다. 1부에서는 카프카의 멘탈 모델을 소개하고 실제 세계에서 카프카를 사용하는 이유에 대해 이야기한다.

- 1장, '카프카 소개'에서는 카프카를 소개하며, 몇 가지 오해에 대한 반박 및 실제 사용 사례를 설명한다.
- 2장, '카프카 알아보기'에서는 상위 수준의 카프카 아키텍처와 주요 용어를 살펴본다.

2부에서는 카프카의 핵심적인 부분으로 이동한다. 여기에는 클러스터 자체뿐만 아니라 클라이언트도 포함된다.

- 3장, '카프카 프로젝트 설계'에서는 카프카가 프로젝트에 적합한 경우와 새 프로젝트 설계에 접근하는 방법을 살펴본다. 또한 스키마의 필요성을 나중이 아니라 카프카 프로젝트를 시작할 때 고려해야 할 사항으로 논의한다.
- 4장, '프로듀서: 데이터 공급'에서는 프로듀서 클라이언트를 생성하는 방법과 데이터가 카프카 클러스터에 들어가는 방식에 영향을 주기 위해 사용할 수 있는 옵션을 자세히 살펴본다.
- 5장, '컨슈머: 데이터 열기'에서는 컨슈머 클라이언트를 사용해 카프카에서 데이터를 가져오는 방법을 살펴본다. 보존된 메시지의 저장 측면을 활용할 수 있기 때문에 오프셋과 데이터 재처리라는 개념을 소개한다.
- 6장, '브로커'에서는 클러스터에서 브로커의 역할과 브로커가 클라이언트와 상호 작용하는 방식을 살펴본다. 컨트롤러와 레플리카 같은 다양한 구성 요소를 살펴본다.
- 7장, '토픽과 파티션'에서는 토픽과 파티션의 개념을 살펴본다. 여기에는 토픽이 컴팩션되는 방식과 파티션이 저장되는 방식이 포함된다.
- 8장, '카프카 스토리지'에서는 보존하거나 재처리해야 하는 데이터를 처리하기 위한 옵션인 도구와 아키텍처에 대해 설명한다. 수개월 또는 수년간 데이

터를 보존해야 하는 경우 클러스터 외부의 스토리지 옵션을 평가해야 할 수도 있다.

- 9장, '관리: 도구와 로깅'에서는 클러스터를 정상적으로 유지하는 데 필요한 로그, 메트릭, 관리 업무를 검토하면서 2부를 마무리한다.

3부에서는 카프카의 핵심적인 부분을 살펴보고, 실행 중인 클러스터를 개선하기 위한 옵션으로 넘어간다.

- 10장, '카프카 보호'에서는 SSL, ACL, 할당량 같은 기능을 사용해 카프카 클러스터를 강화하는 옵션을 소개한다.

- 11장, '스키마 레지스트리'에서는 스키마 레지스트리와 스키마 레지스트리를 사용해 데이터의 이전 버전 및 향후 버전 데이터셋과의 호환성을 유지하면서 데이터를 발전시키는 방법을 자세히 살펴본다. 이 기능은 엔터프라이즈급 애플리케이션에서 가장 많이 사용되는 기능으로 알려져 있지만, 시간이 지남에 따라 진화하는 모든 데이터에 유용할 수 있다.

- 마지막으로 12장, '카프카 스트림즈와 ksqlDB를 활용한 스트림 처리'에서는 카프카 스트림과 ksqlDB를 소개한다. 이러한 제품들은 2부에서 학습한 핵심을 기반으로 구축된 더 높은 수준의 추상화다. 카프카 스트림즈와 ksqlDB는 방대한 주제이므로, 여기서는 이러한 카프카 옵션에 대한 자세한 내용을 스스로 학습하는 데 도움이 될 정도의 세부 정보만 제공한다.

예제 코드

이 책에는 일반 텍스트와 함께 나오는 소스 코드와 번호가 매겨진 리스트의 두 가지 형태로 많은 예제가 포함되어 있다. 두 경우 모두 소스 코드를 일반 텍스트와 구분하기 위해 고정폭 글꼴로 서식을 지정했다. 원본 소스 코드의 서식을 다시 지정하여 책에서 사용 가능한 페이지 너비에 맞게 줄바꿈을 추가하고 들여쓰기 작업을 다시 했다. 이마저도 충분하지 않은 경우가 있어 줄바꿈 마커(➡)를 포함시켰다. 또한 코드 주석을 첨부하여 중요한 개념을 강조했다.

마지막으로, 많은 코드 예제는 그 자체로 독립된 것이 아니라 현재 논의 중인 내용 중 가장 관련성이 높은 부분만 발췌한 것임을 유의하길 바란다. 이 책의 모든 예제와 함께 제공되는 소스 코드는 깃허브(https://github.com/Kafka-In-Action-Book/Kafka-In-Action-Source-Code)와 출판사 웹사이트(www.manning.com/books/kafka-in-action)에서 전체 코드를 확인할 수 있다.

시작하기

1부에서는 아파치 카프카를 소개하고 카프카로 시도하기 적합한 실사례를 살펴보며 시작할 것이다.

- 1장은 카프카를 사용하려는 이유를 자세히 설명하며, 하둡과 비교해 카프카에 관해 듣게 되는 몇몇 오해를 해소한다.
- 2장은 카프카의 고수준 아키텍처와 카프카 생태계를 구성하는 다양한 부품인 카프카 스트림즈Kafka Streams, 커넥트Connect, ksqlDB 학습에 집중한다.

1부를 마치면 카프카에서 메시지를 읽고 쓰는 준비가 될 것이며, 핵심 용어 몇 가지도 알게 될 것이다.

01

카프카 소개

1장에서 다루는 내용

- 카프카를 사용하려는 이유
- 빅데이터에 관한 일반적인 오해와 메시지 시스템
- 강력한 메시징, 스트리밍, IoT 데이터 처리를 돕는 실제 사용 사례

많은 개발자는 다양한 위치에서 생산되는 데이터로 가득 찬 세상을 마주하고 있으며, 향후 레거시 시스템이 최선의 선택지가 아닐 것이라는 사실을 종종 인식하게 된다. IT 환경을 장악한 새로운 데이터 인프라의 기초 요소 중 하나가 아파치 카프카 Apache Kafka[1]다. 카프카는 데이터 플랫폼에 관한 표준을 바꾸고 있다. 추출Extract, 변형Transform, 로드Load, 즉 ETL과 배치 워크플로batch workflow(흔히 보류되었다가 사전 정의한 시간에 대량으로 처리하는 작업)에서 거의 실시간near-real-time 데이터 공급으로 이동하는 길을 카프카가 이끌고 있다[1]. 한때 엔터프라이즈 데이터 처리의 표준 작업이었

---

1 Apache, Apache Kafka, Kafka는 아파치 소프트웨어 재단(Apache Software Foundation)의 상표다.

던 배치 처리는 카프카가 제공하는 강력한 기능을 본 다음에는 되돌아가야 할 대상이 아닐 수 있다. 기업 규모와 상관없이 새로운 접근 방식을 채택하지 않는다면 눈덩이처럼 불어나는 데이터에 대응하기 어려울지도 모른다.

대량의 데이터를 가진 시스템은 쉽게 과부하 상태로 빠질 수 있다. 레거시 시스템은 다음 날까지 실행되는 야간 프로세싱 윈도로 대응했을 수 있다. 끊임없는 데이터 스트림이나 증가하는 데이터를 따라가기 위해 이 시스템 상태를 최신 상태로 유지하는 방법은 이러한 데이터가 발생할 때마다 정보를 처리하는 것이다.

카프카는 오늘날의 IT 분야에 있어 가장 최신의 실용적인 트렌드를 다루며 일상 업무를 더 쉽게 만든다. 예를 들어, 카프카는 이미 마이크로서비스microservice 설계와 사물인터넷IoT, Internet of Things에 진출했다. 점점 더 많은 회사를 위한 사실상 표준de facto 기술로서, 카프카는 슈퍼 긱geek이나 알파 추종자alpha-chaser를 위한 것이 아니다. 여기서는 카프카의 특징을 살펴보고 카프카 자체를 소개하며 현대 스트리밍 플랫폼의 면모를 더 많이 이해하는 것부터 시작해 보자.

1.1 카프카의 특징

아파치 카프카 사이트(http://kafka.apache.org/intro)는 카프카를 분산 스트리밍 플랫폼으로 정의하고 있는데, 세 가지 주요 기능은 다음과 같다.

- 메시지 큐처럼 레코드를 읽고 쓴다.
- 내결함성fault tolerance으로 레코드를 저장한다.
- 스트림이 발생할 때 처리한다[2].

일상 업무에서 큐queue나 메시지 브로커message broker 개념이 익숙하지 않던 독자라면, 일반적인 목적과 그러한 시스템의 흐름을 이야기할 때 도움이 필요할 수 있다. 이를 일반화해 본다면 카프카의 핵심 부분은 홈 엔터테인먼트 시스템에 있는 수신기receiver와 같이 IT를 제공하는 것으로 비유해 볼 수 있다. 그림 1.1은 수신기와 최종 사용자 사이의 데이터 흐름을 보여준다.

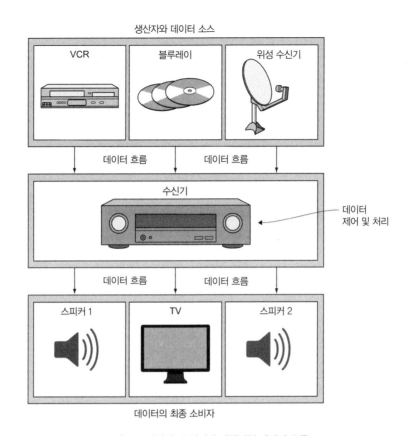

그림 1.1 생산자, 수신기와 개략적인 데이터 흐름

그림 1.1이 보여주는 것처럼, 디지털 위성, 케이블, 블루레이 플레이어는 중앙 수신기와 연결할 수 있다. 이러한 개별 부품이 데이터를 정기적으로 그들이 알고 있는 형식으로 보낸다고 생각할 수 있다. 그 데이터의 흐름은 영화나 CD가 플레이되는 동안 거의 변화가 없다고 볼 수 있다. 이 수신기는 끊임없는 데이터 스트림을 처리하고 다른쪽 끝단(이 수신기는 비디오를 TV에 보내고 오디오를 디코더 및 스피커에 보낸다)에 연결된 외부 장치에 적합한 형식으로 이를 변환한다. 그렇다면, 지금까지 설명한 내용이 카프카와 정확하게 어떤 관련이 있을까? 동일한 관계를 카프카 관점에서 이해하기 위해 그림 1.2를 살펴보자.

카프카는 다른 시스템과 접속하기 위한 클라이언트를 포함한다. 그러한 클라이언

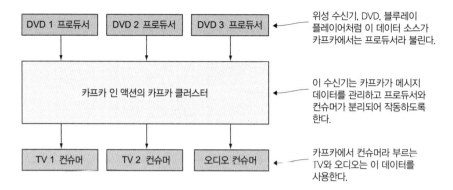

그림 1.2 프로듀서로부터 컨슈머로의 카프카 흐름

트 유형 중 하나를 프로듀서producer[2]라 부르며, 이는 많은 데이터 스트림을 카프카 브로커broker에 보낸다. 이 브로커는 그림 1.1의 수신기와 유사한 기능을 제공한다. 카프카는 브로커에서 데이터를 읽어 처리할 수 있는 클라이언트client인 컨슈머consumer[3]도 포함한다. 데이터는 단일 대상으로 제한될 필요가 없다. 이 프로듀서와 컨슈머는 완전하게 분리되어decoupled 개별 클라이언트가 독립적으로 작동할 수 있다. 이러한 수행 방식은 나중에 상세하게 들여다볼 것이다.

다른 메시징 플랫폼이 수행하는 것처럼, 카프카는 (프로듀서에 의해) 시스템으로 들어오고 (컨슈머나 최종 사용자를 위해) 시스템에서 나가는 (환원주의적인 용어로 말하자면) 데이터의 중개인처럼 행동한다. 프로듀서와 메시지의 최종 사용자 간에 분리를 통해 이러한 느슨한 결합을 형성한다. 프로듀서는 원하는 어떤 메시지라도 보낼 수 있지만, 구독한 사람이 있는지는 여전히 모른다. 게다가 카프카는 다음 세 가지 배달 delivery 방식도 제공한다[3].

- **최소 한 번 시맨틱**at-least-once semantics: 메시지는 수신확인acknowledge이 될 때까지 재발송한다.

- **최대 한 번 시맨틱**at-most-once semantics: 메시지는 단 한 번 보내며 실패하더라도 재발송하지 않는다.

---

2 '생산자'로 번역하는 대신 실무에서 일반적으로 사용하는 '프로듀서'라는 용어로 번역한다. 나중에 언급하겠지만, 프로듀서가 메시지를 'produce'하는 행위는 '생산'이라 번역한다. – 옮긴이

3 프로듀서와 마찬가지로 'consumer'는 '컨슈머'로 번역하고, 행위는 컨슘이나 컨슈밍이 아니라 '소비한다'로 번역한다. – 옮긴이

- **정확히 한 번 시맨틱**exactly-once semantics: 메시지는 이 메시지의 컨슈머에게 단
  한 번만 보인다.[4]

이러한 메시징 옵션의 의미를 알아보자. **최소 한 번 시맨틱**(그림 1.3)의 경우 프로듀서
가 같은 메시지를 한 번 이상 보내어 브로커에 틀림없이 기록되도록 카프카를 구성
할 수 있다. 메시지가 브로커에 쓰였음을 보증받지 못한다면, 프로듀서는 이 메시
지를 다시 보낸다[3]. 누군가가 청구서 대금을 지불했다는 메시지를 놓치지 말아야
하는 경우, 중복으로 인해 컨슈머 단에서 필터링해야 할 수는 있겠지만 가장 안전
한 배달 방식이다.

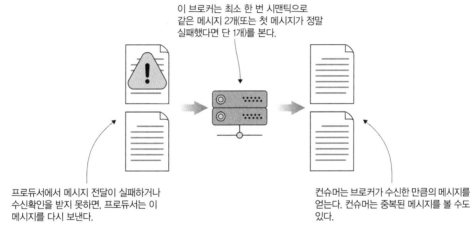

이 브로커는 최소 한 번 시맨틱으로
같은 메시지 2개(또는 첫 메시지가 정말
실패했다면 단 1개)를 본다.

프로듀서에서 메시지 전달이 실패하거나
수신확인을 받지 못하면, 프로듀서는 이
메시지를 다시 보낸다.

컨슈머는 브로커가 수신한 만큼의 메시지를
얻는다. 컨슈머는 중복된 메시지를 볼 수도
있다.

그림 1.3 최소 한 번 시맨틱의 메시지 흐름

최대 한 번 시맨틱(그림 1.4)은 프로듀서가 메시지를 한 번 보내면 절대 재시도하지 않
는 경우다. 메시지 전달이 실패하는 경우에도 프로듀서는 계속해서 다음 메시지로
넘어가고 실패한 메시지를 다시 보내려는 시도는 하지 않는다[3]. 그런데 메시지를
잃어도 괜찮은 경우는 어떤 경우일까? 유명한 웹사이트가 방문자 페이지뷰를 추적
하고 있다면, 이 웹사이트가 하루에 처리하는 수백만 개 중 소수의 페이지뷰 이벤트
는 아마 분실해도 괜찮을 것이다. 시스템 성능을 유지하기 위해 수신확인을 기다리
지 않는 것이 데이터 유실 비용보다 더 가치가 높을 수 있다.

---

4 단 한 번만 발송하는 것이 아니라 단 한 번만 보인다는 표현에 유의한다. – 옮긴이

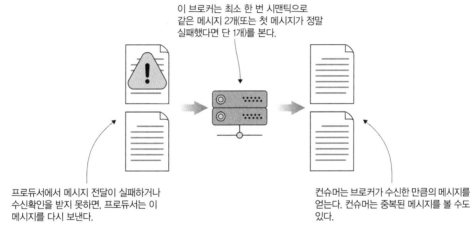

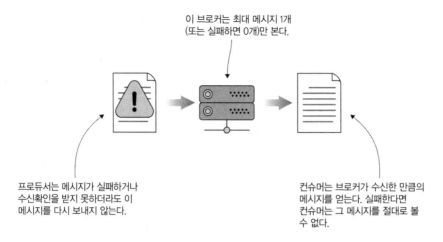

이 브로커는 최대 메시지 1개
(또는 실패하면 0개)만 본다.

프로듀서는 메시지가 실패하거나
수신확인을 받지 못하더라도 이
메시지를 다시 보내지 않는다.

컨슈머는 브로커가 수신한 만큼의
메시지를 얻는다. 실패한다면
컨슈머는 그 메시지를 절대로 볼
수 없다.

그림 1.4 최대 한 번 시맨틱의 메시지 흐름

카프카는 0.11.0 버전에서 EOS$^{Exactly Once Semantics}$라고도 알려진 **정확히 한 번 시맨틱**을 추가했다. 이 기능이 출시되면서 EOS에 대한 수많은 엇갈린 의견을 발생시켰다 [3]. 한편, 정확히 한 번 시맨틱(그림 1.5)은 많은 사용 사례에 있어 이상적이다. 이는 중복 메시지 제거를 타당성 있게 보장하는 것으로 비춰졌고, 그간 엇갈린 의견은 과거의 것이 되어가고 있으며, 대부분의 개발자는 메시지 하나를 보내고 소비 측면에서도 동일한 메시지를 수신하는 방식을 환영한다.

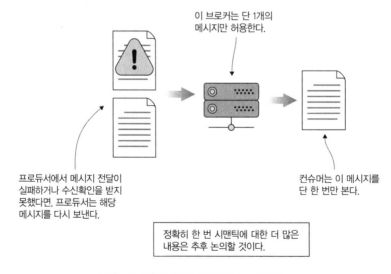

이 브로커는 단 1개의
메시지만 허용한다.

프로듀서에서 메시지 전달이
실패하거나 수신확인을 받지
못했다면, 프로듀서는 해당
메시지를 다시 보낸다.

컨슈머는 이 메시지를
단 한 번만 본다.

정확히 한 번 시맨틱에 대한 더 많은
내용은 추후 논의할 것이다.

그림 1.5 정확히 한 번 시맨틱의 메시지 흐름

EOS의 출시에 따른 또 다른 논의는 정확히 한 번이 가능한지에 대한 논의였다. 이는 컴퓨터과학 이론으로 더 깊게 들어가지만, 카프카가 EOS 기능을 어떻게 정의하는지 알고 있다면 도움이 된다[4]. 프로듀서가 메시지를 한 번 이상 보내더라도 최종 컨슈머는 여전히 단 한 번만 받을 것이다. EOS는 전체 카프카 계층(프로듀서, 토픽, 브로커, 컨슈머)에서 접점을 지니고 있는데 이에 대해서는 이 책 후반부에서 간략하게 다룰 것이며, 지금은 계속해서 설명을 진행한다.

다양한 배달 옵션 외에도 일반적인 메시지 브로커에 있어서 또 하나의 혜택은 컨슈머 애플리케이션이 오류나 유지관리 때문에 다운됐을 때에 있는데, 프로듀서는 메시지를 처리하는 컨슈머를 기다릴 필요가 없다. 컨슈머가 온라인으로 복귀하여 데이터를 처리하기 시작하면, 중단한 부분부터 다시 시작할 수 있어야 하고 어떠한 메시지 손실도 없어야 한다.

1.2 카프카 사용

수많은 전통적인 기업이 점점 더 기술적이고 소프트웨어 중심으로 변해야 하는 도전에 직면해 있는 상황에서 가장 중요한 질문 하나는 "미래를 어떻게 준비할 것인가?"이다. 한 가지 가능한 답변은 카프카다. 카프카는 기본적으로 복제와 내결함성을 특징으로 하는 고성능, 메시지 배달 도구로 유명하다.

카프카를 사용하면 프로덕션 환경에서 카프카로 방대한 데이터 처리 요구사항을 처리할 수 있다[5]. 2017년까지 1.0 버전도 아니었던 카프카가 이 모든 것을 가능하게 만들었다. 하지만 헤드라인을 장식하는 이러한 사실 외에도 사용자가 카프카를 사용해 보려고 하는 이유는 무엇일까? 그 답은 다음 절에서 살펴보자.

1.2.1 개발자를 위한 카프카

어째서 소프트웨어 개발자가 카프카에 관심이 있을까? 카프카 사용이 폭발적으로 증가하고 있으나, 개발자 수요가 충분하지 않다[6]. 전통적인 데이터 처리 방식으로부터 생각의 전환이 필요하다. 공유된 다양한 경험이나 과거의 고충으로부터 개발자는 카프카가 데이터 아키텍처에 있어 매력적인 발전이 가능한 이유를 알 수 있다.

새로운 개발자를 위한 카프카로의 다양한 진입로 중 하나는 기존에 알고 있는 기술을 활용하여 익숙하지 못한 기술을 사용할 수 있도록 돕는 것이다. 예를 들어 자바 개발자는 스프링Spring 개념을 사용할 수 있고, 스프링 카프카(https://projects.spring.io/spring-kafka)의 의존성 주입DI, Dependency Injection은 이미 주요 릴리즈 버전 몇 개를 거쳤다. 즉, 카프카뿐만 아니라 지원 프로젝트조차도 자체적으로 성장하는 생태계를 갖고 있다.

일반 개발자의 경우, 대부분의 프로그래머가 결합coupling 문제에 대한 도전에 직면해 있을 것이다. 예를 들어, 여러분이 하나의 애플리케이션을 변경하려고 할 때 이 애플리케이션을 다른 애플리케이션과 직접적으로 묶으려 할 수 있다. 또는 단위 테스트를 시작하면서 수많은 모의 객체mock를 만들어야 한다는 사실을 알게 된다. 카프카를 신중하게 적용한다면, 이러한 상황에서 도움이 될 수 있다.

예를 들어, 직원이 유급 휴가를 제출하는 데 사용하는 HR 시스템을 예로 들어보자. 생성create, 조회read, 변경update, 삭제delete, 즉 CRUD 시스템을 사용한다면, 휴가 제출은 급여뿐만 아니라 작업 예측을 위한 프로젝트 번다운 차트burndown chart도 처리될 가능성이 있다. 여러분은 이 두 가지 애플리케이션을 함께 묶을 것인가? 만약 급여 시스템이 다운된다면? 이것이 작업 예측 도구의 가용성에 영향을 미친다면?

카프카를 이용하면 오래된 설계에서 함께 묶여 있던 일부 애플리케이션을 분리 가능하다는 이점이 있음을 알게 될 것이다(11장에 있는 데이터 모델 성숙화에서 좀 더 깊게 들여다볼 것이다). 어쨌든, 이 워크플로 가운데에 카프카를 둘 수 있다[7]. 접속할 데이터는 수많은 API와 데이터베이스 대신 카프카가 된다.

혹자는 더 나은 그리고 더 단순한 솔루션이 있다고 말한다. 각 애플리케이션을 위해 최소한 ETL을 이용해 데이터를 데이터베이스에 로드하는 것은 어떨까? 애플리케이션당 단 하나의 접속만 있다면 쉬울 것이다. 그렇지 않은가? 하지만 만약 데이터의 초기 소스가 오염되거나 더 이상 쓸모없어진다면? 얼마나 자주 업데이트하기를 기대하며 어느 정도의 지연이나 일관성을 허용해야 할까? 이러한 복사본이 너무 오래되거나 소스로부터 멀리 떨어져 있어서 이 흐름을 다시 실행하여 동일한 결과를 얻기 어려울 수 있다면? 무엇이 단일 진실 공급원source of truth인가? 카프카는 이러한 문제를 방지하는 데 도움이 될 수 있다.

카프카가 카프카 자신의 기능을 사용하고 있다는 점도 카프카의 신뢰성을 더할 수 있는 또 다른 흥미로운 주제다. 예를 들어 5장에서 컨슈머 주제로 들어갈 때 컨슈머 오프셋을 내부적으로 관리하기 위해 토픽을 사용하는 방식을 알아보게 될 텐데, 0.11 버전 출시 이후 카프카의 정확히 한 번 시맨틱도 이 내부 토픽을 사용한다. 이처럼 많은 데이터 컨슈머가 동일한 메시지를 사용할 수 있는 능력은 다양한 가능성을 열어준다.

또 다른 개발자의 질문은 카프카 스트림즈^{Kafka Streams}, ksqlDB, 아파치 스파크 스트리밍^{Apache Spark Streaming}이나 다른 플랫폼은 배우면서 왜 카프카 코어에 관한 학습은 건너뛰는지다. 내부적으로 카프카를 사용하는 애플리케이션의 수는 실로 인상적이다. 비록 추상 계층이 있으면 좋은 경우가 많지만(때로는 무빙 파트^{moving part}가 많아서[5] 추상화 계층이 필수에 가깝지만), 카프카 그 자체를 배울 가치가 있다고 믿는다.

아파치 플룸^{Apache Flume}의 카프카 채널 옵션^{Kafka Channel Option}이 있다는 사실을 아는 것과 그 옵션의 깊이 있는 내용까지 모두 이해하는 것은 다르다. 비록 카프카 스트림즈가 이 책에서 볼 사례를 단순화할 수 있다 하더라도, 카프카 스트림즈를 소개하기 전에 카프카가 얼마나 성공적으로 사용되고 있는지 알아볼 필요가 있다. 카프카의 기본 구조와 동작 원리를 이해하면 내부 동작과 어떤 애플리케이션에서 사용될 수 있는지 이해하는 데 도움이 될 것이다. 스트리밍 전문가가 되고자 한다면, 애플리케이션의 기본적인 분산 파트와 애플리케이션을 정교하게 조정하기 위한 조절 가능한 모든 요소를 알고 있어야 한다. 순수하게 기술적인 관점에서 본다면, 흥미로운 컴퓨터과학 주제가 실용적인 방식으로 카프카에 적용되어 있다. 아마도 가장 많이 이야기되는 것은 2장에서 자세히 논의할 분산 커밋 로그와 개인적으로 선호하는 계층적 타이밍 휠^{hierarchical timing wheel} 개념일 것이다[8]. 이 사례에서는 카프카가 실제 문제를 해결하기 위해 흥미로운 데이터 구조를 적용하여 규모의 문제를 처리하는 방법을 보여준다.

또한 오픈소스라는 사실은 인터넷 검색만으로 소스 코드를 파헤치고 문서와 예제를 얻을 수 있다는 점에서 장점이다. 회사 내부 지식만 리소스인 것은 아니다.

---

5 움직이는 부품이 많다. 즉, 변화가 많아 통제가 어려운 상황이라는 뜻이다. – 옮긴이

1.2.2 매니저에게 카프카 설명하기

흔히 그렇듯이, C 스위트[6]의 구성원은 가끔 '카프카'라는 단어를 듣고 카프카의 역할보다 카프카라는 이름으로 인해 더 혼란스러워할 것이다. 그래서 이 제품에서 찾을 수 있는 가치를 설명하는 것이 더 나을 수 있다. 또한 한 발 물러서서 이 도구의 실제 부가가치에 대한 큰 그림을 살펴보는 것도 좋다.

카프카에 있어 가장 중요한 특징 중 하나는 대량의 데이터를 기져와서 다양한 사업부에서 사용 가능하게 하는 능력이다. 기업으로 들어오는 정보를 모든 비즈니스 영역에서 가능하게 만드는 이러한 데이터 백본은 전사적 규모로 유연성과 개방성을 제공하며 데이터에 대한 접근을 증가시킨다. 대부분의 경영진은 여느 때보다도 더 많은 데이터로 회사가 가능한 한 빠른 통찰력을 요구한다는 사실도 안다. 디스크에서 오래된 데이터로 인해 비용을 지불하는 대신, 데이터가 도착할 때 그 가치를 도출할 수 있다. 카프카는 데이터가 가치로 빠르게 전환되는 속도를 제한하는 일일 배치 작업에서 벗어나는 한 가지 방법이다. **빠른 데이터**fast data는 새로운 용어로, 실제 가치는 빅데이터의 약속과는 다른 무언가에 초점을 맞추고 있음을 암시한다.

자바 가상 머신JVM, Java Virtual Machine에서 실행된다는 것은 많은 엔터프라이즈 개발 환경에서 익숙하고 편안한 방법으로 여겨질 것이다. 온프레미스on premise에서의 실행 능력은 자체 시설에서 관리나 감시돼야 하는 경우 필수 요소다. 클라우드와 관리형 플랫폼 역시 고려 가능한 선택사항이다. 카프카는 수평적으로 확장 가능하며, 결국 비용적으로 가장 비싼 지점에 도달하게 되는 수직 확장에만 의존하지는 않는다.

카프카를 배워야 하는 가장 중요한 이유 중 하나는 스타트업과 해당 업계의 다른 사람들이 한때 높은 비용 때문에 어려웠던 컴퓨팅 성능 비용을 극복하기 위한 방법을 알아보기 위함이기도 하다. 수백만 달러의 비용이 들 수 있는 더 크고 더 강력한 서버나 메인프레임에 의존하는 대신, 분산 애플리케이션과 아키텍처는 경쟁자가 재정적 지출을 줄이면서 빠르게 접근할 수 있도록 한다.

---

6 CEO, CTO와 같은 Chief Suite를 말한다. – 옮긴이

1.3 카프카에 관한 오해

새 기술을 배우기 시작할 때 흔히 기존 지식을 새로운 개념에 매핑하는 것은 자연스러운 일이다. 비록 그 기술이 카프카를 배우는 데 사용될 수 있긴 하지만, 지금까지 우리 업무에서 마주쳤던 가장 일반적인 몇 가지 오해에 주목하고 싶었고 이번 절에서는 이러한 내용을 다룰 것이다.

1.3.1 카프카는 하둡과만 함께 작동한다

언급한 것처럼 카프카는 다양한 곳에서 자주 사용되는 파워풀한 도구다. 그러나 하둡 생태계에서 사용될 때에만 레이더에 나타나는 것처럼 보였고 클라우데라Cloudera 또는 호튼웍스Hortonworks 제품군의 일부 도구로 사용자에게 처음 나타났을 수도 있다. 이 때문인지 카프카는 하둡에서만 작동한다는 오해를 받는 것은 드문 일이 아니다. 무엇이 이러한 혼란을 야기했을까? 원인 중 하나는 제품의 일부로 카프카를 사용하는 다양한 도구일 것이다. 스파크 스트리밍과 플룸은 카프카를 사용하는(또는 한때 사용했던) 도구의 사례이며 하둡과도 함께 사용할 수 있다. 아파치 주키퍼Apache ZooKeeper에 대한 의존성(카프카 버전에 따라 다르다)은 하둡 클러스터에서 종종 발견되는 도구이기도 하며, 이 때문에 카프카가 이러한 오해에 더욱 얽매였을 수도 있다.

　　종종 볼 수 있는 다른 근본적인 오해는 카프카가 하둡 분산 파일시스템HDFS, Hadoop Distributed Filesystem을 필요로 한다는 것이다. 하지만 그렇지 않다. 카프카의 작동방식을 살펴보기 시작한다면, 카프카가 이벤트를 처리하는 속도와 기술이 이 과정 중심에 노드 매니저NodeManager를 사용할 경우 훨씬 더 느릴 수 있음을 알게 될 것이다. 일반적으로 HDFS의 일부인 블록 복제도 카프카에서는 하둡과 수행되지 않는다. 그러한 사례 중 하나는 기본적으로 카프카에서 레플리카replica는 복구되지 않는다[7]는 점이다. 카프카와 플랫폼 영역의 다른 도구들은 서로 다른 방식으로 복제replication를 사용하지만, 카프카에서 마케팅하는 내구성은 기본적으로 실패를 예상하고 이를 극복

---

7 카프카는 레플리카가 실패하더라도 다시 클러스터에 조인될 때까지 기다리며, 다른 위치에 자동으로 레플리카를 재구성하거나 복구하지 않는다. – 옮긴이

하기 위한 계획을 세우는 하둡과 최종 목표가 다르지 않다.

1.3.2 카프카는 다른 메시지 브로커와 동일하다

또 다른 큰 오해는 카프카가 또 다른 메시지 브로커일 뿐이라는 것이다. (피보탈^{Pivotal}의 래빗MQ^{RabbitMQ}나 IBM의 MQSeries 같은) 다양한 도구의 특징을 카프카와 직접적으로 비교하면 각 도구마다 장단점이 있기 때문에 공평한 비교를 위해서는 각 도구의 가장 적합한 사용 사례를 고려해야 한다. 시간이 지남에 따라 어떤 도구는 카프카가 정확히 한 번 시맨틱을 추가한 것처럼 새로운 기능을 이미 갖고 있거나 갖게 될 것이다. 기본 구성도 다른 도구와 유사한 기능을 반영하도록 변경할 수 있다. 일반적으로, 다음은 잠시 후에 살펴볼 가장 흥미롭고 두드러진 특징이다.

- 기본적으로 메시지를 리플레이^{replay}하는 능력
- 데이터 병렬 처리

카프카는 다수의 컨슈머를 갖도록 설계됐다. 이는 메시지 브로커로부터 하나의 애플리케이션이 어떤 메시지를 읽고 있을 때 같은 메시지를 소비하려는 다른 애플리케이션에서도 이 메시지가 제외되지 않는다는 사실을 의미한다. 이 효과 중 한 가지는 이미 이 메시지를 본 컨슈머가 다시 이 메시지(물론 다른 메시지도)를 읽을 수 있다는 점이다. 람다^{lambda}와 같은 일부 아키텍처 모델(8장에서 살펴본다)을 사용할 때 하드웨어 실패만큼이나 프로그래머의 실수도 많을 것으로 예상된다. 수백만 개의 메시지를 소비하고 있지만 원본 메시지에서 특정 필드 사용을 놓친 경우를 상상해 보자. 일부 큐에서는 그 메시지가 제거됐거나 중복으로 보내거나 재시도할 위치로 보낸다. 그러나 카프카는 이전 위치를 토픽^{topic}에서 가져와 탐색하고 다시 메시지를 읽을 수 있는 방법을 컨슈머에게 제공한다.

간단하게 설명하면, 카프카는 데이터를 병렬 처리하며 같은 토픽에 대해 다수의 컨슈머를 가질 수 있다. 카프카에는 컨슈머가 컨슈머 그룹$^{consumer group}$의 일부라는 개념도 있는데, 5장에서 자세히 살펴볼 것이다. 그룹의 멤버십^{membership}은 어떤 컨슈머가 어떤 메시지를 받고 어떤 작업이 그 컨슈머 그룹을 통해 수행됐는지를 결정

한다. 컨슈머 그룹은 다른 그룹과 독립적으로 작동하며, 다수의 애플리케이션에서 필요한 만큼 많은 컨슈머로 메시지를 소비할 수 있다. 프로세싱processing은 하나의 애플리케이션에서 다수의 컨슈머가 소비하는 방식 및 다수의 애플리케이션이 소비하는 방식과 같이 다양한 방식으로 발생할 수 있다. 지금부터는 다른 메시지 브로커가 지원하는 것이 무엇이든 간에 우리는 개발자가 업무를 완료하기 위해 카프카를 선택하게 만드는 견고한 사용 사례에 초점을 맞춰볼 것이다.

1.4 현실 세계에서의 카프카

이 책의 핵심 목표는 카프카를 실사용하는 것이다. 카프카에 관해 주목할 사항 중 하나는 카프카는 수많은 용도에 탁월하기 때문에 특정한 한 가지 기능만 잘 수행한다고 말하기 어렵다. 먼저 몇 가지 기본적인 아이디어를 이해해야 하겠지만, 이미 카프카가 언급된 실제 사용 사례 중 몇 가지를 전반적으로 논의하는 것이 도움이 될 수 있다. 이 책에서 우리가 살펴볼, 실제로 카프카가 사용되는 일반적인 영역이 아파치 카프카 사이트에 나열되어 있다[9].

1.4.1 초기의 사용 사례

카프카에 대한 일부 사용자(나와 마찬가지로)의 첫 경험은 카프카를 메시징 도구처럼 사용하는 것이었다. 개인적으로, IBM의 WebSphere MQ(예전의 MQSeries)와 같은 도구를 몇 년 동안 사용한 후에 A 지점에서 B 지점으로 메시지를 가져오기 위한 간단한 작업에 카프카(그 당시 0.8.3 정도의 버전)를 사용했다. 커스텀 TCP 바이너리 프로토콜을 위해 카프카는 XMPP^{Extensible Messaging and Presence Protocol}, JMS^{Java Message Service} API(지금은 자카르타 EE^{Jakarta EE}의 일부), OASIS AMQP^{Advanced Message Queuing Protocol}와 같은 유명한 표준 프로토콜 사용을 포기했다. 이에 관해서는 나중에 자세히 살펴보고 몇 가지 복잡한 사용 사례를 살펴볼 것이다.

카프카 클라이언트로 개발하는 최종 사용자의 경우, 대부분의 세부 정보는 구성configuration에 있으며 그 로직은 상대적으로 간단하다(예를 들어, "나는 이 토픽에 메시지를 두기를 원한다"). 메시지를 보내기 위한 내구성 있는durable 채널을 가진 것도 카프카를 사용하는 이유다.

서버가 죽으면 재부팅으로 메시지가 유지되지 않기 때문에 대부분 RAM에 데이터를 저장하는 것만으로는 데이터를 보호하기에 충분하지 않을 것이다. 고가용성high availability과 영구 저장소는 초기부터 카프카에 내장되어 있었다. 아파치 플룸은 플룸 에이전트(또는 이 에이전트가 실행 중인 서버)가 크래시될 때 다른 싱크sink로 즉시 사용할 수 있도록 해야 하기 때문에 키프카 채널 옵션Kafka Channel Option을 제공한다[10]. 카프카는 견고한 애플리케이션을 구축할 수 있게 하고 분산 애플리케이션이 언젠가 맞닥뜨릴 실패 상황을 처리하는 데 도움을 준다.

로그 집계aggregation(그림 1.6)는 분산 애플리케이션에 쓰인 애플리케이션 이벤트를 모아야 할 경우를 포함하여 많은 상황에서 유용하다. 이 그림에서 로그 파일은 메시지 형태로 카프카에 보내고 다양한 애플리케이션은 그 정보를 소비하기 위한 단 하나의 논리적인 토픽을 갖는다. 카프카의 대용량 데이터를 처리하는 능력으로 인해 다양한 서버나 소스로부터의 이벤트를 수집하는 능력은 핵심적인 기능 중 하나다. 로그 이벤트 자체의 내용에 따라 어떤 조직은 이를 사용해 감사나 실패 감지 추세에 사용한다. 카프카는 다양한 로깅 도구에서도(또는 입력 옵션으로도) 사용된다.

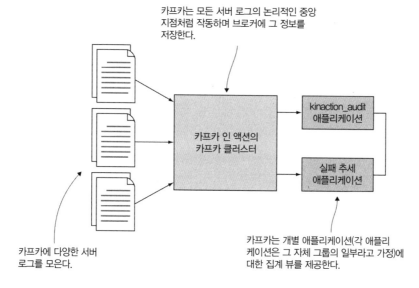

그림 1.6 카프카 로그 집계

이러한 모든 로그 파일 항목이 어떻게 서버의 리소스 부족을 유발하지 않고, 카프카가 성능을 유지할 수 있을까? 개별 메서드를 처리하는 것은 시간이 걸리고 오버헤드가 있기 때문에 때로는 작은 메시지의 처리량이 시스템을 압도할 수도 있다. 카프카는 데이터를 보내고 쓰는 데 메시지 배치message batch를 사용한다. 파일시스템의 무작위 접근보다 로그의 끝에 기록(순차 접근)하는 것도 성능에 도움이 된다. 메시지의 로그 포맷에 관한 자세한 내용은 7장에서 설명할 것이다.

1.4.2 이후의 사용 사례

마이크로서비스는 REST 같은 API를 사용해 서로 통신을 했지만, 이제는 이벤트로 비동기 서비스 간에 통신하기 위해 카프카를 활용할 수 있다[11]. 마이크로서비스는 특정 API 호출 대신 그들의 상호 작용을 위한 인터페이스처럼 카프카를 사용할 수 있다. 카프카는 개발자가 빠르게 데이터를 얻을 수 있도록 하는 기본적인 요소로 자리를 잡았다. 이미 많은 개발자가 작업을 시작할 때 카프카 스트림즈는 기본적인 선택사항으로 간주되지만, 2016년 스트림즈 API가 출시됐을 때 카프카는 이미 성공적인 솔루션으로 자리를 잡고 있었다. 이 스트림즈 API는 프로듀서와 컨슈머 위에 있는 레이어처럼 생각할 수 있다. 이 추상화 계층은 데이터를 끝없는 스트림처럼 작업하는 더 높은 수준의 뷰를 제공하는 클라이언트 라이브러리다.

카프카 0.11 릴리스에서 정확히 한 번 시맨틱이 소개됐다. 이에 대한 실제적인 의미는 더 단단한 기초 지식을 쌓은 이후에 살펴볼 것이다. 그러나 카프카 위에서 스트림즈 API로 종단 간end-to-end 워크로드를 실행하는 사용자는 강화된 배달 보장의 이점을 얻을 수 있다. 스트림즈가 이 사용 사례를 그 어떤 경우보다 더 쉽게 만들어 커스텀 애플리케이션 로직으로 인한 오버헤드 없이 흐름을 완료하며 트랜잭션 시작부터 끝까지 메시지가 단 한 번만 처리되도록 한다.

사물인터넷(그림 1.7)을 위한 장치의 개수는 시간이 지남에 따라 증가할 것이다. 이러한 모든 장치가 메시지를 보내면, 와이파이Wi-Fi나 셀룰러 연결을 얻을 때 버스트burst가 발생하기 때문에 해당 데이터를 효과적으로 처리할 수 있는 장치가 필요하다. 수집한 방대한 양의 데이터는 카프카가 돋보이는 중요한 영역 중 하나다. 앞서 설명했듯이, 작은 데이터는 카프카에서 문제가 되지 않는다. 비콘beacon, 자동차, 전화, 가정 등 이 모든 것이 데이터를 보내고 데이터의 파이어호스fire hose를 처리하며 실행 가능하게 만드는 무언가가 필요하다[12].

이는 잘 알려진 카프카의 사용 사례 중 일부일 뿐이다. 카프카가 다양하고 실제적인 응용 도메인을 갖고 있음을 이후의 장에서 살펴보게 될 것이다. 앞으로 나올 기본 개념을 배우는 것은 더 많은 실용적인 응용 사례가 어떻게 가능한지를 이해하는 데 필수적이다.

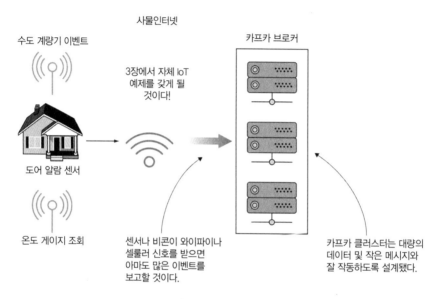

그림 1.7 사물인터넷(IoT)

1.4.3 카프카가 적합하지 않을 수 있는 경우

카프카가 일부 흥미로운 사용 사례에 사용됐지만, 당면한 문제에 있어 항상 가장 적합한 도구는 아니라는 점에 유의해야 한다. 다른 도구나 코드가 적합할 수 있는 몇 가지 용도를 조사해 보자.

만약 한 달에 한 번이나 1년에 한 번만 집계 데이터에 대한 요약이 필요한 경우라면? 온디맨드on-demand 뷰, 빠른 답변, 데이터 재처리 능력이 필요하지 않다고 가정하자. 이런 경우에는 1년 내내 카프카를 실행할 필요가 없을 수 있다. 언제나 그렇듯이 유용성은 다양할 수 있는데, 사용자에 따라 대규모 배치의 임곗값이 다르다.

데이터에 대한 기본 접근 패턴이 대부분 무작위 데이터 조회라면 카프카가 최선의 선택이 아닐 수 있다. 선형^{linear} 읽기와 쓰기는 카프카가 돋보이는 곳이며 가능한 한 빠르게 데이터를 이동시킬 것이다. 카프카에 인덱스 파일이 있다는 이야기를 들어본 적이 있더라도 실제로 인덱스가 빌드되는 기본 키와 필드가 있는 관계형 데이터베이스와 비교할 수 있는 것은 아니다.

마찬가지로, 카프카에서 전체 토픽에 대해 메시지의 정확한 순서가 요구된다면 그러한 상황에서 워크로드가 얼마나 실용적인지는 확인해야 할 것이다. 메시지가 정렬되지 않는 상황을 방지하려면 최대 1개의 프로듀서 요청 스레드와 함께 토픽의 파티션이 1개만 있는지도 확인해야 한다. 다양한 우회 방안이 있지만, 엄격한 순서에 의존하는 방대한 데이터가 있는 경우 메시지 소비는 한 번에 그룹당 1개의 컨슈머로 제한된다는 사실로 인한 잠재적인 문제가 발생할 수 있다.

생각나는 다른 실용적인 고려사항 중 하나는 카프카에 있어서 큰 메시지가 흥미로운 도전과제라는 점이다. 기본 메시지의 크기는 대략 1MB이다[13]. 메시지가 클수록 메모리 압박이 증가하기 시작한다. 다시 말하면, 페이지 캐시$^{page\ cache}$에 저장할 수 있는 메시지의 수가 줄어들어 성능 저하가 우려될 수 있다. 거대한 아카이브를 보낼 생각이라면 메시지를 관리하는 더 나은 방법[8]이 있는지 알아보는 게 좋다. 카프카가 다양한 상황에서 목표를 달성하는 데 사용될 수는 있지만, 모든 상황에서 최선의 선택이 되는 것은 아니다.

1.5 시작하기 위한 온라인 리소스

문서에 접근하는 가장 좋은 곳 중 하나는 (개인적인 의견으로) 카프카 커뮤니티였다. 카프카는 아파치의 일부였으며(2012년 인큐베이터^{Incubator}에서 졸업), 현재 문서를 프로젝트 웹사이트(https://kafka.apache.org)에 보관하고 있다.

---

8 예를 들어, 아카이브 위치 정보와 같은 메타 정보만 카프카로 보내고 아카이브 데이터는 오브젝트 스토리지로 보내는 방법도 대안이 될 것이다. – 옮긴이

또 다른 훌륭한 카프카 정보 리소스는 컨플루언트^{Confluent}(https://www.confluent.io/resources)다. 컨플루언트는 카프카 원 제작자가 설립했으며 향후 작업 방향에 적극적으로 영향을 미치고 있다. 기업 특화 기능도 구축하여 기업이 스트리밍 플랫폼을 개발하도록 지원한다. 컨플루언트의 작업은 카프카 오픈소스 작업을 지원하는 데 도움이 되었으며, 프로덕션 도전과 성공에 대해 설명한 프레젠테이션과 강의에까지 그 영향이 확장됐다.

이후의 장에서 더 많은 API와 구성 옵션을 살펴보기 시작할 텐데, 이러한 리소스는 각 장마다 나열하는 대신 추가적인 세부 정보가 필요할 경우 유용한 참고 자료가 될 것이다. 2장에서는 구체적인 용어를 사용하며 상세한 내용을 살펴보면서 카프카를 좀 더 구체적이며 실용적인 방식으로 알아볼 것이다.

요약

- 아파치 카프카는 많은 수의 이벤트를 빠르게 처리하는 데 활용 가능한 스트리밍 플랫폼이다.

- 카프카를 메시지 버스처럼 사용할 수는 있지만, 카프카의 실시간 데이터 처리 능력을 완전히 사용한다고 볼 수는 없다.

- 카프카는 과거에 다른 빅데이터 솔루션과 연결되어 사용됐지만, 카프카는 자체적으로 독립적이며 확장 가능하고 내구성 있는 시스템을 이미 제공하고 있다. 다른 빅데이터 솔루션과 동일한 내결함성과 분산 시스템 기술을 사용하기 때문에 카프카는 자체 클러스터링 기능으로 최신 데이터 인프라의 핵심 요구사항을 충족시킨다.

- IoT 데이터와 같은 많은 수의 이벤트를 스트리밍하는 경우 카프카는 데이터를 빠르게 처리한다. 애플리케이션에 대해 더 많은 정보를 사용할 수 있으므로 카프카는 배치 모드에서 오프라인으로 처리했던 데이터에 대한 결과를 빠르게 제공한다.

참고문헌

[1]   R. Moffatt. "The Changing Face of ETL." Confluent blog (September 17, 2018). https://www.confluent.io/blog/changing-face-etl/ (accessed May 10, 2019).

[2]   "Introduction." Apache Software Foundation (n.d.). https://kafka.apache.org/intro (accessed May 30, 2019).

[3]   Documentation. Apache Software Foundation (n.d.). https://kafka.apache.org/documentation/#semantics (accessed May 30, 2020).

[4]   N. Narkhede. "Exactly-once Semantics Are Possible: Here's How Apache Kafka Does It." Confluent blog (June 30, 2017). https://www.confluent.io/blog/exactly-once-semantics-are-possible-heres-how-apache-kafka-does-it (accessed December 27, 2017).

[5]   N. Narkhede. "Apache Kafka Hits 1.1 Trillion Messages Per Day - Joins the 4 Comma Club." Confluent blog (September 1, 2015). https://www.confluent.io/blog/apache-kafka-hits-1-1-trillion-messages-per-day-joins-the-4-comma-club/ (accessed October 20, 2019).

[6]   L. Dauber. "The 2017 Apache Kafka Survey: Streaming Data on the Rise." Confluent blog (May 4, 2017). https://www.confluent.io/blog/2017-apache-kafka-survey-streaming-data-on-the-rise/ (accessed December 23, 2017).

[7]   K. Waehner. "How to Build and Deploy Scalable Machine Learning in Production with Apache Kafka." Confluent blog (September 29, 2017) https://www.confluent.io/blog/build-deploy-scalable-machine-learning-production-apache-kafka/ (accessed December 11, 2018).

[8]   Y. Matsuda. "Apache Kafka, Purgatory, and Hierarchical Timing Wheels." Confluent blog (October 28, 2015). https://www.confluent.io/blog/apache-kafka-purgatory-hierarchical-timing-wheels (accessed December 20, 2018).

[9]   "Use cases." Apache Software Foundation (n.d.). https://kafka.apache.org/uses (accessed May 30, 2017).

[10]   "Flume 1.9.0 User Guide." Apache Software Foundation (n.d.). https://flume.apache.org/FlumeUserGuide.html (accessed May 27, 2017).

[11]   B. Stopford. "Building a Microservices Ecosystem with Kafka Streams and KSQL." Confluent blog (November 9, 2017). https://www.confluent.io/blog/building-a-microservices-ecosystem-with-kafka-streams-and-ksql/ (accessed May 1, 2020).

[12]   "Real-Time IoT Data Solution with Confluent." Confluent documentation. (n.d.). https://www.confluent.io/use-case/internet-of-things-iot/ (accessed May 1, 2020).

[13]   Documentation. Apache Software Foundation (n.d.). https://kafka.apache.org/documentation/#brokerconfigs_message.max.bytes (accessed May 30, 2020).

02

카프카 알아보기

2장에서 다루는 내용

- 카프카의 고수준 아키텍처
- 클라이언트 옵션 이해하기
- 애플리케이션과 브로커의 통신 방식
- 첫 메시지를 생산하고 구독하기
- 자바 애플리케이션에서 카프카 클라이언트 사용하기

카프카가 어떤 분야에서 빛을 발하며 왜 사용해야 하는지에 대해 높은 수준의 뷰를 얻었으므로 이제 전체 시스템을 구성하는 카프카 구성 요소를 살펴보자. 기본적으로 아파치 카프카는 분산 시스템이지만, 단일 호스트에 설치하고 실행할 수도 있다. 이는 샘플 사용 사례를 살펴보기 위한 출발점을 제공한다. 아주 흔한 일이기는 하지만, 실제로 키보드를 손수 두드려 봐야만 질문이 쏟아지기 시작한다. 이 장이 끝나면, 명령줄로 첫 카프카 메시지를 보내고 조회할 수 있을 것이다. 카프카를 시작한

다음 세부적인 카프카 아키텍처를 알아보는 데 시간을 좀 더 투자해 보자.

> **NOTE**
>
> 사용할 카프카 클러스터가 없거나 로컬 머신에서 시작하려 한다면, 부록 A를 읽어보자. 부록 A는 아파치 카프카의 기본 구성을 업데이트하고 예제에서 사용할 브로커 3개를 시작하는 방법을 설명한다. 이 책의 예제를 실행하기 전에 인스턴스가 실행 중인지 확인하자! 예제가 작동하지 않는다고 생각되면, 깃허브GitHub의 소스 코드에서 팁, 정오표, 제안 사항을 확인해 보자.

2.1 메시지 생산과 소비

레코드record라고도 부르는 **메시지**message는 카프카를 통해 흐르는 데이터의 기본 요소다. 메시지는 카프카가 데이터를 표현하는 방식이다. 개별 메시지는 타임스탬프timestamp, 값value 그리고 선택적이지만 키key를 갖고 있다. 원한다면 커스텀 헤더custom header를 사용할 수도 있다[1]. 메시지의 간단한 예시는 다음과 같다. 호스트 ID "1234567"(메시지의 키)을 가진 머신이 "2020-10-02T10:34:11.654Z"(메시지의 타임스탬프) 시점에 "경고: 머신 실패"(메시지의 값)와 함께 실패했다. 추적tracing 사용 사례에서 키-값key-value 쌍을 설정하기 위해 커스텀 헤더를 사용하는 사례는 9장에서 보여준다.

그림 2.1은 사용자가 직접적으로 처리할 메시지에서 아마도 가장 중요하며 일반적인 부분을 보여준다. 이 장에서 대부분의 논의는 메시지 설계 시 분석이 필요한 키와 값에 집중될 것이다. 개별 키와 값은 데이터를 직렬화serialize 또는 역직렬화deserialize하기 위해 카프카 특유의 방식으로 상호 작용할 수 있다. 직렬화를 사용하는 자세한 방법은 4장에서 메시지 생산을 다룰 때 초점을 맞출 것이다.

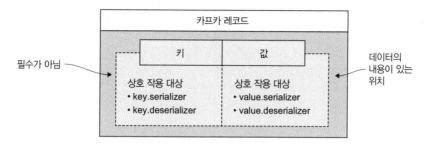

그림 2.1 카프카 메시지는 키와 값(타임스탬프와 선택적인 헤더는 표시하지 않았다)으로 만든다.

이제 우리에게는 레코드가 있으니 카프카에게 이를 알게 하려면 어떻게 하면 될까? **브로커**broker라는 곳으로 이 메시지를 보낼 것이다.

2.2 브로커란 무엇인가?

브로커는 카프카의 서버 측면으로 생각할 수 있다[1]. 가상 머신과 쿠버네티스 Kubernetes 이전에는 하나의 브로커를 호스팅하는 하나의 물리 서버를 보았을 것이다. 거의 모든 클러스터에는 둘 이상의 서버(또는 노드)가 있으므로 대부분의 예제에서 카프카 서버 3개를 실행할 것이다. 이 로컬 테스트 셋업setup으로 둘 이상의 브로커에 대한 명령 출력을 볼 수 있다. 이는 서로 다른 시스템에서 다수의 브로커로 실행하는 것과 유사할 것이다.

첫 번째 예시에서 명령줄로 토픽을 만들고 첫 메시지를 카프카에 보낼 것이다. 한 가지 주목할 점은 카프카가 명령줄을 염두에 두고 개발됐다는 점이다. 사용할 GUI가 없으므로 운영체제의 명령줄 인터페이스와 상호 작용할 방법이 필요하다. 텍스트 기반 프롬프트에서 명령을 입력한다. vi, 이맥스Emacs, 나노Nano 등 무엇을 사용하든지 간에 편안하게 편집할 수 있는 것이면 된다.

> **NOTE**
>
> 많은 운영체제에서 카프카를 사용할 수 있지만, 프로덕션에서는 대체로 리눅스에 배포되므로 카프카를 사용할 때 명령줄을 다루는 기량이 도움이 될 것이다.

첫 번째 메시지를 보내려면 메시지를 보낼 장소가 필요할 것이다. 토픽을 만들기
위해 --create 옵션(리스트 2.1)으로 셸 창에서 kafka-topics.sh 명령을 실행할 것이
다. 이 스크립트는 카프카 설치 디렉터리에 있는 ~/kafka_2.13-2.7.1/bin과 같은 경
로에서 찾을 수 있을 것이다. 윈도우 사용자는 셸 스크립트와 동일한 이름을 가진
.bat 파일을 사용할 수 있다. 예를 들어, ⟨카프카_설치_디렉터리⟩/bin/windows 디
렉터리에 kafka-topics.sh와 동등한 윈도우용 kafka-topics.bat 파일이 있다.

> **NOTE**
>
> 이 작업에서 kinaction과 ka에 대한 참조는 '카프카 인 액션Kafka In Action'의 다양
> 한 약어를 나타내기 위한 것으로, 특정 제품이나 회사와는 관련이 없다.

리스트 2.1 kinaction_helloworld 토픽 만들기

```
bin/kafka-topics.sh --create --bootstrap-server localhost:9094
  --topic kinaction_helloworld --partitions 3 --replication-factor 3
```

방금 명령을 실행한 콘솔에 Created topic kinaction_helloworld가 출력될 것이
다. 리스트 2.1에서 kinaction_helloworld는 토픽 이름으로 사용됐다. 물론 어떤 이
름이든 사용 가능하지만, 대중적인 옵션은 공백을 포함하지 않은 일반적인 유닉스/
리눅스 명명 규칙을 따르는 것이다. 공백이나 다양한 특수문자를 제외함으로써 수
많은 불만스러운 오류와 경고를 피할 수 있다. 이러한 경우에 명령줄 인터페이스와
자동완성이 언제나 잘 작동하는 것은 아니다.

지금은 몇 가지 옵션의 의미가 분명하지 않을 수 있지만, 탐구를 계속 진행하기 위
해 빠르게 정의해 볼 것이다. 이 주제의 자세한 내용은 6장에서 다룰 것이다.

--partitions 옵션은 토픽을 얼마나 많은 부분으로 분할할 것인지를 결정한다. 예를 들어, 브로커 3개가 있기 때문에 파티션 3개를 사용하면 브로커당 파티션 1개씩 제공된다. 우리 테스트 워크로드의 경우 데이터 요구사항만 고려한다면 이만큼 많은 파티션이 필요하지 않을 수 있다. 그러나 이 단계에서 둘 이상의 파티션을 생성하면 시스템이 파티션 간에 데이터를 분산하는 방식을 알아볼 수 있다. 예제에서 --replication-factor에도 3을 설정했다. 본질적으로 이는 개별 파티션에 대해 레플리카 3개가 필요하다는 뜻이다. 이러한 레플리카는 신뢰성과 내결함성을 향상하기 위한 설계에 있어 중요한 부분이다. --bootstrap-server 옵션은 우리가 설치한 로컬 카프카 브로커를 가리킨다. 이것이 이 스크립트를 호출하기 전에 브로커를 실행해야 하는 이유다. 지금 작업에서 가장 중요한 목표는 레이아웃의 그림을 얻는 것이다. 나중에 브로커의 세부 정보를 알아볼 때 다른 사용 사례에서 필요한 이러한 숫자를 가장 잘 추정하는 방법을 알아볼 것이다.

생성한 모든 기존 토픽을 살펴보고 새 토픽이 그 목록에 있는지 확인할 수도 있는데, --list 옵션으로 출력할 수 있다. 다시 터미널 창에서 다음 리스트에 있는 명령을 실행한다.

리스트 2.2 토픽 확인하기

```
bin/kafka-topics.sh --list --bootstrap-server localhost:9094
```

리스트 2.3은 새 토픽이 어떻게 보여지는지 알아보기 위해 실행 가능한 또 다른 명령을 보여준다. 우리 토픽은 다른 메시징 시스템의 전통적인 단일 토픽과는 달리 레플리카와 파티션을 갖고 있다. Leader, Replicas, Isr 필드 레이블 옆에는 구성 파일에 설정한 브로커 3개의 값에 해당하는 broker.id가 있다. 출력을 간단하게 살펴보면, 이 토픽은 Partition 0, Partition 1, Partition 2와 같이 파티션 3개로 구성되어 있음을 알 수 있다. 개별 파티션은 토픽 생성 시 의도한 대로 3회 복제됐다.

```
bin/kafka-topics.sh --bootstrap-server localhost:9094 \
  --describe --topic kinaction_helloworld
```
—describe는 전달한 토픽에 관한 세부 정보를 보여준다.

```
Topic:kinaction_helloworld PartitionCount:3 ReplicationFactor:3  Configs:
Topic: kinaction_helloworld Partition: 0 Leader: 0 Replicas: 0,1,2  Isr: 0,1,2
Topic: kinaction_helloworld Partition: 1 Leader: 1 Replicas: 1,2,0  Isr: 1,2,0
Topic: kinaction_helloworld Partition: 2 Leader: 2 Replicas: 2,0,1  Isr: 2,0,1
```

리스트 2.3의 출력에서 첫 번째 줄은 이 토픽이 가진 파티션과 레플리카의 전체 개수를 빠르게 보여준다. 다음 줄부터는 이 토픽에 있는 개별 파티션에 관한 정보다. 두 번째 줄은 0번 파티션이다. 파티션 0을 살펴보면 브로커 0에 레플리카 사본이 있고, 이 파티션은 브로커 1과 2에도 레플리카가 있다. 마지막 컬럼인 Isr은 **동기화된 레플리카**in-sync replica를 표시한다. 동기화된 레플리카 컬럼에는 현재 리더보다 뒤처지지 않은 상태의 브로커를 보여준다. 오래됐거나 리더보다 뒤처진 사본 레플리카 파티션이 발생하는 문제는 나중에 다룰 것이다. 분산 시스템에서 레플리카 상태는 계속 주시해야 할 사항이라는 점은 여전히 기억해야 한다. 그림 2.2는 ID가 0인 브로커를 보는 뷰다.

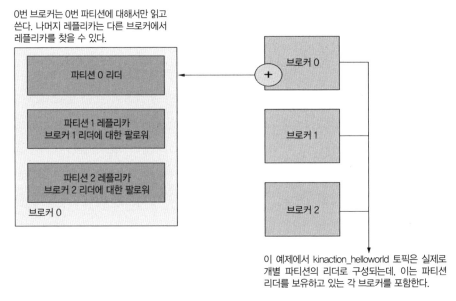

그림 2.2 브로커 1개의 뷰

kinaction_helloworld 토픽에서 브로커 0이 파티션 0에 대한 리더 레플리카를 보유하는 방식에 주목하자. 브로커 0은 리더 레플리카가 아닌 파티션 1과 2에 대한 레플리카 사본도 보유한다. 파티션 1의 사본 레플리카 데이터는 브로커 1에서 복사될 것이다.

NOTE

그림에서 파티션 리더를 참조할 때 레플리카 리더^{replica leader}를 참조한다. 파티션이 1개 이상의 레플리카로 구성될 수 있음을 알아야 한다. 리더의 역할이 외부 클라이언트에 의해 업데이트 받지만, 리더가 아닌 레플리카는 그 레플리카의 리더로부터만 업데이트 받는다.

토픽을 만들고 존재하는지 확인했다면 이제 실제 메시지를 보낼 수 있다! 이전에 카프카로 작업해 본 적이 있는 사람들은 메시지를 보내기 전에 토픽을 만들어야 하는 이유에 관해 질문할 수도 있을 것이다. 토픽 자동 생성을 활성화하거나 비활성화하는 구성이 카프카에 있다. 그러나 누군가가 토픽 이름을 한두 번 잘못 입력하거나 프로듀서의 재시도에 의해 다시 생성되는 경우처럼 무작위로 새 토픽이 생성되는 것을 바라지 않기 때문에 특정 작업으로 토픽 생성을 제어하는 편이 일반적으로 낫다.

메시지를 보내기 위해 터미널 창을 시작하고, 콘솔 애플리케이션으로 프로듀서를 실행하여 사용자 입력을 받는다[2]. 리스트 2.4의 명령처럼 대화식 프로그램¹을 셸에서 시작하면, Ctrl+C를 눌러 실행 중인 애플리케이션을 종료할 때까지 다른 명령을 입력하라는 프롬프트가 다시 표시되지는 않는다. 다음 리스트에서 보여주는 것처럼, kinaction('카프카 인 액션'의 줄임말) 접두어를 가지고 초보 프로그래머의 첫 출력 구문만큼이나 간단한 무언가를 입력하면서 시작해 볼 수 있다. 『The C Programming Language』[3] 책에서 볼 수 있는 "hello, world" 예제처럼 여기서는 kinaction_helloworld를 사용한다.

---

1 kafka-console-producer.sh를 실행하면 키보드로 입력하고 엔터를 입력할 때마다 지정한 토픽에 입력한 메시지가 전달되는 대화식 프로그램이다. – 옮긴이

```
bin/kafka-console-producer.sh --bootstrap-server localhost:9094 \
  --topic kinaction_helloworld
```

리스트 2.4에서 상호 작용하려는 토픽을 bootstrap-server 매개변수를 사용해 참조한다는 점에 주목하자. 이 매개변수는 클러스터에 있는 브로커 중 하나(또는 목록)가 될 수 있다. 이 정보를 제공함으로써 클러스터로부터 토픽 작업에 필요한 메타데이터를 얻을 수 있다.

이제 콘솔 애플리케이션으로도 실행되는 컨슈머를 실행하기 위해 새 터미널 창을 시작한다. 리스트 2.5에 있는 명령으로 셸에서 프로그램을 시작한다[2]. 이렇게 하면 프로듀서 콘솔에서 입력했던 메시지를 보게 될 것이다. 명령에는 topic 매개변수를 사용해야 하며, 그렇지 않으면 아무것도 볼 수 없다.

리스트 2.5 카프카 컨슈머 명령

```
bin/kafka-console-consumer.sh --bootstrap-server localhost:9094 \
  --topic kinaction_helloworld --from-beginning
```

다음 리스트는 콘솔 창에서 볼 수 있는 출력 예제다.

리스트 2.6 kinaction_helloworld에 대한 컨슈머 출력 예제

```
bin/kafka-console-consumer.sh --bootstrap-server localhost:9094 \
  --topic kinaction_helloworld --from-beginning

kinaction_helloworld
...
```

메시지를 몇 개 더 보내고 컨슈머 애플리케이션으로 이를 확인했다면, 이제 이 프로세스를 종료하고 재시작할 때 --from-beginning 옵션을 제거하면 이전에 보냈던 모든 메시지는 볼 수 없을 것이다. 컨슈머 콘솔이 시작된 이후에 생산된 메시지만 표시된다. 다음에 읽을 메시지에 대한 정보와 특정 오프셋에서 소비를 시작할 수 있는 기능은 나중에 5장에서 컨슈머에 대해 설명할 때 다시 알아볼 것이다. 이제 간단한 예제가 실행되는 것을 봤으니 우리가 활용한 부분에 관해 논의하려면 배경지식이 조금 더 필요하다.

2.3 카프카 투어

표 2.1은 카프카 아키텍처 내에서 주요 구성 요소와 그 역할을 보여준다. 이후의 장들을 위한 탄탄한 기초를 다지기 위해 이번 절에서는 이러한 각 항목을 더 자세히 살펴볼 것이다.

표 2.1 카프카 아키텍처

컴포넌트	역할
프로듀서	카프카로 메시지를 보낸다.
컨슈머	카프카에서 메시지를 조회한다.
토픽	메시지를 브로커에 저장하기 위한 논리적인 이름
주키퍼 앙상블	클러스터에서 컨센서스(consensus)를 유지하도록 돕는다.
브로커	커밋 로그를 처리한다(디스크에 메시지를 저장하는 방법).

2.3.1 프로듀서와 컨슈머

우리 여행의 첫 번째 목적지인 프로듀서와 컨슈머에서 잠시 멈춰보자. 그림 2.3은 클러스터에 관해 데이터의 방향 측면에서 프로듀서와 컨슈머가 어떻게 다른지 강조하고 있다.

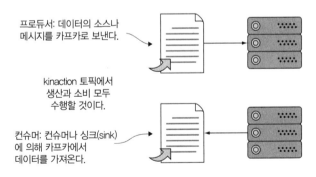

프로듀서: 데이터의 소스나 메시지를 카프카로 보낸다.

kinaction 토픽에서 생산과 소비 모두 수행할 것이다.

컨슈머: 컨슈머나 싱크(sink)에 의해 카프카에서 데이터를 가져온다.

그림 2.3 프로듀서와 컨슈머 비교

프로듀서는 메시지를 카프카 토픽에 보내는 도구다[1]. 1장의 사용 사례에서 언급했듯이 애플리케이션이 생산하는 로그 파일이 좋은 사례인데, 이러한 파일은 수집되어 카프카로 보내지기 전까지는 카프카 시스템의 일부가 아니다. 카프카로 가는 입력(또는 데이터)이 있다는 것은 내부 어딘가에서 프로듀서가 참여하고 있다는 뜻이다.

디폴트 프로듀서 자체는 없으나, 카프카와 상호 작용하는 API는 자체적으로 구현된 코드에서 프로듀서를 사용한다. 카프카에 대한 일부 진입 경로에는 플룸Flume이나 커넥트Connect, 스트림즈Streams 등의 카프카 API와 같은 별도의 도구 사용이 포함될 수 있다. 아파치 카프카 커넥트 소스 코드 내부에 있는 `WorkerSourceTask`는 그 자체로 내부적으로 구현해 사용되는 프로듀서의 한 가지 사례다. 이는 자체적인 고수준 API를 제공한다는 뜻이다. 1.0 버전 코드는 아파치 2 라이선스(https://github.com/apache/kafka/blob/trunk/LICENSE)로 사용 가능하며, 깃허브(http://mng.bz/9N4r)에서 볼 수 있다. 프로듀서는 카프카 내부에서 자체적으로 메시지를 보낼 경우에도 사용한다. 예를 들어, 특정 토픽에서 데이터를 읽어 다른 토픽으로 전달해야 할 경우에도 프로듀서를 사용할 것이다.

프로듀서가 어떤 형태인지 보려면 이전에 언급한 `WorkerSourceTask` 자바 코드와 개념적으로 유사한 코드를 보는 것이 도움이 될 수 있다. 리스트 2.7은 이에 대한 예제 코드를 보여준다. `main` 메서드에 완벽한 소스 코드가 포함된 것은 아니지만, 표준 `KafkaProducer`로 메시지를 보내는 로직은 볼 수 있다. 다음 예제에서 각 부분을 이해하는 것은 중요하지 않다. 다만, 이 리스트에 있는 프로듀서 사용 방법이 익숙해지도록 노력하자.

리스트 2.7 메시지를 보내는 프로듀서

```
Alert alert = new Alert(1, "Stage 1", "CRITICAL", "Stage 1 stopped");
ProducerRecord<Alert, String> producerRecord =
  new ProducerRecord<Alert, String>
  ("kinaction_alert", alert, alert.getAlertMessage());   ◁─┐ 카프카로 보내는 개별
                                                            │ 메시지를 ProducerRecord
                                                            │ 에 담는다.
producer.send(producerRecord,            ◁─┐ 브로커로 보내는
  new AlertCallback());       ◁─┐          │ 실제 호출을 만든다.
                                │
producer.close();           메시지를 비동기로 보내기 위해
                            콜백을 사용할 수 있다.
```

데이터를 카프카에 보내기 위해 리스트 2.7에서 `ProducerRecord`를 만들었다. 이 객체는 메시지를 정의하고 이 메시지를 보내려는 토픽(kinaction_alert)을 지정한다. 메시지에서 `Alert` 커스텀 객체를 메시지의 키로 사용한다. 다음으로 `ProducerRecord`를 보내기 위해 send 메서드를 호출한다. 이 메시지를 기다리는 동안 콜백을 사용해 메시지를 비동기로 보낼 수도 있지만 오류도 처리할 수 있다. 4장에서 이 전체 예제를 상세하게 보여준다.

그림 2.4는 프로듀서에게 데이터를 보내는 프로세스를 시작할 수 있는 사용자 상호 작용을 보여준다. 사용자가 웹사이트에서 클릭하여 카프카 클러스터에 감사 이벤트가 생산되도록 유발할 수 있다.

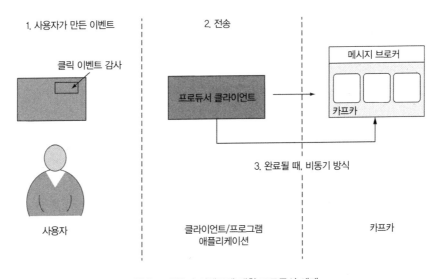

그림 2.4 사용자 이벤트에 대한 프로듀서 예제

프로듀서와 달리 **컨슈머**는 카프카에서 메시지를 검색하는 도구다[1]. 프로듀서와 같은 맥락으로 카프카에서 데이터를 가져오는 것에 대해 이야기한다면, 직간접적으로 관여하는 컨슈머를 떠올릴 수 있다. `WorkerSinkTask`는 아파치 카프카 커넥트 1.0 버전부터 소스 코드 내부에 있는 클래스인데, 이 클래스는 카프카 커넥트에서 프로듀서의 사례에 상응하는 컨슈머 사용도 보여준다(http://mng.bz/WrRW 참고). 컨슈머 역할을 수행하는 애플리케이션은 관심 있는 토픽을 구독subscribe하고 지속적으로 데

이터를 폴링polling한다. `WorkerSinkTask`는 카프카에 있는 토픽에서 데이터를 검색하기 위해 사용하는 실질적인 컨슈머 예제를 보여준다. 다음 리스트는 5장에서 만들 `WorkerSinkTask.java`와 유사한 컨슈머 예제다.

리스트 2.8 메시지 소비

```
...
consumer.subscribe(List.of("kinaction_audit"));      ◁──  이 컨슈머는 관심 있는 토픽을
while (keepConsuming) {                                     구독한다.
  var records = consumer.
    poll(Duration.ofMillis(250));                    ◁──  폴링한
  for (ConsumerRecord<String, String> record : records) {  데이터로부터
    log.info("kinaction_info offset = {}, kinaction_value = {}",  반환된
             record.offset(), record.value());               메시지다.

    OffsetAndMetadata offsetMeta =
      new OffsetAndMetadata(++record.offset(), "");

    Map<TopicPartition, OffsetAndMetadata> kaOffsetMap = new HashMap<>();
    kaOffsetMap.put(new TopicPartition("kinaction_audit",
      record.partition()), offsetMeta);

    consumer.commitSync(kaOffsetMap);
  }
}
...
```

리스트 2.8은 컨슈머 객체가 수집해야 하는 데이터가 있는 토픽 목록(여기서는 kinaction_audit)과 함께 `subscribe` 메서드를 호출하는 방법을 보여준다. 그런 다음 컨슈머는 토픽을 폴링하고(그림 2.5 참고) `ConsumerRecords`로 가져온 데이터를 처리한다.

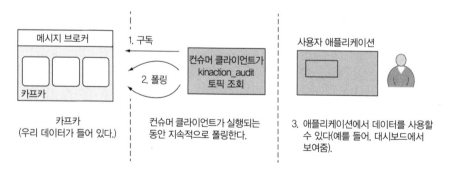

그림 2.5 컨슈머 작업 흐름에 관한 예시

리스트 2.7과 2.8은 그림 2.4와 2.5에 표시된 구체적인 두 가지 사용 사례를 보여준다. 회사에서 새로운 공장 명령 작업factory command action에 대한 웹 페이지를 클릭한 사용자 수를 알고 싶어 한다고 가정해 보자. 사용자가 생산한 클릭 이벤트는 카프카 생태계로 들어가는 데이터가 된다. 이 데이터의 컨슈머는 공장 자체가 되며, 공장은 데이터를 이해하기 위해 자신의 애플리케이션을 사용할 수 있을 것이다.

이전과 같은 코드(또는 카프카 커넥트)를 사용해 카프카에 데이터를 넣고 이 데이터를 카프카에서 꺼내어 사용자가 비즈니스 요구사항 및 목표에 영향을 줄 수 있는 데이터로 작업할 수 있다. 카프카는 애플리케이션을 위한 데이터 처리에 중점을 두지 않으며, 데이터가 실제로 비즈니스 가치를 제공하기 시작하는 곳은 바로 컨슈머 애플리케이션이다. 이제 카프카에서 데이터가 들어오고 나가는 방식을 알았으므로, 집중해야 할 다음 영역은 클러스터에서 데이터가 있는 위치다.

2.3.2 토픽 개요

토픽topic은 대다수 사용자가 어떤 메시지가 어디로 가야 하는지에 관한 로직을 생각하기 시작하는 곳이다. 토픽은 **파티션**partition이라는 단위로 구성된다[1]. 즉, 1개 이상의 파티션이 단일 토픽을 구성한다. 카프카와 대부분 함께 일하게 되는 것은 컴퓨터 디스크에 실제로 구현되는 파티션이다.

> **NOTE**
>
> 단일 파티션의 레플리카replica는 단 하나의 브로커broker에서만 존재하며 브로커 간에 분할될 수 없다.

그림 2.6은 단일 카프카 브로커에 개별 파티션 레플리카의 리더가 존재하는 방식과 그보다 더 작은 단위로 나눌 수 없다는 점을 보여준다. 첫 번째 예제에 있는 `kinaction_helloworld` 토픽을 떠올려 보자. 신뢰성을 기대하며 3개의 데이터 복제를 원한다면, 이 토픽 자체는 복사될 단일 엔티티(또는 단일 파일)가 아니다. 그대신 각각 3번씩 복제되는 여러 개의 파티션이다.

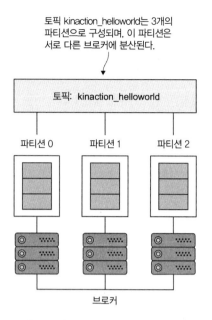

토픽 kinaction_helloworld는 3개의
파티션으로 구성되며, 이 파티션은
서로 다른 브로커에 분산된다.

토픽: kinaction_helloworld

파티션 0   파티션 1   파티션 2

브로커

그림 2.6 다수의 파티션이 토픽을 구성한다.

NOTE

이 파티션은 세그먼트segment 파일로 더 세분화되어 디스크 드라이브에 기록된
다. 세그먼트 파일에 관한 세부 내용과 저장되는 위치는 브로커에 관해 이야기
할 이후의 장에서 다룰 것이다. 비록 세그먼트 파일이 파티션을 구성하지만 우
리가 세그먼트 파일과 직접 상호 작용하지 않을 가능성이 높으며, 이는 내부의
세부 구현으로만 간주돼야 한다.

이 시점에서 이해해야 할 중요한 개념 중 하나는 파티션 복사본(레플리카) 중 하나
가 **리더**leader가 된다는 개념이다. 예를 들어 파티션 3개로 된 토픽이 있고 각 파티션
은 3개의 복사본을 갖고 있다면, 모든 파티션은 각각 리더 레플리카를 선출했을 것
이다. 이 리더는 이 파티션 복사본 중 하나가 되며 다른 두 복사본(그림 2.6에서 이 사
례는 보여주지 않았다)은 파티션 리더로부터 데이터를 업데이트 받는 **팔로워**follower가 될
것이다[1]. 프로듀서와 컨슈머는 예외나 오류가 없는 시나리오('행복 경로happy path' 시나

리오로 알려진)에서 할당된 각 파티션의 리더 레플리카에서만 읽고 쓴다.[2] 하지만 프로듀서와 컨슈머가 어느 파티션 레플리카가 리더인지 어떻게 알고 있을까? 분산 컴퓨팅과 무작위 실패 이벤트에서 이 대답은 우리 여행의 다음 목적지에서 소개할 주키퍼의 도움이 필요하다.

2.3.3 주키퍼의 용도

주키퍼 사용은 카프카 생태계를 복잡하게 만들어 두려움을 주는 가장 오래된 원인 중 하나다. 아파치 주키퍼(http://zookeeper.apache.org/)는 디스커버리discovery, 컨피규레이션configuration, 동기화 서비스synchronization service를 고가용성 방식으로 제공하는 분산 저장소distributed store다. 카프카 0.9 버전부터 얼마만큼의 메시지를 컨슈머가 소비했는지(오프셋offset이라 부르는)에 관한 정보를 주키퍼에 저장하지 않도록 선택할 수 있다. 오프셋의 중요도는 이후의 장에서 다룰 것이다. 이렇듯 주키퍼 사용 범위를 줄였음에도 분산 시스템의 컨센서스consensus와 코디네이션coordination의 필요성은 제거하지 못했다.

> **주키퍼 제거**
>
> 카프카를 실행하기 위한 요구사항을 단순화하기 위해 주키퍼 대신 자체 관리되는 쿼럼(quorum)으로 교체하자는 제안이 있었다[4]. 이 책이 출간될 때(얼리 액세스(early access) 2.8.0 버전 릴리스)도 이 작업이 완료되지 않았기 때문에 주키퍼는 이 작업에서 여전히 논의된다. 어떤 이유로 여전히 주키퍼가 중요할까?
>
> 이 책은 2.7.1 버전을 다루고 있고 변경사항이 완전히 구현되기 전까지 한동안 오래된 버전을 프로덕션에서 보게 될 가능성이 있다. 비록 주키퍼가 카프카 레프트(Kafka Raft Metadata) 모드로 대체된다고 하더라도 분산 시스템에서 코디네이션의 필요성에 관한 개념은 여전히 유효하며, 현재 주키퍼가 수행하는 역할을 이해하는 것이 이 코디네이션 개념을 이해하기 위한 기초가 될 것이다. 카프카가 내결함성

---

2 카프카 브로커와 애플리케이션이 멀티 데이터센터에 분산된 아키텍처를 사용하는 경우, 컨슈머 애플리케이션에서 가장 가까운 레플리카(팔로워 포함)를 선택해 소비하는 기능이 카프카 2.4 버전에 포함됐다. 즉, 리더 레플리카가 아니라도 설정에 따라 팔로워 레플리카에서도 메시지를 소비할 수 있게 됐다. 세부 내용은 'KIP-392: Allow consumers to fetch from closest replica' 문서를 참고한다. − 옮긴이

이미 봤던 것처럼 카프카 클러스터는 1개 이상의 브로커(서버)를 포함한다. 하나의 올바른 애플리케이션으로 작동하기 위해 브로커는 브로커 상호 간에 통신할 뿐만 아니라 **합의**agreement에도 도달해야 한다. 리더 레플리카가 어떤 파티션인지에 동의하는 것은 카프카 생태계 내에서 주키퍼를 실제로 적용한 한 가지 사례다. 시계 대부분이 동기화되지 않아 여러 시계가 각기 다른 시간을 표시하는 경우 올바른 시간을 말하는 것이 불가능하다는 현실 세계에 비유한 예시를 들 수 있다. 이 합의는 분리된 브로커 사이에서는 도전이 될 수 있다. 카프카를 코디네이트하여 성공과 실패 시나리오 모두에서 잘 작동하려면 무언가가 필요하다.

프로덕션 사용 사례에 대해 주의해야 할 한 가지는 주키퍼는 앙상블ensemble이지만, 로컬 셋업에서는 단 하나의 서버만 실행할 것이라는 점이다[5]. 그림 2.7은 주키퍼가 클라이언트가 아닌 브로커와 상호 작용하는 방식을 보여준다. KIP-500에서 이 사용 사례를 '현재current'3 클러스터 설계라 표현했다[4].

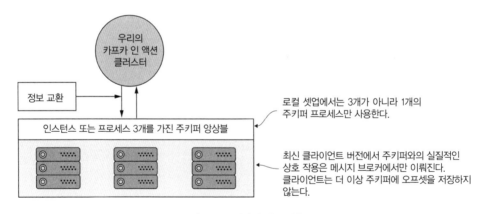

그림 2.7 주키퍼와 상호 작용

---

3 KIP-500 문서의 아키텍처 개요에 'current'와 'proposed'를 비교하는 그림이 있다. – 옮긴이

앞서 설명한 기초 개념을 이해하면 카프카 애플리케이션을 개발하는 역량이 향상
될 것이다. 또한 실제 사용 사례를 완료[4]하기 위해 카프카를 사용하는 기존 시스템
이 어떻게 상호 작용하는지 살펴보기 시작할 것이다.

2.3.4 카프카의 고가용성 아키텍처

일반적으로 카프카 핵심은 자바 가상 머신JVM에서 실행되는 스칼라Scala 애플리케
이션 프로세스라고 생각할 수 있다. 카프카가 수백만 개의 메시지를 빠르게 처리할
수 있다고 언급했는데, 이를 가능하게 만드는 카프카의 설계는 무엇일까? 카프카
의 핵심 중 하나는 그림 2.8에 표시된 바와 같이 운영체제의 **페이지 캐시**page cache 사
용이다. 브로커가 JVM 힙heap에 캐시되지 않도록 하여 크기가 큰 힙으로 인해 발생
하는 문제(장시간 또는 빈번한 가비지 컬렉션으로 인한 일시적인 멈춤과 같은)를 방지한다[6].

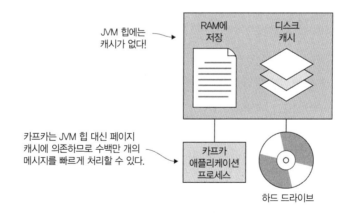

그림 2.8 운영체제의 페이지 캐시

---

4 현실 세계 비즈니스 요구사항의 해결을 의미한다. – 옮긴이

또 다른 설계 고려사항은 데이터의 접근 패턴access pattern이다. 새 메시지가 유입될 때, 많은 컨슈머가 가장 최신 메시지와 상호 작용할 가능성이 더 높으며, 최신 메시지는 캐시로부터 제공받을 수 있다. 페이지 캐시에서 제공받는 경우 대부분 디스크보다 더 빠르다. 더 많은 메모리RAM를 추가하면 더 많은 워크로드가 페이지 캐시에 들어가 성능 문제 해결에 도움이 된다.

앞에서 언급했듯이, 카프카는 자체 프로토콜을 사용한다[7]. AMQPAdvanced Message Queuing Protocol와 같은 기존 프로토콜 사용은 실제 구현에 미치는 영향이 너무 큰 부분이 있다고 카프카 개발자가 언급했다. 예를 들어, 0.11 릴리스에 포함된 '정확히 한 번 시맨틱'을 구현하기 위해 새 필드를 메시지 헤더에 추가했다. 또한 동일한 릴리스에 더 효과적으로 메시지를 압축하기 위한 메시지 포맷으로 재작업했다. 이 프로토콜은 카프카 개발자의 필요에 따라 변경될 수 있다.

이제 브로커와 커밋 로그에 관한 몇 개의 목적지만 남아 있으며 우리 여행은 거의 끝나간다.

2.3.5 커밋 로그

커밋 로그commit log에 관한 이해는 카프카 기초를 마스터하는 데 도움이 되는 핵심 개념 중 하나다. 커밋 로그 개념은 단순하지만 강력하다. 이는 이 설계 선택의 중요성을 이해한다면 더 명확해진다. 여기서 로그log는 자바에서 LOGGER.error 메시지와 같은 애플리케이션 프로세스에 있는 로거logger로부터 출력을 집계하는 로그 사용 사례와는 다른 것을 이야기한다는 점을 분명히 밝힌다.

그림 2.9는 커밋 로그 개념을 이해하기 쉽도록 시간이 지나면서 추가되는 메시지처럼 표현했다[8]. 브로커 실패로부터 회복하기 위해 로그 파일이 필요할 때 실행되는 동작과 같이 더 많은 메커니즘이 있기는 하지만, 여기서 설명하는 이 기본 개념은 카프카를 이해하기 위해 필요한 중요한 부분이다. 카프카가 사용하는 이 로그는 데이터베이스의 선행 기입 로그WAL, Write-Ahead Log처럼 다른 시스템에서는 숨겨진 세부 정보가 아니다. 오히려 카프카의 중심에 위치하며, 사용자들은 오프셋을 사용해 메시지가 그 로그에서 어디에 위치하는지를 알 수 있다.

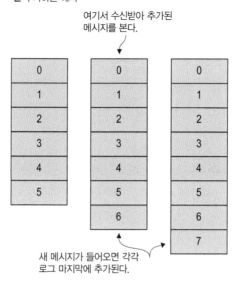

kinaction_alert(4장 참고)와 같은 토픽에 메시지 2개(6과 7)를 추가하는 예시

여기서 수신받아 추가된 메시지를 본다.

새 메시지가 들어오면 각각 로그 마지막에 추가된다.

그림 2.9 커밋 로그

커밋 로그를 특별하게 만드는 것은 이벤트가 항상 로그 마지막에 추가되는 추가 전용append-only 특성 때문이다. 스토리지의 로그 영속성은 카프카를 다른 메시지 브로커와 구별 짓는 주요 부분이다. 메시지 읽기는 그 메시지를 시스템에서 제거하거나 다른 컨슈머로부터 제외하지 않는다.

그렇다면 카프카에서 데이터를 얼마나 오래 유지할 수 있을까라는 일반적인 질문을 할 수도 있다. 오늘날 다양한 회사에서 카프카 커밋 로그 데이터가 구성 가능한 크기 또는 보존기간retention에 도달한 후 데이터가 영구 저장소로 이동되는 경우를 흔히 볼 수 있다. 그러나 이는 필요한 디스크 공간과 프로세싱 워크플로processing workflow의 문제다. 『뉴욕타임스』에는 100GB 이하의 단일 파티션들이 있다[9]. 카프카는 메시지가 유지되는 동안에도 빠른 성능을 유지하도록 만들어져 있다. 세부적인 보존기간에 대한 설명은 6장에서 브로커에 관해 이야기할 때 다룰 것이다. 지금은 로그 데이터 보존기간이 구성 속성configuration property를 사용해 시간과 크기로 제어가 가능하다는 사실만 이해하자.

2.4 다양한 소스 코드 패키지와 역할

카프카는 다양한 API에서 자주 언급되며 독립 제품으로 기술되는 컴포넌트이기도 하다. 어떤 선택지가 있는지 알아보기 위해 이 중에서 몇 가지를 살펴볼 것이다. 이 번 절에서 소개할 패키지는 ksqlDB를 제외하고는 카프카 코어와 같은 소스 코드 저 장소에서 찾을 수 있는 API이다[10].

2.4.1 카프카 스트림즈

카프카 스트림즈Kafka Streams는 카프카 코어 그 자체와 비교해서 많은 주목을 받았다. 이 API는 카프카 소스 코드 프로젝트의 streams 디렉터리에서 찾을 수 있는데, 대 부분 자바로 작성되어 있다. 카프카 스트림즈의 가장 좋은 점 중 하나는 독립된 프 로세싱 클러스터가 필요하지 않다는 점이다. 이는 애플리케이션에서 사용하는 경량 lightweight 라이브러리라는 뜻이다. 클러스터를 준비하거나 워크로드를 실행하기 위 해 아파치 하둡Apache Hadoop과 같은 리소스 관리 소프트웨어가 필요하지 않다. 그럼 에도 내결함성을 보장하는 로컬 상태local state, 한 번에 하나씩 메시지 처리, 정확히 한 번 개념 지원을 포함하여 여전히 강력한 기능을 갖추고 있다[10]. 이 책을 계속 진 행하다 보면 카프카 스트림즈 API가 어떻게 카프카의 기존 코어를 사용해 흥미롭고 강력한 작업을 수행하는지 그 기초를 더 많이 이해하게 될 것이다.

이 API는 스트리밍 애플리케이션을 가능한 한 쉽게 작성하게 해주며, 자바 8의 스 트림 API(도메인 특화 언어Domain-Specific Language, 즉 DSL이라고도 함)와 유사한 플루언트fluent API를 제공한다. 카프카 스트림즈는 카프카의 코어 파트를 가져와서 복잡도나 오버 헤드 없이 상태 유지stateful 프로세싱과 분산 조인distributed join 같은 것을 추가해 이러 한 더 작은 조각들 위에서 작동된다[10].

마이크로서비스 설계도 이 API에 영향을 받는다. 다양한 애플리케이션에서 데이 터를 분리하는 대신, 이 데이터를 독립적으로 사용 가능한 애플리케이션으로 끌어온 다. 그림 2.10은 마이크로서비스 시스템을 구현하기 위해 카프카를 사용하는 전/후 의 뷰를 보여준다('Microservices Explained by Confluent' 유튜브 비디오를 보자[11]).

그림 2.10의 윗부분(카프카가 없는)은 개별 애플리케이션이 다른 애플리케이션과 다중 인터페이스에 의해 직접적으로 통신하지만, 아랫부분은 카프카를 사용하는 접근 방식을 보여준다. 카프카를 사용하면 데이터를 멍잉^{munging}5하는 서비스 없이 모든 애플리케이션에 데이터를 노출할 수 있을 뿐만 아니라 모든 애플리케이션이 소비하기 위한 단일 인터페이스를 제공한다. 각 애플리케이션이 서로 결합되지 않는다는 장점이 카프카가 특정 애플리케이션 간의 의존성을 완화하는 데 어떻게 도움이 되는지 직접적으로 보여준다.

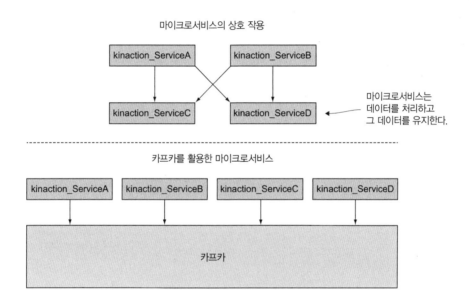

그림 2.10 마이크로서비스 설계

2.4.2 카프카 커넥트

카프카 커넥트$^{Kafka\ Connect}$는 코어 카프카 커넥트 폴더에서 찾을 수 있으며 또한 대부분 자바로 작성되어 있다. 이 프레임워크는 다른 시스템을 쉽게 통합하기 위해 만들

---

5 멍잉은 데이터 전처리에 해당하며, 데이터 랭글링(wrangling)의 일부로 볼 수 있다. - 옮긴이

어졌다[10]. 여러 측면에서 아파치 고블린Apache Gobblin과 아파치 플룸Apache Flume 같은 도구를 대체하는 데 도움이 된다고 생각할 수 있다. 플룸이 익숙하다면 아마도 사용된 일부 용어는 익숙할 것이다.

소스 커넥터source connector는 소스에서 카프카로 데이터를 임포트import하기 위해 사용된다. 예를 들어, MySQL 테이블에서 카프카 토픽으로 데이터를 이동하려고 한다면, 메시지를 카프카로 생산하기 위해 커넥트 소스Connect source를 사용할 것이다. 반면, 싱크 커넥터sink connector는 카프카에서 다른 시스템으로 데이터를 익스포트export하기 위해 사용된다. 예를 들어 어떤 토픽에 있는 메시지를 장기간 유지하려면, 토픽으로부터 메시지를 소비하여 클라우드 저장소 같은 장소에 두기 위해 싱크 커넥터를 사용할 것이다. 그림 2.11은 'The Simplest Useful Kafka Connect Data Pipeline in the World...or Thereabouts – Part 1' 기사에서 언급한 사용 사례와 유사하게, 데이터베이스에서 커넥트로, 마지막으로 클라우드에 있는 저장소 위치로의 데이터 흐름을 보여준다[12].

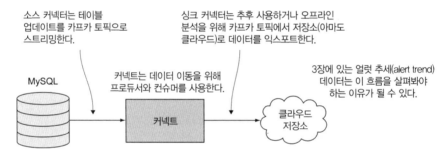

그림 2.11 커넥트 사용 사례

앞서 언급했듯이, 아파치 플룸 기능의 직접적인 대체는 아마도 의도적이거나 카프카 커넥트의 주목적이 아닐 것이다. 카프카 커넥트는 카프카 노드를 셋업할 때마다 에이전트를 갖지 않으며 데이터를 복사하기 위해 스트림 처리 프레임워크와 함께 잘 통합하도록 설계되어 있다. 카프카 커넥트는 일반적인 시스템과 함께 결합하여 빠르고 간단하게 데이터 파이프라인을 구축하는 훌륭한 선택이다.

2.4.3 AdminClient 패키지

최근 카프카는 AdminClient(어드민 클라이언트) API를 도입했다. 이 API 이전에는 특정 관리 액션을 수행하기 위한 스크립트나 프로그램은 셸 스크립트(카프카가 제공하는)나 셸 스크립트가 자주 사용하는 내부 클래스를 호출해야 했다. 이 API는 앞서 설명한 API와 다른 JAR[6]인 kafka-clients.jar 파일[7]의 일부다. 이 인터페이스는 카프카를 관리하면 할수록 유용하고 훌륭한 도구가 될 것이다. 이 도구는 또한 프로듀서와 컨슈머가 사용하는 것과 유사한 구성configuration을 사용한다. 소스 코드는 org/apache/kafka/clients/admin 패키지에서 찾을 수 있다.

2.4.4 ksqlDB

2017년 컨플루언트는 ksqlDB로 이름을 바꾸기 전에는 KSQL이라 불렀던 카프카를 위한 새로운 SQL 엔진의 개발자 프리뷰 버전을 릴리스했다. 이는 데이터 분석에 주로 SQL을 사용하는 개발자와 데이터 분석가가 수년간 경험한 인터페이스를 사용해 스트림을 활용할 수 있게 됐다. 구문은 다소 익숙할지는 몰라도 여기에는 여전히 중요한 차이점이 있다.

관계형 데이터베이스 사용자에게 익숙한 대부분의 쿼리는 조회가 포함된 온디맨드나 일회성 쿼리다. 데이터 스트림에 대한 연속 쿼리continuous query로의 사고방식 전환은 개발자에게 있어 중요한 전환이자 새로운 관점이다. 카프카 스트림즈 API와 마찬가지로 ksqlDB는 연속적인 데이터 흐름을 이용하기 쉽게 만들어 준다.

데이터 엔지니어를 대상으로 하는 이 인터페이스는 익숙한 SQL과 유사한 문법을 사용하지만, 쿼리가 연속적으로 실행되고 업데이트된다는 점이 핵심이다. 이러한 사용 사례에서는 과거에 대시보드를 통해 서비스 장애를 보고하는 용도로 SELECT 문을 사용했던 애플리케이션들이 ksqlDB로 대체될 수 있다.

---

6 카프카 스트림즈 API나 카프카 커넥트 API를 의미한다. – 옮긴이
7 이 JAR 파일에는 어드민 클라이언트뿐만 아니라 앞서 설명한 프로듀서와 컨슈머도 포함되어 있다. – 옮긴이

2.5 컨플루언트 클라이언트

카프카의 인기 때문에 카프카와 상호 작용할 개발 언어의 선택은 일반적으로 문제가 되지 않는다. 이 책에 있는 실습과 예제에서는 코어 카프카 프로젝트 자체에 작성된 자바 클라이언트를 사용할 것이다. 컨플루언트가 지원하는 그 밖의 클라이언트도 많이 있다[13].

모든 클라이언트가 기능 측면에서 동일한 것은 아니기 때문에, 컨플루언트는 프로그래밍 언어에 따라 지원하는 기능 대조표를 사이트(https://docs.confluent.io/current/clients/index.html)에서 제공한다. 참고로 다른 오픈소스 클라이언트를 살펴본다면 자신만의 클라이언트를 개발하거나 새 언어를 배우는 데 도움이 될 수도 있다.

애플리케이션이 카프카와 상호 작용하는 가장 일반적인 방법은 클라이언트를 사용해 보는 것이므로, 리스트 2.9에서 자바 클라이언트 사용 예제를 살펴보자. 앞서 명령줄을 사용해 수행했던 것과 동일한 생산과 소비 과정을 수행할 것이다. 약간의 추가적인 보일러플레이트boilerplate 코드(카프카 관련 부분에만 초점을 맞추기 위해 여기에는 나열하지 않았다)와 함께, 메시지를 생산하는 자바 메인 메서드에서 이 코드를 실행할 수 있다.

리스트 2.9 자바 클라이언트의 프로듀서

```
public class HelloWorldProducer {
  public static void main(String[] args) {

    Properties kaProperties =
      new Properties();
    kaProperties.put("bootstrap.servers",
      "localhost:9092,localhost:9093,localhost:9094");

    kaProperties.put("key.serializer",
      "org.apache.kafka.common.serialization.StringSerializer");
    kaProperties.put("value.serializer",
      "org.apache.kafka.common.serialization.StringSerializer");

    try (Producer<String, String> producer =
      new KafkaProducer<>(kaProperties))

      ProducerRecord<String, String> producerRecord =
        new ProducerRecord<>("kinaction_helloworld",
```

프로듀서는 다양한 옵션을 구성하기 위해 이름-값 항목 맵을 가져온다.

이 속성에는 카프카 브로커의 목록을 지정할 수 있다.

메시지의 키와 값이 어떤 포맷으로 직렬화하는지를 지정한다.

프로듀서 인스턴스를 생성한다. 프로듀서는 자바 런타임이 자동으로 닫아주는 closable 인터페이스를 구현한다.

```
        null, "hello world again!");
    producer.send(producerRecord);        ← 이 레코드를 카프카
  }                                           브로커로 보낸다.
 }
}
```

← 메시지를
  나타낸다.

리스트 2.9에 있는 코드는 간단한 프로듀서다. 프로듀서를 만들기 위한 첫 단계는 구성 속성을 셋업하는 과정이다. 이 속성은 맵을 사용해 봤다면 누구나 익숙하게 설정할 수 있을 것이다.

bootstrap.servers 매개변수는 필수 구성 항목인데, 그 목적이 언뜻 보기에 명확하지 않을 수 있다. 이 매개변수에는 카프카 브로커 목록을 정의한다. 클라이언트가 연결한 이후에 클러스터의 나머지 브로커에 관한 정보를 찾으면 더 이상 이 목록에 의존하지 않기 때문에, 이 목록은 갖고 있는 모든 브로커 서버일 필요는 없다.

key.serializer와 value.serializer 매개변수도 개발 시 유의해야 할 매개변수다. 데이터를 카프카로 이동할 때 이 데이터를 직렬화하기 위한 클래스를 제공해야 한다. 키와 값에 같은 직렬 변환기serializer를 지정할 필요는 없다.

그림 2.12는 프로듀서가 메시지를 보낼 때 발생하는 이 흐름을 보여준다. 우리가 만든 이 프로듀서는 생성자의 인수로 구성 속성을 가져온다. 이 프로듀서로 이제 메시지를 보낼 수 있다. 이 ProducerRecord는 우리가 보낼 실제 입력을 담는다. 예제에서 kinaction_helloworld는 메시지를 보낸 토픽 이름이다. 다음 필드는 메시지 키와 값이다. 4장에서 키에 대해 더 살펴보겠지만, 간단하게 만든 이 예제에서는 널null 값이 가능하다는 사실을 아는 정도로 충분하다.

마지막 인수[8]로 전달한 이 메시지는 콘솔 프로듀서가 보낸 첫 번째 메시지와는 다르다. 메시지가 다른지 확인하려는 이유를 알고 있는가? 두 프로듀서 모두 동일한 토픽으로 작업하고 있기 때문에 새 컨슈머로 메시지를 소비할 때 자바 클라이언트로 생성할 메시지와 그 이전에 생성한 메시지를 구별하기 위해서다. 메시지가 준비되면 이 프로듀서를 사용해 이 메시지를 비동기 방식으로 전달한다. 여기서는 메시지 한 건만 전달하고 있으므로 보낸 요청이 완료될 때까지 기다린 다음 정상적으로

---

8 hello world again! 메시지 값을 의미한다. – 옮긴이

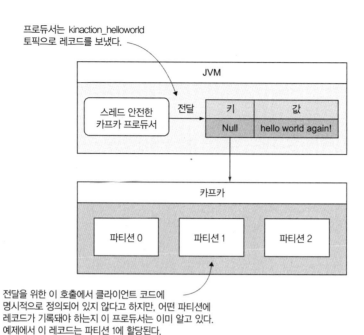

프로듀서는 kinaction_helloworld
토픽으로 레코드를 보냈다.

JVM

스레드 안전한
카프카 프로듀서

전달

키	값
Null	hello world again!

카프카

| 파티션 0 | 파티션 1 | 파티션 2 |

전달을 위한 이 호출에서 클라이언트 코드에
명시적으로 정의되어 있지 않다고 하지만, 어떤 파티션에
레코드가 기록돼야 하는지 이 프로듀서는 이미 알고 있다.
예제에서 이 레코드는 파티션 1에 할당된다.

그림 2.12 프로듀서의 흐름

종료하여 프로듀서를 닫는다.

자바 클라이언트 예제를 실행하기 전에 pom.xml 파일에 다음 리스트가 있는지
확인해야 할 것이다[14]. 이 책의 모든 예제에서는 아파치 메이븐Apache Maven을 사
용할 것이다.

리스트 2.10 자바 클라이언트 POM 항목

```
<dependency>
  <groupId>org.apache.kafka</groupId>
  <artifactId>kafka-clients</artifactId>
  <version>2.7.1</version>
</dependency>
```

이제 새 메시지를 생산했고 메시지를 볼 수 있는 컨슈머를 만들기 위해 다음 리스
트에 있는 자바 클라이언트를 사용해 보자. 자바 main 메서드 내부에서 이 코드를 실
행하고 메시지 읽기가 끝나면 프로그램을 종료할 수 있다.

```java
public class HelloWorldConsumer {

  final static Logger log =
    LoggerFactory.getLogger(HelloWorldConsumer.class);

  private volatile boolean keepConsuming = true;

  public static void main(String[] args) {
    Properties kaProperties = new Properties();
    kaProperties.put("bootstrap.servers",
      "localhost:9092,localhost:9093,localhost:9094");
    kaProperties.put("group.id", "kinaction_helloconsumer");
    kaProperties.put("enable.auto.commit", "true");
    kaProperties.put("auto.commit.interval.ms", "1000");
    kaProperties.put("key.deserializer",
      "org.apache.kafka.common.serialization.StringDeserializer");
    kaProperties.put("value.deserializer",
      "org.apache.kafka.common.serialization.StringDeserializer");

    HelloWorldConsumer helloWorldConsumer = new HelloWorldConsumer();
    helloWorldConsumer.consume(kaProperties);
    Runtime.getRuntime().
      addShutdownHook(new Thread(helloWorldConsumer::shutdown));
  }

  private void consume(Properties kaProperties) {
    try (KafkaConsumer<String, String> consumer =
      new KafkaConsumer<>(kaProperties)) {
      consumer.subscribe(
        List.of(
          "kinaction_helloworld"
        )
      );

      while (keepConsuming) {
        ConsumerRecords<String, String> records =
          consumer.poll(Duration.ofMillis(250));
        for (ConsumerRecord<String, String> record :
          records) {
          log.info("kinaction_info offset = {}, kinaction_value = {}",
            record.offset(), record.value());
        }
      }
    }
  }

  private void shutdown() {
    keepConsuming = false;
  }
}
```

속성은 프로듀서와 같은
방식으로 설정한다.

컨슈머가 카프카에게 구독할
토픽을 알려준다.

새 메시지가 들어올 때까지
폴링한다.

결과를 보기 위해
소비한 각 레코드를
콘솔에 출력한다.

리스트 2.11에 무한 루프가 있다는 사실에 주목하자. 무한 루프를 의도적으로 사용하는 게 이상해 보이겠지만, 무한한 데이터 스트림을 처리해야 하기 때문에 무한 루프를 사용한다. 이 컨슈머는 프로듀서와 마찬가지로 컨슈머를 생성하기 위해 속성 맵을 가져온다. 그러나 프로듀서와는 달리 자바 컨슈머 클라이언트는 스레드 안전하지 않다[15]. 이후의 절에서 단일 컨슈머를 넘어서 확장할 때 스레드 안전 문제를 고려해야만 한다. 이 코드에서는 모든 접근이 동기화를 보장해야 하는데, 한 가지 간단한 선택지는 자바 스레드당 하나의 컨슈머만 두는 것이다. 또한 프로듀서에게 메시지를 보낼 위치(토픽)를 알려주었지만, 이제는 컨슈머가 원하는 토픽을 구독하도록 해준다. subscribe 명령은 동시에 1개 이상의 토픽을 구독할 수 있다.

리스트 2.11에서 가장 중요한 부분 중 하나는 컨슈머에서의 poll 호출이다. 이는 메시지를 애플리케이션으로 가져오기 위한 적극적인 시도다. 메시지 없음, 메시지 한 건, 다수의 메시지가 모두 단일 poll로 들어올 수 있으므로 로직에서 개별 poll 호출은 1개 이상의 결과를 처리해야 한다는 사실에 주목하자.

마지막으로 테스트 메시지를 검색하고 완료했을 때 컨슈머 프로그램을 Ctrl+C 할 수 있다. 참고로 이러한 예는 기본적으로 활성화된 많은 구성 속성에 의존한다. 다음 장에서 더 자세히 알아볼 기회가 있을 것이다.

2.6 스트림 처리와 용어

다양한 의미를 지닐 수 있는 분산 시스템 이론이나 특정 정의에 도전하는 것이 아닌 카프카가 어떻게 작동하는지를 살펴볼 것이다. 카프카를 작업에 적용하기 시작하면 다음 용어들이 제시될 것이고, 다음 설명을 이용해 프로세싱 관점으로 바라볼 수 있을 것이다.

그림 2.13은 카프카가 수행하는 상위 수준 뷰를 제공한다. 카프카에는 사용자에게 가치를 제공하기 위해 코어로 입출력하는 데이터에 의존하는 많은 무빙 파트가 있다. 프로듀서는 데이터를 카프카로 보내고, 카프카는 로그를 기반으로 한 신뢰성과 확장성 있는 분산 시스템으로 작동한다. 카프카 생태계 내부로 데이터가 들어오

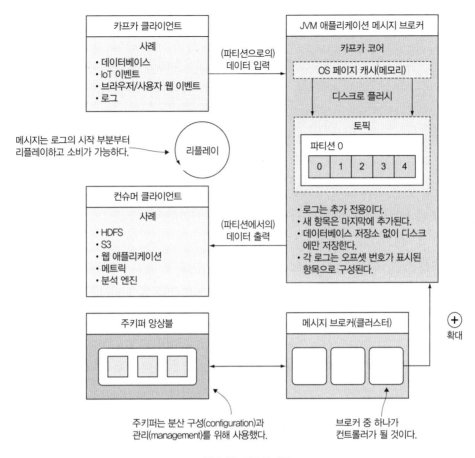

그림 2.13 카프카 개요

면, 컨슈머는 다른 애플리케이션과 그들의 사용 사례에서 데이터를 활용 가능하도록 사용자를 도울 수 있다. 브로커는 클러스터를 구성하고 메타데이터를 유지하기 위해 주키퍼 클러스터로 코디네이트coordinate한다. 카프카가 데이터를 디스크에 저장하기 때문에 애플리케이션 실패의 경우 데이터를 리플레이하는 기능은 카프카 기능 세트의 일부이기도 하다. 이러한 특성은 카프카를 강력한 스트림 처리 애플리케이션의 기반이 되도록 만든다.

2.6.1 스트림 처리

스트림 처리는 다양한 프로젝트에 걸쳐 다양한 정의가 있는 듯하다. 스트리밍 데이터의 핵심 원칙은 데이터가 계속 도착하며 끝나지 않는다는 사실이다[16]. 또한 소스 코드는 항상 이 데이터를 처리해야 하며 실행 요청이나 시간 프레임을 기다리지 않아야 한다. 앞서 본 것처럼 무한 루프 코드는 정의된 종점이 없는 일정한 데이터 흐름이 있음을 암시한다.

이러한 접근 방식은 데이터를 일괄 처리 및 그룹 단위로 처리하지 않는다. 야간 nightly 또는 월간monthly 실행이라는 개념도 스트림 처리라는 워크플로와 무관하다. 끝없이 떨어지는 폭포를 생각하면 같은 원칙을 적용할 수 있다. 전송할 데이터의 양이 많을 때도 있고 그렇지 않을 때도 있겠지만 대상 간에 데이터는 끊임없이 흐른다.

그림 2.14는 카프카 스트림즈 API가 코어 카프카에 의존한다는 사실을 보여준다. 이벤트 메시지가 클러스터에 계속해서 들어오는 동안, 컨슈머 애플리케이션은 이벤트의 정적인 스냅숏을 가져오기 위한 쿼리 결과를 기다리는 것이 아니라 최종 사용자에게 업데이트된 정보를 계속해서 제공한다. 최신 이벤트를 보기 위해 사용자가 더 이상 5분 후에 웹 페이지를 새로고침 할 필요가 없다!

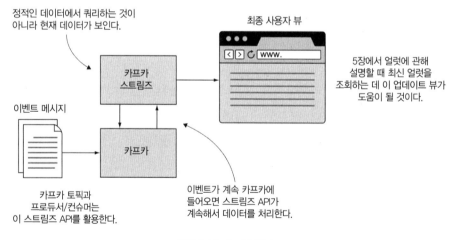

그림 2.14 스트림 처리

2.6.2 정확히 한 번의 의미

가장 흥미로우면서도 가장 많이 논의된 카프카의 기능 중 하나는 '정확히 한 번 시맨틱'이다. 이 책에서는 그러한 견해 뒤에 숨겨진 이론까지 논의하지는 않겠지만, 이러한 시맨틱이 카프카의 일상적인 사용에서 의미하는 바는 다룰 것이다.

정확히 한 번을 유지하는 가장 쉬운 방법은 카프카의 범위(및 토픽) 내에서 작업하는 것이다. 스트림즈 API를 사용하면 트랜잭션으로 처리 가능한 폐쇄된 시스템을 구축하여 정확히 한 번을 유지할 수 있다. 카프카 커넥트의 다양한 커넥터도 정확히 한 번을 지원하며, 모든 시나리오에서 카프카가 데이터의 종점은 아니기 때문에 카프카 커넥트도 카프카에서 데이터를 가져오는 좋은 예다.[9]

요약

- 카프카에서 메시지는 데이터를 의미한다. 카프카의 브로커 클러스터는 이 데이터를 처리하고 외부 시스템 및 클라이언트와 상호 작용한다.

- 카프카의 커밋 로그 사용은 시스템 전체를 이해하는 데 도움이 된다.

- 데이터를 저장하는 방식과 이를 다시 사용할 수 있는 방식으로 메시지는 로그 프레임 마지막에 추가했다. 로그 시작 지점에서 시작할 수도 있는데, 애플리케이션은 다양한 사용 사례를 수행하기 위해 특정 순서로 데이터를 다시 처리할 수 있다.

- 프로듀서는 데이터를 카프카 생태계로 이동하도록 돕는 클라이언트다. 기존 정보를 데이터베이스 같은 데이터 소스에서 카프카로 이동시키는 것은 다른 애플리케이션의 데이터 인터페이스를 제공하는 시스템 내에 갇혀 있던 기존 데이터를 외부로 노출하도록 도울 수 있다.

- 컨슈머 클라이언트는 카프카로부터 메시지를 검색한다. 많은 컨슈머가 같은 시간에 같은 메시지를 읽을 수 있다. 다양한 위치에서부터 읽을 수 있는 개

---

9 데이터가 카프카에 집중되겠지만, 다양한 커넥터로 데이터를 가져와서 다양한 시나리오에서 사용 가능하다는 뜻이다. – 옮긴이

별 컨슈머의 능력은 카프카 토픽으로부터 유연한 소비 가능성도 보여준다.

- 카프카와 목적지^{destination} 사이를 끊임없이 흐르는 데이터는 일괄 처리 또는 지연 시간 워크플로로 인해 제한되어 있던 시스템을 다시 설계하는 데 도움이 될 수 있다.

참고문헌

[1] "MainConceptsandTerminology." ApacheSoftwareFoundation(n. d.). https：//kafka. apache. org/documentation. html#intro_concepts_and_terms (accessed May 22, 2019).

[2] "Apache Kafka Quickstart." Apache Software Foundation (2017). https：//kafka. apache. org/quickstart (accessed July 15, 2020).

[3] B. Kernighan and D. Ritchie. *The C Programming Language*, 1st ed. Englewood Cliffs, NJ, USA: Prentice Hall, 1978.

[4] KIP-500: "Replace ZooKeeper with a Self-Managed Metadata Quorum." Wiki for Apache Kafka. Apache Software Foundation (July 09, 2020). https：//cwiki. apache. org/confluence/display/KAFKA/KIP-500%3A+Replace+ZooKeeper+with+a+Self-Managed+Metadata+Quorum (accessed August 22, 2020).

[5] "ZooKeeper Administrator's Guide." Apache Software Foundation. (n. d.). https：// zookeeper. apache. org/doc/r3. 4. 5/zookeeperAdmin. html (accessed June 10, 2020).

[6] "Kafka Design: Persistence." Confluent documentation (n. d.). https：//docs. confluent. io/platform/current/kafka/design. html#persistence (accessed November 19, 2020).

[7] "A Guide To The Kafka Protocol: Some Common Philosophical Questions." Wiki for Apache Kafka. Apache Software Foundation (n. d.). https：//cwiki. apache. org/ confluence/display/KAFKA/A+Guide+To+The+Kafka+Protocol#AGuideToThe KafkaProtocol-SomeCommonPhilosophicalQuestions (accessed August 21, 2019).

[8] "Documentation: Topics and Logs." Apache Software Foundation (n. d.). https：// kafka. apache. org/23/documentation. html#intro_topics (accessed May 25, 2020).

[9] B. Svingen. "Publishing with Apache Kafka at The New York Times." Confluent blog (September 6, 2017). https：//www. confluent. io/blog/publishing-apache-kafka-new-york-times/ (accessed September 25, 2018).

[10] "Documentation: Kafka APIs." Apache Software Foundation (n. d.). https：//kafka. apache. org/documentation. html#intro_apis (accessed June 15, 2021).

[11] "Microservices Explained by Confluent." Confluent. Web presentation (August 23, 2017). https：//youtu. be/aWI7iU36qv0 (accessed August 9, 2021).

[12] R. Moffatt. "The Simplest Useful Kafka Connect Data Pipeline in the World…or

Thereabouts – Part 1." Confluent blog (August 11, 2017). https://www.confluent.io/blog/simplest-useful-kafka-connect-data-pipeline-world-thereabouts-part-1/ (accessed December 17, 2017).

[13] "Kafka Clients." Confluent documentation (n.d.). https://docs.confluent.io/current/clients/index.html (accessed June 15, 2020).

[14] "Kafka Java Client." Confluent documentation (n.d.). https://docs.confluent.io/clients-kafka-java/current/overview.html (accessed June 21, 2021).

[15] "Class KafkaConsumer⟨K,V⟩." Apache Software Foundation (November 09, 2019). https://kafka.apache.org/24/javadoc/org/apache/kafka/clients/consumer/KafkaConsumer.html (accessed November 20, 2019).

[16] "Streams Concepts." Confluent documentation (n.d.). https://docs.confluent.io/platform/current/streams/concepts.html (accessed June 17, 2020).

카프카 적용

2부에서는 1부에서 만들었던 카프카 멘탈 모델을 바탕으로 그 지식을 활용해 구축을 시작해 볼 것이다. 카프카의 기초를 살펴보고 프로듀서와 컨슈머 클라이언트의 기본적인 주제부터 시작할 것이다. 카프카 스트림즈나 ksqlDB 애플리케이션을 개발하려는 계획만 갖고 있다고 하더라도 2부는 여전히 시간을 할애할 만한 가치가 있다. 2부에서 논의할 핵심 부분은 카프카 생태계에서 대부분의 상위 수준 라이브러리와 추상화의 기초가 될 것이다.

- 3장에서는 샘플 프로젝트 설계를 시작하고 카프카를 적용하는 방법을 배운다. 11장에서 스키마 변환에 관해 더 세부적으로 다뤄보겠지만, 이 프로젝트의 요구사항은 데이터 프로젝트 설계 초기에 보여준다.

- 4장에서는 데이터를 카프카로 옮기기 위한 프로듀서 사용법을 상세하게 들여다보며, 중요한 구성 옵션과 데이터 소스에 미치는 영향을 알아본다.

- 5장에서는 컨슈머를 사용해 카프카에서 데이터를 소비하는 방법을 상세하게 들여다본다. 컨슈머 클라이언트와 프로듀서 사이의 유사점과 차이점을 알아본다.

- 6장에서는 클러스터에서 브로커의 역할을 살펴보기 시작한다. 리더와 컨트롤러 역할과 클라이언트와의 관계도 알아본다.

- 7장에서는 필요로 하는 데이터를 제공하기 위해 토픽과 파티션이 어떻게 함께 사용되는지 살펴본다. 컴팩션된 토픽compacted topic도 소개한다.

- 8장에서는 데이터를 유지하거나 다시 처리하는 데 사용 가능한 도구와 아키텍처를 살펴본다.

- 2부의 마지막인 9장에서는 클러스터를 건강하게 유지하기 위한 관리 업무에 도움이 되는 필수 로그와 메트릭을 알아본다.

2부에서는 카프카의 핵심 부분을 확실하게 이해하며 사용 사례에 이를 사용하는 방법을 알게 될 것이다. 자, 시작해 보자!

03

카프카 프로젝트 설계

이전 장에서는 명령줄로 카프카와 작업을 수행하는 방법과 자바 클라이언트를 사용하는 방법을 봤다. 이제는 앞에서 소개한 초기 개념을 확장하고 카프카로 다양한 솔루션을 설계하는 방법을 살펴볼 것이다. 3장에서 시작할 예제 프로젝트에 대한 전략을 세울 때 고려해야 할 몇 가지 질문에 대해 논의할 것이다. 대부분의 프로젝트와 마찬가지로 이러한 솔루션 개발을 시작할 때 진행 과정에서 사소한 변경은 있을 수 있으며, 바로 시도해 볼 만한 곳을 찾아 개발을 시작할 수 있다는 점을 염두에 두

자. 3장을 읽고 나면 실제 세계에서 발생하는 문제를 해결하고 이 책의 나머지 부분에서 카프카를 더 깊이 탐구하기 위한 계획을 세우는 데 도움이 될 것이다. 자, 흥미진진한 학습을 시작해 보자!

3.1 카프카 프로젝트 설계

새로운 회사나 프로젝트에서 처음부터 카프카를 사용할 수도 있겠지만, 모든 카프카 사용자에게 그런 기회가 주어지는 것은 아니다. 실제로 엔터프라이즈 환경에 있거나 레거시 시스템(요즘에는 5년 이상 된 모든 것을 레거시로 간주하는 경향이 있다)으로 일한 사람들에게 있어 처음부터 시작하는 즐거움은 항상 누릴 수 있는 것이 아니다. 하지만 기존 아키텍처를 다룰 때의 장점 중 하나는 해결 가능한 불만 사항 목록이 있다는 점이다. 업무에서 데이터에 대한 생각을 어떻게 바꿔야 하는지 강조하기 위해서도 기존 아키텍처와의 비교가 도움이 된다. 3장에서는 현재의 데이터 처리 방식에서 전환할 준비가 되어 있는 한 회사를 위한 프로젝트를 수행하며 카프카라는 새로운 도구를 적용해 볼 것이다.

3.1.1 기존 데이터 아키텍처 인수

계속해서 증가하는 카프카 사용에서 영감을 얻는 가상의 예제를 제공하기 위해 몇 가지 배경지식을 살펴볼 것이다. 1장에서는 컨플루언트의 한 가지 주제(https://www.confluent.io/use-case/internet-of-things-iot/)를 언급했고, 자나키람 MSV[Janakiram MSV]의 훌륭한 'Apache Kafka: The Cornerstone of an Internet-of-Things Data Platform' 기사[1]에는 센서와 관련된 카프카의 사용이 실려 있다. 센서와 관련된 주제를 사용 사례로 사용해 가상의 예제 프로젝트를 살펴볼 것이다.

새로운 가상의 컨설팅 회사는 원격으로 전기 자전거를 관리하는 공장을 재설계하는 계약을 막 따냈다. 센서는 모니터링하는 내부 장비 상태와 이 상태 이벤트를 지속적으로 제공하는 자전거 전체에 설치된다. 하지만 현재 시스템은 대부분의 메시지를 무시해야 할 정도로 많은 이벤트가 생성되고 있다.

사이트 소유자로부터 다양한 애플리케이션을 활용해 이러한 데이터로 잠재력을 발휘할 수 있도록 도와달라는 요청을 받았다. 게다가 현재 데이터는 대용량 클러스터 형태로 구성된 전통적인 관계형 데이터베이스 시스템에 있다. 매우 많은 센서와 기존의 데이터베이스로 어떻게 제조 과정에 영향을 미치지 않으면서 카프카 기반 아키텍처를 구축할 수 있을까?

3.1.2 첫 변경

우리 과제를 시작하는 최선의 방법 중 하나는 아마도 모든 데이터를 한 번에 카프카로 옮기는 빅뱅big bang 접근 방식이 아닌 다른 방식일 것이다. 오늘까지 데이터베이스를 사용하고 내일부터 스트리밍 데이터로 시도하려 한다면, 가장 쉬운 진입로 중 하나는 카프카 커넥트로 시작하는 것이다. 프로덕션 부하를 처리할 수는 있겠지만, 처음부터 한 번에 카프카로 옮길 필요가 없다. 데이터베이스 테이블 하나를 가져와서 당분간 기존 애플리케이션을 실행하면서 새로운 아키텍처를 시작할 것이다. 우선 카프카 커넥트에 익숙해지기 위해 몇 가지 예제를 살펴보겠다.

3.1.3 내장 기능

카프카 커넥트의 용도는 자체 프로듀서와 컨슈머를 작성하지 않고 카프카 안팎으로의 데이터 이동을 돕는 것이다. 커넥트는 스트리밍 작업을 시작하기 위해 이전에 구축한 부품을 간단하게 사용할 수 있도록 만드는, 이미 카프카의 일부가 된 프레임워크다. 이러한 부품을 **커넥터**connector라 하며, 다른 데이터 소스와 안정적으로 작동하도록 개발됐다[2].

2장을 떠올려 보면 우리가 현실 세계의 예제로 사용했던 프로듀서와 컨슈머 자바 클라이언트 코드는 커넥트가 내부적으로 어떻게 이러한 개념을 커넥트를 사용해 추상화하는지 보여준다. 시작하기 가장 쉬운 방법 중 하나는 커넥트가 전형적인 애플리케이션 로그 파일을 가져와 카프카 토픽으로 옮기는 방식을 살펴보는 것이다. 로컬 머신에서 커넥트를 실행하고 테스트하기에 가장 쉬운 방식은 독립 실행형

standalone 모드다. 독립 실행형 모드에서 할 수 있는 작업이 마음에 든다면 나중에 이를 확장scale할 수 있다! 카프카가 설치된 폴더의 config 디렉터리 아래에서 다음 파일을 찾을 수 있다.

- connect-standalone.properties
- connect-file-source.properties

connect-standalone.properties 파일 내부를 살펴보면, 2장에서 자체 자바 클라이언트를 만들 때 사용했던 속성property으로 인해 익숙한 구성configuration 키와 값을 볼 수 있을 것이다. 커넥트의 기반이 되는 프로듀서와 컨슈머 클라이언트에 관해 알고 있다면, 커넥트가 작업을 수행하기 위해 어떻게 bootstrap.servers 같은 동일한 구성을 사용하게 되는지 이해하는 데 도움이 될 것이다.

이 예제에서는 데이터를 카프카 파일에서 가져온 것처럼 하나의 데이터 소스에서 데이터를 가져와 카프카에 넣어 처리할 것이다. 카프카 설치 디렉터리에 예제 템플릿으로 포함된 connect-file-source.properties 파일을 사용해 alert-source.properties라는 파일을 만들고 리스트 3.1의 텍스트 파일 내용을 alert-source.properties 파일 내부에 넣는다. 이 파일은 alert.txt 파일을 셋업하며 kinaction_alert_connect 토픽으로 보낼 데이터를 지정하는 데 필요한 구성을 정의한다. 이 예제는 https://docs.confluent.io/3.1.2/connect/quickstart.html에 있는 훌륭한 빠른 시작 가이드(더 많은 참고 자료가 필요하다면 읽어보자)와 유사한 절차를 따르고 있다. 더 세부적인 정보를 학습하기 위해 카프카 서밋Kafka Summit(2018년 샌프란시스코)에서 발표했던 랜들 하우치Randall Hauch(아파치 카프카 커미터committer 및 PMC)의 훌륭한 프레젠테이션(http://mng.bz/8WeD) 시청을 추천한다.

코드 없이 구성만으로도 어떤 파일로부터 데이터를 얻어 카프카에 입력할 수 있다. 파일 읽기는 일반적인 작업common task이므로 사전 구축된 커넥트 클래스를 사용할 수 있는데, 이 클래스는 FileStreamSource이다[2]. 다음 리스트에서 어떤 텍스트 파일에 얼럿을 기록하는 애플리케이션이 있다고 가정해 보자.

리스트 3.1 파일 소스에 대해 커넥트 구성하기

```
name=alert-source
connector.class=FileStreamSource
tasks.max=1
file=alert.txt
topic=kinaction_alert_connect
```

소스 파일과 상호 작용하는
클래스를 명시한다.

독립 실행형 모드로 테스트
하기 위한 이 셋업에서 1은
유효한 값이다.

이 파일 변경을
모니터링한다.

데이터가 전송될
토픽 이름

`topic` 속성값은 중요하다. 나중에 파일에서 가져와서 `kinaction_alert_connect`
토픽에 넣는 메시지를 확인할 때 사용할 것이다. 새 메시지가 유입될 때 변경사항에
대해 alert.txt 파일이 모니터링된다. 마지막으로, 이 예제에서 커넥터는 단일 태스크
만 필요하기 때문에 `tasks.max` 값으로 1을 선택했고 병렬 처리는 고려하지 않는다.

> **NOTE**
>
> 주키퍼와 카프카를 로컬에서 실행한다면, 이 실습의 일부로서 카프카 브로커
> 는 여전히 실행중이어야 한다(이전 장에서 주키퍼와 카프카를 종료했다면).

이제 필수 구성을 마쳤으므로 커넥트를 시작하고 이 구성을 전달해야 한다.
connect-standalone.sh 셸 스크립트를 호출할 때 매개변수에 커스텀 구성 파일을
포함하여 커넥트 프로세스를 시작할 수 있다. 터미널에서 커넥트를 시작하려면 다
음 리스트에 있는 명령을 실행한 다음 그대로 둔다[2].

리스트 3.2 파일 소스로 커넥트 시작하기

```
bin/connect-standalone.sh config/connect-standalone.properties \
  alert-source.properties
```

다른 터미널 창으로 이동하여 커넥트 서비스를 시작했던 디렉터리에 alert.txt 텍
스트 파일을 만들고, 텍스트 편집기를 사용해 텍스트(입력하고 싶은 텍스트가 무엇이든
괜찮다) 몇 줄을 추가한다. 이제 이 커넥터가 이 작업job을 수행하고 있는지 확인하기
위해 console-consumer 명령을 사용해 보자. 또 다른 터미널 창을 열어 다음 리스트

의 예제를 사용해 kinaction_alert_connect 토픽을 소비할 것이다.

리스트 3.3 카프카에 파일 메시지 입력을 확인

```
bin/kafka-console-consumer.sh \
  --bootstrap-server localhost:9094 \
  --topic kinaction_alert_connect --from-beginning
```

다른 커넥터 유형을 살펴보기 전에 싱크 커넥터와 카프카 메시지를 다른 파일로 옮기는 방법에 관해 빠르게 이야기해 보자. 이 데이터의 목적지(또는 싱크)가 다른 파일이므로 connect-file-sink.properties 파일을 살펴볼 것이다. 새로운 결과가 이전에 했던 것과 달리 파일에서 읽는 대신 파일에 기록되므로 리스트 3.4에는 약간의 변경사항만 있다. 싱크하는 새로운 역할을 정의하기 위해 FileStreamSink를 선언할 것이다. 이 시나리오에서 kinaction_alert_connect 토픽은 데이터 소스다. 새로운 구성을 설정하기 위해 다음 리스트와 같이 alert-sink.properties[1]라는 새 파일을 작성한다[2].

리스트 3.4 파일 소스와 싱크로 커넥트 구성하기

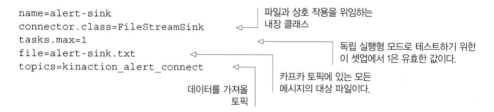

```
name=alert-sink
connector.class=FileStreamSink      ←  파일과 상호 작용을 위임하는
tasks.max=1                             내장 클래스
file=alert-sink.txt                 ←  독립 실행형 모드로 테스트하기 위한
topics=kinaction_alert_connect  ←      이 셋업에서 1은 유효한 값이다.
                                        카프카 토픽에 있는 모든
           데이터를 가져올                메시지의 대상 파일이다.
                 토픽
```

이 커넥트 인스턴스가 터미널에서 여전히 실행 중이라면, 터미널을 닫거나 Ctrl+C를 눌러 프로세스를 종료해야 할 것이다. 그런 다음, file-source와 file-sink 속성 파일로 재시작할 것이다. 리스트 3.5는 alert-source 및 alert-sink 속성 파일과 함께 커넥트를 재시작하는 방법을 보여준다[2]. 최종 결과는 어떤 파일에서 카프카로, 카프카에서 다시 다른 목적지 파일로 이동하는 데이터 흐름이다.

---

1 alert-source.properties 파일과 달리 alert-sink.properties 파일에는 topic 속성이 아니라 topics 속성이 있음을 유의하자. 커넥터 내부에서 컨슈머가 topics 속성을 사용하기 때문인데, 컨슈머는 프로듀서와 달리 1개 이상의 토픽이나 정규식으로 다수의 토픽을 소비할 수 있기 때문이다. – 옮긴이

```
bin/connect-standalone.sh config/connect-standalone.properties \
    alert-source.properties alert-sink.properties
```

새로운 싱크를 사용한 커넥트를 확인하기 위해 구성에서 사용된 싱크 파일(alert-sink.txt)을 열어, 소스 파일(alert.txt)에서 카프카 토픽으로 전달됐던 메시지가 있는지 확인한다.

3.1.4 주문 송장을 위한 데이터

자전거 주문 송장invoice을 다루는 또 다른 요구사항을 살펴보자. 커넥트는 사용자가 커스텀 커넥터 생성에 대한 깊이 있는 지식을 다른 사용자와 공유(시스템 전문가가 아닌 사람들을 돕기 위해)할 수 있게 한다. 지금까지 커넥터(리스트 3.4와 3.5에서)를 사용해 봤는데, 커넥트는 다른 시스템과 상호 작용을 표준화하며 비교적 간단하게 다양한 커넥터를 조합할 수 있다.

이 자전거 생산 공장 예제에서 커넥트를 사용하기 위해, 로컬 데이터베이스로부터 테이블 업데이트를 카프카 토픽에 스트리밍하는 이미 개발되어 있는 소스 커넥터를 적용해 볼 것이다. 다시 말하지만, 우리 목표는 전체 데이터 처리를 한 번에 바꾸려는 것이 아니다. 그 대신, 기존 시스템을 유지하면서 동시에 테이블 기반 데이터베이스 애플리케이션의 업데이트를 가져와서 새 애플리케이션을 개발하는 방법을 보여줄 것이다. 이 예제는 웹사이트(https://docs.confluent.io/kafka-connect-jdbc/current/source-connector/index.html)에 있는 과정을 따르므로 더 상세한 설명이 필요하면 참고하자.

첫 번째 과정은 로컬에서 실행할 우리 예제를 위한 데이터베이스를 셋업하는 것이다. 쉽고 빠르게 시작하기 위해 SQLite 컨플루언트 커넥터를 사용할 것이다. 터미널 창에서 sqlite3를 실행했을 때 프롬프트를 볼 수 있다면 이미 준비된 것이다. 그렇지 않다면, 즐겨 사용하는 패키지 관리자나 인스톨러를 사용해 자신의 운영체제에서 작동하는 SQLite 버전을 내려받자.

데이터베이스를 생성하기 위해 명령줄에서 `sqlite3 kafkatest.db`를 실행할 것이다. 그런 다음, 송장 테이블을 만들고 테이블에 일부 테스트 데이터를 삽입하기 위해 데이터베이스에서 리스트 3.6에 있는 코드를 실행할 것이다. 테이블을 설계할 때 변경사항을 캡처해 카프카에 넣는 방식을 생각해 보면 이해하는 데 도움이 된다. 대부분의 사용 사례는 데이터베이스 전체를 캡처할 필요 없이 초기 로드 후 변경사항만 필요할 것이다. 타임스탬프timestamp, 시퀀스 번호sequence number, ID는 변경으로 인해 카프카로 전달할 필요가 있는 데이터가 어떤 것인지 결정하는 데 도움이 될 수 있다. 다음 리스트에서 ID나 `modified` 열column은 테이블에 어떤 데이터가 변경됐는지 카프카가 알 수 있도록 커넥트에게 가이드가 될 수 있다[3].

리스트 3.6 송장 테이블 생성하기

```
CREATE TABLE invoices(                          ◄──┐  송장 테이블 생성
    id INT PRIMARY KEY     NOT NULL,          ◄──┘
    title           TEXT   NOT NULL,
    details         CHAR(50),                    커넥트가 캡처한 항목을 식별하기 위해
    billedamt       REAL,                        증분(incremental) ID를 설정
    modified        TIMESTAMP DEFAULT (STRFTIME('%s', 'now')) NOT NULL
);

INSERT INTO invoices (id,title,details,billedamt)  \   테스트 데이터를
  VALUES (1, 'book', 'Franz Kafka', 500.00 );      ◄── 테이블에 삽입
```

etc/kafka-connect-jdbc/kafkatest-sqlite.properties 파일을 생성하고 데이터베이스 테이블 이름을 변경하면 추가적인 행row 삽입과 업데이트로 인해 카프카에 전달되는 메시지를 확인할 수 있다. 컨플루언트 설치 디렉터리의 JDBC 커넥터 파일을 생성하는 세부적인 지침을 찾으려면 깃 저장소git repository에 있는 3장의 소스 코드를

참고한다. 파일 커넥터와 마찬가지로 이는 아파치 카프카 배포본의 일부분이 아니다. 수정된 타임스탬프 형식에서 오류가 발생한다면, 이 장의 소스 코드에서 다른 옵션도 확인한다.

이제 새로운 구성을 갖게 되었으므로, kafkatest-sqlite.properties를 넣어 커넥트를 실행해야 한다.

리스트 3.7 데이터베이스 테이블 소스로 커넥트 시작하기

```
confluent-hub install confluentinc/kafka-connect-jdbc:10.2.0
confluent local services connect start
...
# 그 밖의 과정에 관해서는 Commands.md를 참고한다.
confluent local services connect connector config jdbc-source
--config etc/kafka-connect-jdbc/kafkatest-sqlite.properties
```
새 데이터베이스 속성 파일을 사용하고 있다.

리스트 3.7은 컨플루언트 CLI 도구로 커넥트를 실행하는 방법을 보여준다. 독립 실행형 커넥트 스크립트인 connect-standalone.sh를 사용할 수도 있다[3]. 카프카 커넥트의 기능이 기존 데이터베이스 테이블을 카프카로 옮기기에 훌륭하다고 볼 수 있겠지만, 우리 센서(데이터베이스가 지원되지 않는 시나리오) 예제의 경우에는 또 다른 기술이 필요할 것이다.

3.2 센서 이벤트 설계

최신형 센서를 위한 커넥터가 없기 때문에 맞춤형 프로듀서를 통해 이벤트 시스템과 직접 상호 작용할 수 있다. 데이터를 카프카로 보내는 프로듀서 작성은 이번 절의 요구사항에서 살펴볼 것이다.

그림 3.1은 함께 작동해야 하는 스테이지에 주요 공정이 있음을 보여준다. 단계 중 하나는 추가적인 품질 검사 센서다. 유지 관리나 오류로 인해 다운되는 경우 처리 지연을 피하기 위한 이 센서는 무시할 수 있다. 센서는 자전거의 모든 내부 단계(그림 3.1에서 기어 모양으로 표시)에 부착되고 현재 시스템에 있는 클러스터화된 데이터

베이스 시스템에 메시지를 보낸다. 시스템에 이미 내장된 센서에 대해 명령을 업데이트하고 실행하기 위해 원격으로 사용되는 관리 콘솔도 있다.

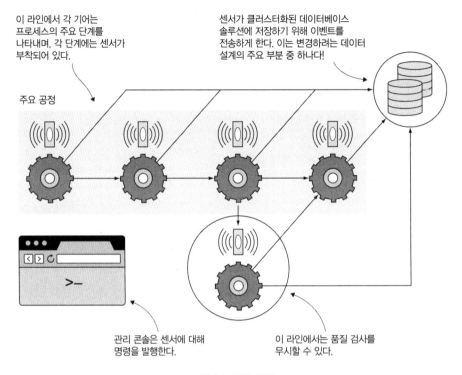

이 라인에서 각 기어는 프로세스의 주요 단계를 나타내며, 각 단계에는 센서가 부착되어 있다.

센서가 클러스터화된 데이터베이스 솔루션에 저장하기 위해 이벤트를 전송하게 한다. 이는 변경하려는 데이터 설계의 주요 부분 중 하나다!

주요 공정

관리 콘솔은 센서에 대해 명령을 발행한다.

이 라인에서는 품질 검사를 무시할 수 있다.

그림 3.1 공장 셋업

3.2.1 기존 문제

이전 사용 사례에서 제기된 몇 가지 문제를 논의하는 것으로 시작하자. 데이터가 존재해야 하고 사용자가 사용 가능해야 한다는 요구는 어렵고 도전적인 문제다. 데이터 사일로data silo와 복구 가능성recoverability이라는 두 가지 과제를 처리하는 방법을 살펴보자.

데이터 사일로 다루기

우리 공장에서 데이터와 그 데이터의 처리는 애플리케이션이 소유한다. 다른 사람이 그 데이터를 사용하려면 애플리케이션 소유자와 대화해야 한다. 데이터가 쉽게 처리 가능한 형식으로 제공될 가능성은 얼마나 될까? 데이터를 전혀 제공하지 않는 다면 어떻게 될까?

전통적인 '데이터 사고data thinking'로부터의 전환은 원시 소스에 있는 데이터를 누구나 사용할 수 있게 만든다. 들어오는 데이터에 접근 가능한 경우, 애플리케이션 API가 데이터를 특정 형식으로 노출하거나 커스텀 변환 후에 노출하는 것에 대해 걱정할 필요가 없다. API를 제공하는 애플리케이션이 원본 데이터를 잘못 파싱parsing 하면 어떻게 될까? 원래 데이터 소스에 대한 변경사항에서 데이터를 다시 생성해야 하는 경우 그 혼란을 해결하는 데 시간이 걸릴 수 있다.

복구 가능성

카프카 같은 분산 시스템의 뛰어난 장점 중 하나는 실패를 고려하고 설계된다는 점인데, 예상되는 실패는 통제가 가능하다. 하지만 애플리케이션을 개발할 때는 시스템 오류와 함께 인적 요소도 있다. 애플리케이션에 데이터를 파괴하는 결함이나 로직 이슈가 있는 경우 이를 수정하는 방법은 무엇일까? 카프카를 사용하면 2장에서 콘솔 컨슈머의 --from-beginning 플래그로 했던 것처럼 간단하게 토픽 처음부터 소비를 시작할 수 있다. 데이터 보존기간을 통해 계속해서 사용할 수도 있다. 보정 correction을 위해 데이터를 재처리하는 기능은 강력하며, 원래 이벤트를 사용할 수 없는 경우 기존 데이터를 교체하기 어려울 수도 있다.

이벤트는 특정 인스턴스의 센서 소스에서 한 번만 생성되기 때문에 메시지 브로커는 소비 패턴에서 중요한 역할을 할 수 있다. 큐잉 시스템의 메시지 구독자가 메시지를 읽은 후 브로커에서 제거되면, 그림 3.2의 애플리케이션 버전 1.0에서와 같이 시스템에서 사라진다. 사실 이후에 애플리케이션 로직의 결함이 발견되면 원래 이벤트가 다시 발생하지 않기 때문에 원래 이벤트의 처리에서 남아 있던 것을 사용해 데이터를 보정할 수 있는지 확인하는 분석이 필요하다. 다행히 카프카 브로커는 이와는 다른 옵션을 허용한다.

버전 1.1부터 애플리케이션은 새 애플리케이션 로직으로 이미 사용된 메시지를 재생할 수 있다. 버전 1.0에서 로직 실수를 수정한 새로운 애플리케이션 코드는 모든 이벤트를 다시 처리할 수 있다. 이벤트를 다시 처리할 수 있는 기회를 통해 데이터 손실이나 손상 없이 애플리케이션을 더 쉽게 개선할 수 있다.

데이터를 리플레이하면 시간이 지남에 따라 값이 어떻게 변하는지 알 수 있다. 카프카 토픽 리플레이와 WAL^Write-Ahead Log 개념을 비교해 보면 도움이 될 수 있다. WAL을 사용하면 값에 대한 수정사항이 적용되기 전에 로그에 기록되기 때문에 시간이 지남에 따라 어떤 값이 있었는지와 변경사항이 무엇인지 알 수 있다. WAL은 일반적으로 데이터베이스 시스템에서 볼 수 있으며 트랜잭션 중에 작업이 실패할 경우 시스템을 복구하는 데 도움이 된다. 이벤트를 처음부터 끝까지 추적하면 데이터가 초깃값에서 현재 값으로 어떻게 변해가는지 알 수 있다.

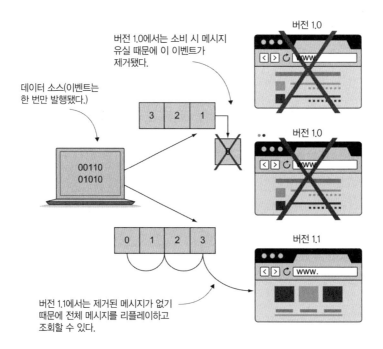

그림 3.2 개발자 코딩 실수 살펴보기

데이터를 언제 변경해야 하는가?

데이터가 데이터베이스에서 오는지 아니면 로그 이벤트에서 오는지와 무관하게 데이터를 카프카로 먼저 가져오는 것이 좋다. 그러면 데이터를 가장 오염되지 않은 형태로 사용할 수 있다. 그러나 카프카에 저장되기 전의 각 단계에서 데이터가 변경되거나 다양한 형식화 또는 프로그래밍 로직 오류가 들어갈 가능성이 있다. 하드웨어, 소프트웨어 및 로직은 분산 컴퓨팅에서 실패할 수 있고 또 실패할 것이다. 그러므로 항상 먼저 카프카로 데이터를 가져오는 것이 좋다. 그러면 이러한 실패가 발생하는 경우에도 데이터를 리플레이할 수 있다.

3.2.2 카프카가 적합한 이유

카프카가 가상의 센서 사용 사례에서도 의미가 있을까? 물론 이 책은 카프카에 관한 책이지만, 카프카를 시도해야 하는 강력한 이유를 빠르게 찾아보자.

고객이 분명히 밝힌 한 가지는 현재 데이터베이스가 수직으로 확장하는 데 비용이 많이 든다는 점이다. 수직 확장이란 기존 시스템에서 CPU, RAM, 디스크 드라이브와 같은 항목을 늘리는 것을 의미한다. 이제는 동적으로 확장하기 위해 환경에 더 많은 서버를 추가하는 방법을 살펴볼 것이다. 클러스터를 수평으로 확장할 수 있는 기능을 통해 전반적으로 비용에 대해 더 많은 이점을 얻을 수 있기를 바랄 수 있다. 브로커를 운영하는 서버가 돈으로 살 수 있는 가장 저렴한 머신은 아닐지라도 이러한 서버와 32GB 또는 64GB RAM으로 프로덕션 부하를 처리할 수 있다[4].

아마도 도출 가능한 또 다른 문제는 지속적으로 생산되는 이벤트가 있다는 점이다. 이는 앞에서 이야기한 스트림 처리의 정의와 유사하게 들릴 것이다. 끊임없는 데이터 피드에는 종료 시간이나 중단 지점이 정의되어 있지 않으므로 이 시스템은 메시지를 지속적으로 처리할 준비가 되어 있어야 한다. 주목해야 할 또 다른 흥미로운 점은 이 예에서 메시지가 일반적으로 10KB 미만이라는 점이다. 메시지 크기가 작고 페이지 캐시에 할애 가능한 메모리양이 많을수록 성능을 유지하는 데 더 좋다.

이 시나리오에 대한 요구사항을 검토하는 중에 일부 보안을 염두에 둔 개발자는 브로커에 대해 기본으로 제공하는 디스크 암호화가 없다는 사실을 알아차렸을 수 있다. 그러나 현재 시스템의 요구사항은 아니다. 우선은 시스템을 시작하고 실행하는 데 집중하고 보안 문제는 나중에 구현 시 추가를 고려할 것이다.

3.2.3 우리 설계에 대한 생각의 시작점

한 가지 주의할 점은 특정 카프카 버전에서 사용할 수 있는 기능이다. 예제에서는 최신 버전(이 글을 쓰는 시점에는 버전 2.7.1)을 사용하지만 일부 개발자는 기존 인프라로 인해 사용 중인 현재 브로커와 클라이언트 버전을 제어하지 못할 수 있다. 이러한 이유로 사용 가능한 일부 기능과 API가 언제 추가됐는지 기억하는 것이 좋다. 표 3.1 은 과거의 주요 기능 중 일부를 강조하고 있으며 모든 버전을 포함하지는 않았다[5].

표 3.1 과거 카프카 버전 마일스톤

카프카 버전	기능
2.0.0	접두사 지원 및 호스트 이름 확인(SSL 설정 시 기본값)이 포함된 ACL
1.0.0	자바 9 지원 및 JBOD 디스크 장애 개선
0.11.0.0	관리 API
0.10.2.0	클라이언트 호환성 향상
0.10.1.0	시간 기반 검색
0.10.0.0	카프카 스트림즈, 타임스탬프, 랙 어웨어니스(rack awareness)
0.9.0.0	다양한 보안 기능(ACL, SSL), 카프카 커넥트, 새 컨슈머 클라이언트

이어지는 몇 개의 장에서 클라이언트에 초점을 맞출 때 주목해야 할 또 다른 사항은 기능이 개선된 클라이언트의 호환성이다. 0.10.0 버전 이후의 브로커는 최신 클라이언트 버전에서도 작동할 수 있다. 클라이언트 호환성이 중요한 이유는 새 버전으로 클라이언트를 먼저 업그레이드하며 시험해 볼 수 있고, 브로커는 업그레이드하고 싶을 때까지 현재 버전을 유지할 수 있기 때문이다. 기존 클러스터가 실행 중인 경우라면 이 자료가 작업할 때 유용할 것이다.

이제 카프카를 사용해 보기로 결정했으므로 데이터가 존재하는 방식을 결정하기에 좋은 때가 됐다. 다음 질문은 데이터를 처리하는 방법에 대해 생각하기 위한 것이다. 이러한 기본 설정은 설계에 있어 다양한 부분에 영향을 주지만, 여기서는 데이터 구조를 파악하는 데 초점을 둘 것이며 이후의 장에서 구현을 다룰 것이다. 다음 질문 목록은 완전하진 않지만 설계할 때 좋은 출발점이 될 것이다.

- **시스템에서 메시지를 잃어도 괜찮은가?** 예를 들어 대출금 지급에 관한 놓친 이벤트가 고객의 하루를 망치고 비즈니스에 대한 신뢰를 망치는 일인가? 아니면 소셜 미디어 계정의 RSS 피드에 게시물이 누락된 것과 같은 사소한 문제인가? 후자가 안타까운 일이긴 하지만 고객의 세계가 끝날 정도의 문제인가?

- **어떤 방식으로든 데이터를 그룹화해야 하는가?** 해당 이벤트가 들어오는 다른 이벤트와 상관관계가 있는가? 예를 들어, 계정 변경사항을 고려할 것인가? 이 경우 다양한 계정 변경사항을 계정이 변경되는 고객과 연결하려고 한다. 이벤트를 미리 그룹화하면 애플리케이션이 토픽을 읽는 동안 여러 컨슈머의 메시지를 코디네이트coordinate할 필요가 없을 수도 있다.

- **특정 순서로 데이터를 전달해야 하는가?** 메시지가 발생한 시간이 아닌 다른 순서로 배달되면 어떻게 되는가? 예를 들어, 실제 주문 전에 주문 취소 알림을 받는다. 주문만으로 상품이 배송되기 때문에, 고객 서비스에 미치는 영향은 주문이 정말 중요하다고 말할 수 있는 충분한 이유가 될 것이다. 물론 모든 것이 정확한 순서를 필요로 하는 것은 아니다. 예를 들어 비즈니스에 대한 SEO 데이터를 보고 있다면, 순서는 마지막에 합계를 얻을 수 있는지 확인하는 것만큼 중요하지는 않다.

- **특정 항목의 마지막 값만 필요한가? 아니면 해당 항목의 이력이 중요한가?** 데이터가 어떻게 변경되어 왔는지 관심이 있는가? 이에 관한 하나의 방식은 기존 관계형 데이터베이스 테이블에서 데이터가 업데이트되는 방식을 살펴보면 되는데, 관계형 데이터베이스에서는 인플레이스in place 업데이트(이전 값은 사라지고 새 값으로 대체)되며 그 값이 하루 전(또는 심지어 한 달 전)에 어떻게 생겼는지에 대한 기록은 손실된다.

- **얼마나 많은 컨슈머를 가질 것인가?** 그것들은 모두 서로 독립적인가? 아니면 메시지를 읽을 때 일종의 순서를 유지해야 하는가? 가능한 한 빨리 소비하려는

데이터가 많을 경우, 처리의 마지막 단계에서 메시지를 분할하는 방법을 알려주고 형성하는 데 도움이 된다.

이제 공장에 관한 몇 가지 질문을 해야 하므로 이를 실제 요구사항에 적용해 보자. 차트를 사용해 각 시나리오에 답할 것이다. 다음 절에서 이 작업을 수행하는 방법을 배울 것이다.

3.2.4 사용자 데이터 요구사항

우리의 새로운 아키텍처는 몇 가지 특정 핵심 기능을 제공해야 한다. 일반적으로 소비 서비스가 다운된 경우에도 메시지를 캡처할 수 있는 기능을 원한다. 예를 들어, 컨슈머 애플리케이션 중 하나가 원격 공장에서 다운된 경우 메시지가 완전히 삭제되지 않고 나중에 이벤트를 처리할 수 있도록 하고 싶다. 또한 애플리케이션이 유지 관리가 중단되거나 오류가 발생한 후 다시 시작될 때 필요한 데이터가 계속 유지되기를 바란다. 예제와 같은 사용 사례의 경우 센서 상태가 작동 중이거나 고장 난 상태(일종의 얼럿)로 표시되기를 원하고, 자전거 프로세스의 일부 실패가 전체 실패로 이어질 수 있는지 확인할 수 있기를 원한다.

　이전 정보와 함께 센서의 얼럿 상태 기록도 유지하려고 한다. 이 데이터는 추세를 결정하고 실제 사건이 장비 고장으로 이어지기 전에 센서 데이터에서 오류를 예측하는 데 사용할 수 있다. 또한 센서에 대해 직접 업데이트하거나 쿼리를 푸시하는 모든 사용자의 감사 로그를 유지하려고 한다. 마지막으로, 규정 준수를 위해 센서 자체에 대해 누가 어떤 관리 작업을 수행했는지 알고 싶다.

3.2.5 질문을 적용하기 위한 상위 수준 계획

감사 로그를 만들기 위한 요구사항에 더 집중해 보자. 전반적으로 관리 API에서 들어오는 모든 이벤트를 캡처해야 할 것 같다. 접근 권한이 있는 사용자만 센서에 대해 작업을 수행할 수 있도록 해야 하는데, 모든 이벤트가 없으면 감사가 완료되지 않으므로 메시지를 잃지 않아야 한다. 이 경우 각 이벤트를 독립적으로 처리할 수 있으므로 그룹화 키가 필요하지는 않다.

각 메시지에는 데이터 자체에 타임스탬프가 있기 때문에 감사 토픽 내에서는 순서가 중요하지 않다. 우리의 주요 관심사는 처리할 모든 데이터가 있는지다. 참고로 카프카 자체는 메시지를 시간별로 정렬할 수 있는데, 메시지 페이로드에도 시간이 포함될 수는 있다. 그러나 이 경우 메시지 페이로드에 있는 시간으로 정렬됨을 보증하지 않는다.

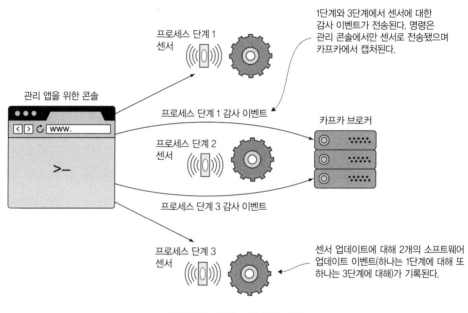

그림 3.3 감사(audit) 사용 사례

그림 3.3은 사용자가 센서 1에 명령을 보내고 센서 3에 다른 명령을 보내 웹 관리 콘솔에서 2개의 감사 이벤트를 생성하는 방식을 보여준다. 두 명령은 모두 카프카에서 별도의 이벤트로 끝나야 한다. 이를 좀 더 명확하게 하기 위해, 표 3.2는 각 요구사항에 대한 데이터와 관련하여 고려할 사항을 대략적인 체크리스트로 제공한다. 이 표는 프로듀서 클라이언트에 사용할 구성 옵션을 결정할 때 도움이 된다.

이 감사 프로듀서에서는 데이터가 손실되지 않도록 하고, 데이터를 소비하는 애플리케이션이 데이터의 순서나 조정coordinate에 대한 걱정이 없도록 해야 한다. 또한

표 3.2 감사 체크리스트

카프카 기능	고려사항?
메시지 유실 가능성	예
그룹화 가능(grouping)	아니요
순서 보장(ordering)	아니요
최종값만 필요	아니요
독립된 컨슈머 지원	예

상태 요구사항에 관한 얼럿 추세는 자전거 시스템의 각 프로세스를 다루면서 추세를 파악하는 것이 목표다. 키를 사용해 이 데이터를 그룹화하는 것이 도움이 될 수 있다. 키^{key}라는 용어에 대해 자세히 다루지는 않았지만, 관련 이벤트를 그룹화하는 방법이라고 생각하면 된다.

다른 이름에 비해 고유하기 때문에, 센서가 설치된 내부 시스템의 각 스테이지에서 자전거의 부품 ID 이름을 키로 사용할 가능성이 높다. 주어진 스테이지의 모든 이벤트에서 키를 살펴보고 시간이 흐름에 따라 이러한 추세를 파악할 수 있기를 원한다. 각 센서에 동일한 키를 사용해 이러한 이벤트를 쉽게 소비할 수 있어야 한다. 얼럿 상태는 5초마다 전송되기 때문에 다음 메시지가 곧 도착하므로 메시지 누락에 대해 걱정하지 않는다. 센서가 이틀에 한 번씩 '유지 관리 필요$^{Needs\ Maintenance}$' 메시지를 보낸다면, 이는 장비 오류의 추세를 파악하는 데 필요한 정보 유형이다.

그림 3.4는 프로세스의 각 스테이지를 감시하는 센서를 보여준다. 이러한 장비의 얼럿 이벤트는 카프카로 이동된다. 시스템에 대한 즉각적인 문제는 아니지만 카프카를 사용하면 해당 데이터를 하둡과 같은 데이터 스토리지나 처리 시스템으로 가져올 수 있다.

표 3.3은 얼럿 결과를 스테이지별로 그룹화하는 것이 목표이며 때때로 메시지가 손실되는 것을 염려하지 않는다는 점을 강조한다.

상태에 대한 얼럿과 관련하여 프로세스 스테이지인 키로 그룹화하려고 한다. 그러나 센서의 과거 상태가 아니라 현재 상태에 관심이 있다. 다시 말하면, 현재 상태만이 요구사항에 대해 우리가 관심을 갖고 필요로 하는 것이다. 새 상태가 이전 상태를 대체하므로 기록을 유지할 필요는 없다. 여기서 '대체^{replace}'라는 단어가 완전

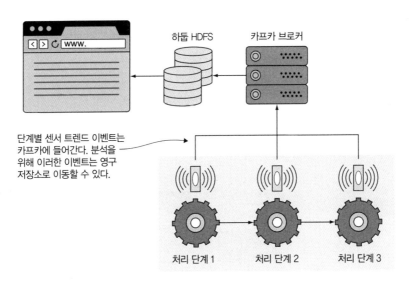

단계별 센서 트렌드 이벤트는
카프카에 들어간다. 분석을
위해 이러한 이벤트는 영구
저장소로 이동할 수 있다.

그림 3.4 얼럿 추세 사용 사례

표 3.3 감사 체크리스트

카프카 기능	고려사항?
메시지 유실 가능성	아니요
그룹화 가능	예
순서 보장	아니요
최종값만 필요	아니요
독립된 컨슈머 지원	예

하게 정확한 것은 아니다(우리가 보통 생각하는 대체와는 다르다).[2] 카프카는 수신하는 다른 메시지와 마찬가지로 수신한 새 이벤트를 내부적으로 로그 파일 끝에 추가한다. 결국, 로그는 변경할 수 없으며 파일 끝에만 추가할 수 있다. 카프카는 어떻게 업데이트로 보이도록 만들까? 이는 **로그 컴팩션**log compaction이라는 프로세스를 사용하며, 7장에서 자세히 살펴볼 것이다.

---

2 여기서 '대체'는 앞서 설명했던 데이터베이스의 인플레이스 업데이트를 의미하는 것이 아니다. – 옮긴이

이 요구사항과의 또 다른 차이점은 특정 얼럿 파티션에 할당된 컨슈머의 사용량이다. 크리티컬 얼럿은 해당 이벤트를 신속하게 처리해야 하는 가동 시간 요구사항으로 인해 먼저 처리된다. 그림 3.5는 크리티컬 얼럿이 카프카로 전송된 다음 신속하게 주의를 끌기 위해 운영자의 디스플레이를 채우는 데 사용되는 방식의 예를 보여준다. 표 3.4는 얼럿이 생성된 스테이지로 그룹화하고 최신 상태만 알고 싶다는 생각을 강조한다.

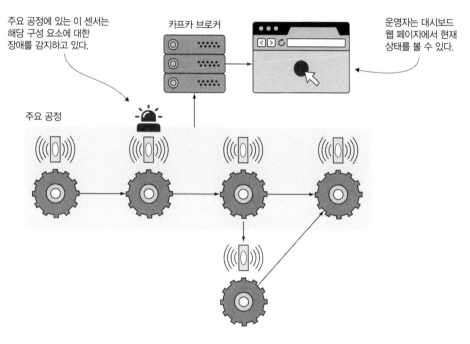

그림 3.5 얼럿 사용 사례

표 **3.4** 얼럿 체크리스트

카프카 기능	고려사항?
메시지 유실 가능성	아니요
그룹화 가능	예
순서 보장	아니요
최종값만 필요	예
독립된 컨슈머 지원	아니요

데이터 요구사항을 계획하는 데 시간을 할애하면 애플리케이션 요구사항을 명확히 하는 데 도움이 될 뿐만 아니라 설계에서 카프카 사용을 검증하는 데 도움이 된다.

3.2.6 청사진 검토

마지막으로 생각해야 할 사항 중 하나는 이러한 데이터 그룹을 구성하는 방법이다. 논리적으로 데이터 그룹은 다음과 같은 방식으로 생각할 수 있다.

- 감사 데이터
- 얼럿 추세 데이터
- 얼럿 데이터

얼럿 추세 데이터를 얼럿 토픽의 시작점으로 사용할 수 있다는 점을 염두에 두자. 즉, 한 토픽을 시작점으로 사용해 다른 토픽을 채울 수 있다. 하지만 첫 번째 시도가 복잡하지 않고 따르기 쉽도록 여기서는 설계를 시작하기 위해 센서의 각 이벤트 유형을 관련 토픽에 쓸 것이다. 즉, 모든 감사 이벤트는 감사 토픽에서 끝나고, 모든 얼럿 추세 이벤트는 얼럿 추세 토픽에서, 그리고 얼럿 이벤트는 얼럿 토픽에서 끝난다. 이 일대일 매핑을 통해 당분간 더 쉽게 당면한 요구사항에 집중할 수 있다.

3.3 데이터 형식

가장 빼먹기 쉽지만 설계에서 다뤄야 할 중요한 것 중 하나는 데이터 형식이다. XML과 JSON은 데이터에 대한 일종의 구조를 정의하는 데 도움이 되는 상당히 표준적인 형식이다. 하지만 명확한 구문 형식을 사용하더라도 데이터에 누락된 정보가 있을 수 있다. 첫 번째 열 또는 세 번째 열의 의미는 무엇인가? 파일의 두 번째 열에 있는 필드의 데이터 유형은 무엇인가? 데이터를 파싱하거나 분석하는 방법에 대한 지식은 저장 위치에서 데이터를 반복적으로 가져오는 애플리케이션에 숨겨져 있을 수 있다. 스키마^{schema}는 코드나 동일한 데이터를 필요로 하는 다른 애플리케이션에서 사용할 수 있는 방식으로 이 필요한 정보 중 일부를 제공하는 수단이다.

카프카 문서를 보면 아파치 에이브로^{Apache Avro}라는 또 다른 직렬화 시스템에 대한 정보를 발견했을 수 있다. 에이브로는 에이브로 파일에 스키마 정의와 스키마 저장을 제공한다[6]. 에이브로는 실제 세계에서 접할 수 있는 카프카 코드에서 볼 수 있는데, 이것이 바로 사용 가능한 모든 선택지 중에서 이 선택에 집중하는 이유다. 이 형식이 카프카에서 일반적으로 사용되는 이유를 자세히 살펴보자.

3.3.1 데이터를 위한 계획

카프카를 사용해 얻을 수 있는 중요한 이점 중 하나는 프로듀서와 컨슈머가 서로 직접적으로 연결되어 있지 않다는 점이다. 카프카는 기본적으로 데이터 유효성 검사도 수행하지 않는다. 그러나 각 프로세스 또는 애플리케이션이 해당 데이터의 의미와 사용 중인 형식을 이해할 필요는 있다. 스키마를 사용해 애플리케이션 개발자가 데이터의 구조와 의도를 이해할 수 있는 방법을 제공한다. 조직의 다른 사람들이 데이터 유형을 결정하거나 데이터 덤프에서 리버스 엔지니어링을 시도하기 위해 정의 ^{definition}를 README 파일에 게시할 필요가 없다.

리스트 3.8은 JSON으로 정의된 에이브로 스키마의 예를 보여준다. 이름, 유형, 기본값과 같은 세부 정보를 사용해 필드를 만들 수 있다. 예를 들어, `daysOverDue` 필드를 보면 스키마는 책 연체일이 기본값은 0이며 데이터 유형은 `int`라는 사실을 알려준다. 이 값이 텍스트(예: one week)가 아니라 숫자라는 사실을 아는 것은 데이터 프로듀서와 컨슈머를 위한 명확한 계약을 만드는 데 도움이 된다.

리스트 3.8 에이브로 스키마 예시

```
{
    "type" : "record",
    "name" : "kinaction_libraryCheckout",    ← JSON으로 정의된
    ...                                          에이브로 스키마
    "fields" : [{"name" : "materialName",
                 "type" : "string",
                 "default" : ""},

                {"name" : "daysOverDue",    ← 필드 이름에
                                               직접 매핑
```

```
                                    "type" : "int",
name, type,            ┌──────→     "default" : 0},                              ┌──  default 값
default 값을 가진                                                             ←──┘    제공
필드를 정의                         {"name" : "checkoutDate",
                                    "type" : "int",
                                    "logicalType": "date",
                                    "default" : "-1"},

                                    {"name" : "borrower",
                                     "type" : {
                                          "type" : "record",
                                          "name" : "borrowerDetails",
                                          "fields" : [
                                             {"name" : "cardNumber",
                                              "type" : "string",
                                              "default" : "NONE"}
                                          ]},
                                          "default" : {}
                                    }
                     ]
        }
```

리스트 3.8에서 에이브로 스키마의 예를 보면 "cardNumber는 숫자로 파싱하는가? 아니면 문자열로 파싱하는가?"와 같은 질문에 스키마를 보고 있는 개발자가 쉽게 답할 수 있음을 알 수 있다. 애플리케이션은 자동으로 이 정보를 사용해 이 데이터에 대한 데이터 객체를 생성할 수 있으며, 이는 파싱할 때 데이터 유형 오류를 방지하는 데 도움이 된다.

스키마는 아파치 에이브로 같은 도구에서 변화하는 데이터를 처리하는 데 사용할 수 있다. 대부분은 관계형 데이터베이스에서 이러한 스키마 변경사항을 해결하기 위해 리퀴베이스Liquibase 같은 변경되는 명령문[3] 또는 도구를 사용해 처리해 왔다. 스키마를 사용하면 데이터가 변경될 수 있다는 인식으로부터 시작한다.

데이터 설계를 처음 시작할 때 스키마가 필요한가? 주요 관심사 중 하나인, 시스템 규모가 계속 커지면 데이터의 정확성을 제어할 수 있을까? 컨슈머가 많을수록 수행해야 하는 테스트 부담이 생길 수 있다. 컨슈머 수의 증가뿐만 아니라, 데이터를 사용하는 모든 컨슈머를 알기 어려울 수도 있다.

---

3 리퀴베이스는 DB 스키마 변경사항을 관리하기 위한 도구인데, 버전별로 스키마 변경사항을 지정하는 명령문이 포함된 스크립트를 작성해 사용한다. – 옮긴이

3.3.2 의존성 설정

지금까지 스키마 사용의 장점에 대해 논의했는데, 에이브로를 살펴봐야 하는 이유는 무엇일까? 우선 에이브로는 항상 스키마를 사용해 데이터를 직렬화한다[7]. 스키마 자체는 아니지만 에이브로는 데이터를 읽고 쓸 때 스키마를 지원하며, 시간이 지남에 따라 변경되는 스키마를 처리하는 규칙도 적용할 수 있다. JSON을 본 적이 있다면 에이브로를 이해하는 것 또한 매우 쉽다. 데이터 외에 스키마 언어 자체도 JSON으로 정의된다. 스키마가 변경되어도 데이터를 계속 처리할 수 있다[7]. 이전 데이터는 데이터의 일부로 존재했던 스키마를 사용한다. 반면에 모든 새로운 형식은 데이터에 있는 스키마를 사용한다. 에이브로를 사용해 이익을 얻는 것은 클라이언트다.

에이브로의 또 다른 이점은 인기 있는 사용이다. 처음에 우리는 에이브로가 다양한 하둡 작업에 사용되는 것을 보았지만, 다른 많은 애플리케이션에서도 사용할 수 있다. 컨플루언트 또한 대부분의 도구에 에이브로 지원 기능이 내장되어 있다[6]. 바인딩binding은 많은 프로그래밍 언어에 존재하며 일반적으로 찾기가 어렵지 않아야 한다. 과거의 '나쁜' 경험 때문에 생성된 코드를 선호하지 않는 사람들은 스키마 정의에 대한 자바 소스 코드를 직접 생성하지 않아도 동적으로 에이브로를 사용할 수 있다.

다음 리스트에서 볼 수 있듯이 에이브로를 pom.xml 파일에 추가하여 에이브로를 사용해 보자[8]. pom.xml이나 메이븐에 익숙하지 않다면 이 파일은 프로젝트 루트 디렉터리에서 찾을 수 있다.

리스트 3.9 에이브로를 pom.xml에 추가

```
<dependency>
  <groupId>org.apache.avro</groupId>          이 항목을 프로젝트의 pom.xml 파일에
  <artifactId>avro</artifactId>               대한 의존성으로 추가
  <version>${avro.version}</version>
</dependency>
```

이미 POM 파일을 수정하고 있으므로 스키마 정의에 대한 자바 소스 코드를 생성하는 플러그인을 포함해 보자. 참고로 메이븐 플러그인을 사용하지 않으려면 독립 실행형 자바 JAR인 avro-tools에서 소스를 생성할 수도 있다. 소스 코드 프로젝트에서 코드 생성을 선호하지 않는 사람들에게 이것은 어려운 요구사항이 아니다[9].

리스트 3.10은 'Apache Avro Getting Started with Java' 문서 사이트에서 제안한 대로 pom.xml에 avro-maven-plugin을 추가하는 방법을 보여준다[8]. 이 리스트의 코드에서는 구성configuration XML 블록을 생략했다. 메이븐이 우리가 나열한 소스 디렉터리에 있는 에이브로 파일의 소스 코드를 생성하고 생성된 코드를 지정된 디렉터리에 출력하도록 필요한 구성을 추가한다. 원한다면 특정 프로젝트 구조와 일치하도록 소스와 출력 위치를 변경할 수도 있다.

리스트 3.10 pom.xml에 에이브로 메이븐 플러그인 추가

```
<plugin>
  <groupId>org.apache.avro</groupId>
  <artifactId>avro-maven-plugin</artifactId>      ◁─── pom.xml에 필요한 이 artifactId를
  <version>${avro.version}</version>                    플러그인으로 설정
  <executions>
    <execution>
      <phase>generate-sources</phase>      ◁─── 메이븐
      <goals>                                    phase 구성
        <goal>schema</goal>      ◁─── 메이븐
      </goals>                        goal 구성
      ...
    </execution>
  </executions>
</plugin>
```

얼럿 상태 시나리오부터 시작하여 사용하려는 데이터 유형을 고려해 스키마 정의를 시작해 보자. 시작하려면 텍스트 편집기를 사용해 kinaction_alert.avsc라는 새 파일을 만든다. 다음 리스트는 스키마 정의를 보여준다. 이 파일로부터 자바 클래스 `Alert`이라는 이름으로 소스 코드를 생성할 것이다.

리스트 3.11 얼럿 스키마: kinaction_alert.avsc

```
{
  ...
  "type": "record",
  "name": "Alert",           ◁─── 생성할 자바
  "fields": [                      클래스 이름
    {                        ◁─── 데이터 유형과 문서화
      "name": "sensor_id",         노트 정의
      "type": "long",
      "doc": "The unique id that identifies the sensor"
    },
    {
```

```
      "name": "time",
      "type": "long",
      "doc":
        "Time alert generated as UTC milliseconds from epoch"
    },
    {
      "name": "status",
      "type": {
        "type": "enum",
        "name": "AlertStatus",
        "symbols": [
          "Critical",
          "Major",
          "Minor",
          "Warning"
        ]
      },
      "doc":
        "Allowed values sensors use for current status"
    }
  ]
}
```

얼럿의 정의를 보여주는 리스트 3.11에서 주목해야 할 한 가지는 "doc" 필드가 필수 정의가 아니라는 점이다. 그러나 미래의 프로듀서나 컨슈머 개발자가 데이터가 의미하는 바를 이해하는 데 도움이 될 세부 정보를 추가하는 것은 확실히 가치가 있다. 이를 통해, 다른 사람들이 우리 데이터의 의미를 자의적으로 추론하는 것을 막고 내용을 좀 더 명확하게 표현한다. 예를 들어, "time" 필드는 개발자에게 언제나 불안을 불러일으키기가 쉽다. 문자열 형식으로 저장되는가? 시간대 정보가 포함되어 있는가? 윤초가 포함되어 있는가? "doc" 필드는 이러한 정보를 제공할 수 있다. 리스트 3.11에 표시되지 않은 네임스페이스 필드는 생성된 자바 클래스에 대한 자바 패키지로 바뀐다. 책 소스 코드에서 전체 예제를 볼 수 있다. 다양한 필드 정의에는 이름name과 유형type이 포함된다.

이제 스키마를 정의했으므로 메이븐 빌드를 실행하여 작업 중인 항목을 확인하자. `mvn generate-sources` 명령이나 `mvn install` 명령이 프로젝트에서 소스를 생성한다. 이 명령은 `Alert.java`와 `AlertStatus.java`를 제공하는데, 이제 우리 예제에서 사용할 수 있다.

에이브로 자체에 중점을 두었지만 설정의 나머지 부분은 생성한 스키마를 사용하기 위해 프로듀서와 컨슈머 클라이언트에서 변경해야 하는 변경사항과 관련이 있다. 언제든 에이브로용 직렬 변환기를 정의할 수 있지만 이미 컨플루언트가 제공하는 훌륭한 예제가 있다. 기존 클래스에 대한 접근은 kafka-avro-serializer 의존성을 추가하여 수행된다[10]. 다음 리스트는 추가할 pom.xml 항목을 보여준다. 이는 이벤트의 키와 값에 대해 자체 에이브로 직렬 변환기 및 역직렬 변환기를 생성하지 않아도 되도록 하기 위해 필요하다.

리스트 3.12 pom.xml에 카프카 직렬화 추가

```
<dependency>
    <groupId>io.confluent</groupId>
    <artifactId>kafka-avro-serializer</artifactId>     ◁─┐ 프로젝트 pom.xml 파일에
    <version>${confluent.version}</version>                의존성으로 이 항목을
</dependency>                                              추가한다.
```

따라 하기 위해 메이븐을 사용하는 경우 컨플루언트 저장소를 pom 파일에 배치해야 한다. 이 정보는 메이븐이 특정 의존성을 얻을 수 있는 위치를 알려주는 데 필요하다[11].

```
<repository>
    <id>confluent</id>
    <url>https://packages.confluent.io/maven/</url>
</repository>
```

빌드가 설정되고 에이브로 객체를 사용할 준비가 되었으면 마지막 장의 예제 프로듀서 HelloWorldProducer를 가져와서 에이브로를 사용하도록 클래스를 약간 수정한다. 리스트 3.13은 프로듀서 클래스에 대한 관련 변경사항을 보여준다(import는 제외). value. serializer 속성값으로 io.confluent.kafka.serializers.KafkaAvroSerializer를 사용한다. 이는 Alert 객체를 생성하고 새 kinaction_schematest 토픽에 전달한다.

이전에는 문자열 직렬 변환기를 사용할 수 있었지만 에이브로에서는 특정 값에 대한 직렬 변환기를 정의하여 클라이언트에게 데이터를 처리하는 방법을 알려야 한다. 문자열이 아닌 Alert 객체 형식은 직렬화 가능한 애플리케이션에서 형식을 활용하는 방법을 보여준다. 이 예제에서는 스키마 레지스트리Schema Registry도 사용한다. 스키마 레지스트리에 대한 자세한 내용은 11장에서 다룰 것이다. 이 레지스트리에는 스키마 변화를 관리하는 데 도움이 되도록 버전이 지정된 스키마 기록이 있다.

리스트 3.13 에이브로 직렬화를 사용하는 프로듀서

```
public class HelloWorldProducer {

  static final Logger log =
    LoggerFactory.getLogger(HelloWorldProducer.class);

  public static void main(String[] args) {
    Properties kaProperties = new Properties();
    kaProperties.put("bootstrap.servers",
      "localhost:9092,localhost:9093,localhost:9094");
    kaProperties.put("key.serializer",
      "org.apache.kafka.common.serialization.LongSerializer");
    kaProperties.put("value.serializer",
      "io.confluent.kafka.serializers.KafkaAvroSerializer");     ◁─── 커스텀 얼럿값을 위해
    kaProperties.put("schema.registry.url",                            KafkaAvroSerializer
      "http://localhost:8081");                                        클래스에 대한
                                                                       value.serializer
                                                                       설정
    try (Producer<Long, Alert> producer =
      new KafkaProducer<>(kaProperties)) {
      Alert alert =
        new Alert(12345L,
          Instant.now().toEpochMilli(),        ┌ Critical
          Critical);                      ◁────┤ 얼럿 생성

      log.info("kinaction_info Alert -> {}", alert);
      ProducerRecord<Long, Alert> producerRecord =
          new ProducerRecord<>("kinaction_schematest",
                              alert.getSensorId(),
                              alert);

      producer.send(producerRecord);
    }
  }
}
```

수정한 소스 코드의 차이점은 매우 미미하다. value.serializer에 대한 구성 설정
과 마찬가지로 Producer와 ProducerRecord 정의에 대한 유형이 변경된다.

이제 Alert을 사용해 메시지를 생성했으므로 그 밖의 변경사항은 메시지 소
비 측에 있다. 컨슈머가 새 토픽에 대해 생성된 값을 얻으려면 값 역직렬 변환기
를 사용해야 한다(이 경우에는 KafkaAvroDeserializer)[10]. 이 역직렬 변환기는 프
로듀서가 직렬화한 값을 원래대로 되돌리도록 작동한다. 이 코드는 프로젝트에서

생성된 동일한 Alert 클래스를 참조할 수도 있다. 다음 리스트는 컨슈머 클래스 HelloWorldConsumer에 대한 중요한 변경사항을 보여준다.

리스트 3.14 에이브로 직렬화를 사용하는 컨슈머

```
public class HelloWorldConsumer {

  final static Logger log =
    LoggerFactory.getLogger(HelloWorldConsumer.class);

  private volatile boolean keepConsuming = true;

  public static void main(String[] args) {
    Properties kaProperties = new Properties();
    kaProperties.put("bootstrap.servers", "localhost:9094");
    ...
    kaProperties.put("key.deserializer",
      "org.apache.kafka.common.serialization.LongDeserializer");
    kaProperties.put("value.deserializer",
      "io.confluent.kafka.serializers.KafkaAvroDeserializer");
    kaProperties.put("schema.registry.url", "http://localhost:8081");

    HelloWorldConsumer helloWorldConsumer = new HelloWorldConsumer();
    helloWorldConsumer.consume(kaProperties);

    Runtime.getRuntime()
      .addShutdownHook(
        new Thread(helloWorldConsumer::shutdown)
      );
  }

  private void consume(Properties kaProperties) {

    try (KafkaConsumer<Long, Alert> consumer =
      new KafkaConsumer<>(kaProperties)) {
      consumer.subscribe(
        List.of("kinaction_schematest")
      );

      while (keepConsuming) {
        ConsumerRecords<Long, Alert> records =
          consumer.poll(Duration.ofMillis(250));
        for (ConsumerRecord<Long, Alert> record :
          records) {
            log.info("kinaction_info offset = {}, kinaction_value = {}",
              record.offset(),
              record.value());
        }
      }
    }
```

이 얼럿을 사용하기 위해 KafkaAvroSerializer 클래스에 대한 value.serializer 설정

KafkaConsumer 유형으로 얼럿값을 처리

얼럿값을 처리하기 위해 ConsumerRecord를 업데이트

```
  }

  private void shutdown() {
    keepConsuming = false;
  }
}
```

프로듀서와 마찬가지로 컨슈머 클라이언트는 역직렬 변환기와 에이브로 구성 업데이트 외에 많은 변경을 필요로 하지는 않는디! 이제 우리가 달성하고자 하는 것과 데이터 형식에 대한 몇 가지 아이디어를 얻었으므로 다음 장에서 이에 대한 방법을 다룰 준비가 됐다. 더 많은 스키마 관련 주제는 11장에서 다룰 것이고, 4장과 5장의 예제 프로젝트에서는 객체 유형을 처리하는 다른 방법으로 넘어갈 것이다. 카프카에 데이터를 보내는 작업은 간단하지만, 특정 요구사항을 충족하는 데 사용할 수 있는 다양한 구성 기반^{configuration-driven} 동작이 있다.

요약

- 카프카 솔루션을 설계하려면 먼저 데이터를 이해해야 한다. 이러한 세부 정보에는 데이터 손실, 메시지 순서, 사용 사례의 그룹화를 처리하는 방법이 포함된다.

- 데이터 그룹화 필요성에 따라 카프카에서 메시지를 키로 지정할지 여부가 결정된다.

- 스키마 정의를 활용하면 코드를 생성하는 데 도움이 될 뿐만 아니라 향후 데이터 변경을 처리하는 데도 도움이 된다. 또한 이러한 스키마를 자체 커스텀 카프카 클라이언트와 함께 사용할 수 있다.

- 카프카 커넥트는 다양한 데이터 소스로부터 읽고 쓰기 위한 사전 제작된 커넥터를 제공한다.

참고문헌

[1] J. MSV. "Apache Kafka: The Cornerstone of an Internet-of-Things Data Platform" (February 15, 2017). https://thenewstack.io/apache-kafka-cornerstone-iot-data-platform/ (accessed August 10, 2017).

[2] "Quickstart." Confluent documentation (n.d.). https://docs.confluent.io/3.1.2/connect/quickstart.html (accessed November 22, 2019).

[3] "JDBC Source Connector for Confluent Platform." Confluent documentation (n.d.). https://docs.confluent.io/kafka-connect-jdbc/current/source-connector/index.html (accessed October 15, 2021).

[4] "Running Kafka in Production: Memory." Confluent documentation (n.d.). https://docs.confluent.io/platform/current/kafka/deployment.html#memory (accessed June 16, 2021).

[5] "Download." Apache Software Foundation (n.d.). https://kafka.apache.org/downloads (accessed November 21, 2019).

[6] J. Kreps. "Why Avro for Kafka Data?" Confluent blog (February 25, 2015). https://www.confluent.io/blog/avro-kafka-data/ (accessed November 23, 2017).

[7] "Apache Avro 1.8.2 Documentation." Apache Software Foundation (n.d.). https://avro.apache.org/docs/1.8.2/index.html (accessed November 19, 2019).

[8] "Apache Avro 1.8.2 Getting Started (Java)): Serializing and deserializing without code generation." Apache Software Foundation (n.d.). https://avro.apache.org/docs/1.8.2/gettingstartedjava.html#download_install (accessed November 19, 2019).

[9] "Apache Avro 1.8.2 Getting Started (Java): Serializing and deserializing without code generation." Apache Software Foundation (n.d.). https://avro.apache.org/ocs/1.8.2/gettingstartedjava.html#Serializing+and+deserializing+without+code+generation (accessed November 19, 2019).

[10] "Application Development: Java." Confluent documentation (n.d.). https://docs.confluent.io/platform/current/app-development/index.html#java (accessed November 20, 2019).

[11] "Installation: Maven repository for jars." Confluent documentation (n.d.). https://docs.confluent.io/3.1.2/installation.html#maven-repository-for-jars (accessed November 20, 2019).

04

프로듀서: 데이터 공급

4장에서 다루는 내용

- 메시지 전달과 프로듀서
- 자체 프로듀서 직렬 변환기와 파티셔너 만들기
- 회사의 요구사항을 해결하기 위한 구성 옵션 검토

이전 장에서는 조직이 데이터와 관련해 가질 수 있는 요구사항을 살펴봤다. 우리가 내린 일부 설계와 관련된 결정은 데이터를 카프카로 보내는 방법에 실질적인 영향을 미친다. 이제 카프카 프로듀서의 포털 게이트를 통해 이벤트 스트리밍 플랫폼의 세계로 들어가 보자. 이 장을 읽고 나면 몇 가지 방법으로 데이터를 생산하여 카프카 프로젝트의 기본 요구사항을 잘 해결할 수 있을 것이다.

프로듀서는 그 중요성에도 불구하고 이 시스템의 한 부분일 뿐이다. 실제로 일부 프로듀서 구성 옵션을 변경하거나, 브로커나 토픽 수준에서 구성 옵션을 설정할 수 있다. 계속 진행하면서 이러한 옵션을 발견하게 되겠지만, 이 장의 첫 번째 관심사는 카프카로 데이터를 가져오는 것이다.

4.1 예제

예제 프로젝트를 위해 이 프로듀서는 카프카 시스템으로 데이터를 푸시한다. 그림
4.1은 카프카에 적합한 프로듀서의 위치를 보여준다.

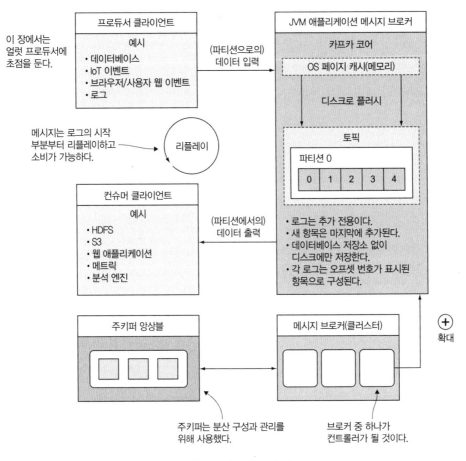

그림 4.1 카프카 프로듀서

그림 4.1에서 카프카에 생산되는 데이터의 예를 보여주는 왼쪽 상단 모서리(프로
듀서 클라이언트)에 집중해 보자. 이 예시에서 데이터는 가상의 회사에서 사용 중인

IoT 이벤트일 수 있다. 데이터 생산에 대한 아이디어를 좀 더 구체적으로 만들기 위해 하나의 프로젝트를 위해 작성했을 법한 실제 예를 상상해 보자. 웹사이트가 고객을 위해 어떻게 작동하는지에 대한 사용자 피드백을 받는 애플리케이션을 살펴보자.

현재 사용자는 지원 계정이나 챗봇에 이메일을 생성하는 양식을 웹사이트에 제출한다. 때때로 지원 담당자가 받은 편지함을 열어 고객이 어떤 제안이나 문제를 겪었는지 확인한다. 미래를 내다보며 우리는 이 정보를 계속 우리에게 제공하되, 이메일의 받은 편지함보다는 데이터에 더 쉽게 접근할 수 있도록 하려고 한다. 이메일 대신 이 메시지를 카프카 토픽에 보내면 고객에 대한 반응적인 이메일 응답보다 더 강력하고 다양한 응답을 생산할 수 있다. 유연성의 이점은 사용하는 모든 컨슈머 애플리케이션이 접근할 카프카에 이벤트가 있다는 것이다.

데이터 파이프라인의 일부로 이메일을 사용하는 것이 어떤 영향을 미치는지 먼저 살펴보자. 그림 4.2를 보면, 사용자가 피드백이 포함된 양식을 웹사이트에 제출할 때 데이터가 저장되는 형식에 초점을 맞춰보면 이해하는 데 도움이 될 것이다.

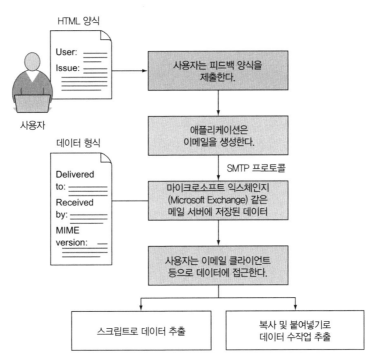

그림 4.2 데이터를 이메일로 전달

기존 이메일은 SMTP^{Simple Mail Transfer Protocol}를 사용하며, 이메일 이벤트 자체가 표시되고 때로는 저장되는 방식으로 반영된다. 마이크로소프트 아웃룩^{Microsoft Outlook}과 같은 이메일 클라이언트를 사용해 데이터를 빠르게 검색할 수 있다. 하지만 이메일을 읽는 것 외에, 다른 용도로 해당 시스템에서 데이터를 가져올 수 있는 방법에는 무엇이 있을까? 이메일 구분 분석용 스크립트 사용뿐만 아니라 복사 및 붙여넣기도 일반적인 수작업 단계에 해당한다(스크립트 구문 분석에는 올바른 구문 분석을 위해 도구 또는 프로그래밍 언어와 라이브러리 또는 프레임워크 사용이 포함된다). 이에 비해 카프카는 자체 프로토콜을 사용하지만 메시지 데이터에 특정 형식을 적용하지 않는다. 우리가 원하는 형식으로 데이터를 쓸 수 있어야 한다.

> **NOTE**
>
> 이전 장에서는 카프카 커뮤니티에서 사용하는 일반적인 형식 중 하나로 아파치 에이브로^{Apache Avro} 형식을 살펴봤으나, 프로토콜 버퍼^{Protobuf}와 JSON도 널리 사용된다[1].

생각나는 또 다른 사용 패턴은 고객 이슈 또는 웹사이트 중단 얼럿을 고객에게 회신한 후 삭제할 수 있는 임시 얼럿 방식으로 처리하는 것이다. 그러나 이 고객의 의견은 두 가지 이상의 용도로 사용할 수도 있다. 예를 들어, 고객이 보고한 중단 추세를 검색할 수 있다면 어떨까? 대량 마케팅 이메일에서 판매 쿠폰 코드가 나온 후 사이트의 크롤링 속도가 항상 느려졌는가? 이 데이터는 사용자가 사이트에서 누락된 기능을 찾는 데 도움이 될 수 있을까? 사용자 이메일의 40%가 계정의 개인 정보 설정을 찾는 데 문제가 있을까? 다양한 목적을 가진 여러 애플리케이션에서 재생하거나 읽을 수 있는 토픽에 이 데이터가 있다면, 자동화된 지원이나 삭제되는 이메일보다 고객에게 더 많은 가치를 제공할 수 있다.

또한 보존기간에 관한 요구사항이 있는 경우 카프카로 제어할 수 있는 구성 설정과 달리 이메일은 이메일 인프라를 실행하는 팀에서 제어해야 한다. 그림 4.3을 다시 보면, 애플리케이션이 HTML 형식을 갖고 있으나, 이메일 서버가 아닌 카프카 토픽

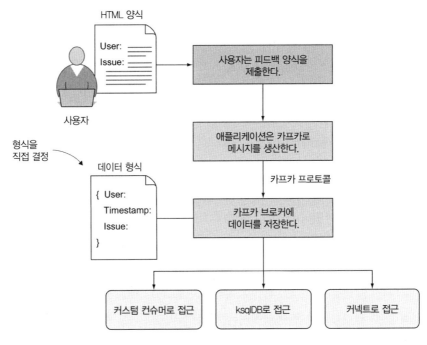

그림 4.3 데이터를 카프카로 전달

에 쓰는 방식으로 바뀐 것을 알 수 있다. 이 접근 방식을 사용하면 중요한 정보를 필요한 형식으로 추출할 수 있으며 다양한 방식으로 활용할 수 있다. 소비하는 애플리케이션은 단일 프로토콜 형식에 묶이지 않고 데이터 작업에 스키마를 사용할 수 있다. 이러한 이벤트 보존기간을 제어하기 때문에 새로운 사용 사례에 대해 메시지를 보관하고 재처리할 수 있다. 프로듀서를 사용하는 이유를 살펴봤으므로 이제 카프카 브로커와 상호 작용하는 프로듀서에 대한 몇 가지 세부 사항을 빠르게 확인해 보자.

4.1.1 프로듀서 설명

프로듀서 작업job에는 클러스터에 대한 메타데이터 가져오기가 포함된다[2]. 프로듀서는 할당된 파티션의 리더 레플리카leader replica에만 쓸 수 있는데, 사용자는 다른 세부 정보 없이 토픽 이름만 알고 있으므로 이 메타데이터는 프로듀서가 쓸 브로커를 결정하는 데 도움이 된다. 이는 프로듀서의 최종 사용자가 해당 정보를 얻기 위해 별도로 호출할 필요가 없기 때문에 좋다. 최종 사용자에게는 연결할 브로커가 하나 이상 있어야 하며, 그 외 나머지는 자바 클라이언트 라이브러리가 파악한다.

이러한 분산 시스템은 네트워크 블립^{network blip} 같은 순간적인 오류를 처리하도록 설계됐기 때문에 재시도를 위한 로직이 이미 내장되어 있다. 그러나 감사 메시지와 같이 메시지의 순서가 필수적인 경우 retries를 숫자 3으로 설정하는 것 외에 max.in.flight.requests.per.connection 값을 1로 설정[1]하고 acks(확인을 보내는 브로커 수)를 all로 설정해야 한다[3][4]. 이는 프로듀서의 메시지가 의도한 순서대로 도착하게 하는 가장 안전한 방법 중 하나라고 생각한다[4]. acks와 retries 구성 매개변수 모두 값을 설정할 수 있다.

주의해야 할 또 다른 옵션은 멱등성 프로듀서를 사용하는 것이다. **멱등성**^{idempotent} 이라는 용어는 동일한 메시지를 여러 번 보내더라도 메시지가 한 번만 생산되는 방식을 나타낸다. 멱등성 프로듀서를 사용하려면 enable.idempotence=true 구성 속성을 설정할 수 있다[5]. 다음 예제에서는 멱등성 프로듀서를 사용하지 않았다.

한 프로듀서가 다른 프로듀서의 데이터 전달을 방해할 걱정은 하지 않아도 된다. 데이터를 덮어쓰지 않고 브로커 자체에서 처리하고 브로커의 로그 파일에[2] 추가하기 때문에 스레드 안전성은 문제가 되지 않는다[6]. 이제 코드에서 max.in.flight.requests.per.connection 같은 값을 활성화하는 방법을 살펴볼 차례다.

4.2 프로듀서 옵션

이 책에서 자바 클라이언트를 사용해 카프카로 데이터를 보내는 작업을 시작할 때 흥미로운 점 중 하나는 옵션을 쉽게 설정할 수 있다는 점이다. 다른 큐나 메시징 시스템으로 작업한 경우 다른 시스템의 설정에는 원격 및 로컬 큐 목록 제공, 관리자 호스트 이름, 연결 시작, 연결 팩토리, 세션 등이 포함될 수 있다. 구성 시 번거로운

---

1 최신 버전 카프카 클라이언트의 max.in.flight.requests.per.connection 값은 5인데, enable.idempotence 값이 true가 기본값이기 때문이다. 멱등성 옵션을 사용하지 않는다면 max.in.flight.requests.per.connection 값을 1로 고정해야 재시도 상황에서도 순서를 보장받을 수 있다. – 옮긴이

2 정확하게는 로그 세그먼트 파일에 추가된다. – 옮긴이

점이 없는 것은 아니지만, 프로듀서는 전체 카프카 목록과 같이 필요한 대부분의 정보를 자체적으로 조회하여 작업을 시작한다. 프로듀서는 `bootstrap.servers` 속성 값을 시작점으로 사용해 모든 후속 쓰기에 사용하는 브로커와 파티션에 대한 메타 데이터를 가져온다.

앞서 언급했듯이 카프카를 사용하면 일부 구성값을 변경하는 것만으로 주요 동작을 변경할 수 있다. 모든 프로듀서 구성 키 이름을 확인하는 한 가지 방법은 프로듀서 코드를 개발할 때 `ProducerConfig` 자바 클래스에 제공된 상수(http://mng.bz/ZYdA 참고)를 사용하고 컨플루언트 웹사이트에서 'high' 중요도^{Importance} 레이블을 찾아보는 것이다.

표 4.1에는 가장 중요한 프로듀서 구성이 나열되어 있다. 다음 절에서는 공장 작업을 완료하는 데 필요한 사항을 살펴볼 것이다.

표 4.1 중요한 프로듀서 구성

키	용도
`acks`	메시지 전달이 성공하기 위한 프로듀서가 요구하는 복제 확인 (acknowledgement)의 수
`bootstrap.servers`	시작 시 연결할 하나 이상의 카프카 브로커
`value.serializer`	값의 직렬화에 사용되는 클래스
`key.serializer`	키의 직렬화에 사용되는 클래스

4.2.1 브로커 목록 구성

카프카에 메시지를 작성하는 예제에서 메시지를 보낼 토픽을 프로듀서에게 알려야 한다는 사실은 분명하다. 토픽은 파티션으로 구성되어 있는데, 카프카는 토픽과 파티션이 있는 위치를 어떻게 알 수 있을까? 그러나 메시지를 보낼 때 해당 파티션의 세부 정보를 알 필요는 없다. 아마도 그림 4.4가 이 수수께끼를 명확히 하는 데 도움이 될 것이다. 프로듀서에게 필요한 구성 옵션 중 하나는 `bootstrap.servers`이다. 그림 4.4는 부트스트랩 서버 목록에 브로커 0만 구성된 프로듀서의 예를 보여주지만, 이 프로듀서는 단 1개의 브로커 주소로 시작하여 결과적으로 클러스터에 있는 브로

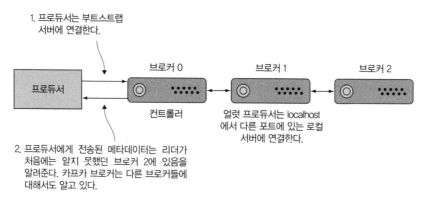

1. 프로듀서는 부트스트랩 서버에 연결한다.

브로커 0

브로커 1

브로커 2

프로듀서

컨트롤러

얼럿 프로듀서는 localhost 에서 다른 포트에 있는 로컬 서버에 연결한다.

2. 프로듀서에게 전송된 메타데이터는 리더가 처음에는 알지 못했던 브로커 2에 있음을 알려준다. 카프카 브로커는 다른 브로커들에 대해서도 알고 있다.

그림 4.4 부트스트랩 서버

커 3개 모두에 대해서도 알게 된다.[3]

bootstrap.servers 속성은 그림 4.4와 같이 초기 브로커를 여러 개 또는 하나만 사용한다. 이 브로커에 연결하여 클라이언트는 클러스터에 있는 다른 브로커에 대한 데이터도 포함하는 필요한 메타데이터를 발견할 수 있다[8].

이 구성은 프로듀서가 대화할 브로커를 찾는 데 도움이 된다. 프로듀서가 클러스터에 연결되면 이전에 제공하지 않은 세부 정보(예: 파티션의 리더 레플리카가 있는 디스크의 위치)를 얻는 데 필요한 메타데이터를 얻을 수 있다. 프로듀서 클라이언트는 클러스터에 대한 정보를 사용해 새 리더를 찾는 방식으로 기록 중인 파티션 리더의 실패도 극복할 수 있다. 주키퍼 주소는 구성의 일부가 아니라는 사실을 눈치챘을 것이다. 프로듀서가 필요로 하는 모든 메타데이터는 프로듀서 클라이언트가 주키퍼 클러스터의 세부 정보를 제공할 필요 없이 처리된다.

4.2.2 더 빨리(또는 안전하게) 처리하기

비동기 메시지 패턴은 많은 사람이 대기열 유형의 시스템을 사용하는 한 가지 이유이며, 이 강력한 기능은 카프카에서도 사용할 수 있다. 프로듀서 전송 요청의 결과

---

3 부트스트랩 과정에서는 실제 브로커 주소가 필요한 것이 아니기 때문에 일반적으로 프로덕션 환경의 카프카 클러스터는 이러한 브로커 주소들을 로드밸런서에 등록하고 로드밸런서의 VIP(가상 IP) 주소나 이 VIP와 결합된 DNS 주소를 카프카 클라이언트에서 사용한다. 그러면 브로커가 추가되거나 삭제되더라도 bootstrap.servers 변경을 위해 애플리케이션을 재시작할 필요가 없다. ─ 옮긴이

를 코드에서 기다리거나, 콜백^{callback} 또는 Future 객체를 사용해 비동기적으로 성공 또는 실패를 처리할 수 있다. 더 빨리 진행하고 응답을 기다리지 않으려면 나중에 직접 작성한 커스텀 로직으로 결과를 처리할 수 있다.

이 시나리오에 적용되는 또 다른 구성 속성은 'acknowledgements'를 나타내는 acks 키다. 이는 프로듀서가 완료된 요청을 반환하기 전에 파티션 리더의 팔로워로부터 얼마나 많은 수신확인을 받아야 하는지를 제어한다. 이 속성의 유효한 값은 all, -1, 1, 0이다[9].

그림 4.5는 acks가 0으로 설정된 메시지가 어떻게 작동하는지 보여준다. 이 값을 0으로 설정하면 가장 낮은 대기 시간을 얻을 수 있지만 메시지의 안전한 배달은 희생해야 한다. 또한 브로커가 메시지를 수신하고 재시도를 시도하지 않는 경우에도 안전이 보장되지 않는다[9]. 샘플 사용 사례로 페이지 클릭을 수집하고 이러한 이벤트를 카프카로 보내는 웹 추적 플랫폼이 있다고 가정해 보자. 이 상황에서 단일 링크 누르기 또는 호버^{hover} 이벤트를 잃는 것은 큰 문제가 아닐 수 있다. 하나를 잃어도 실질적인 비즈니스 영향은 없다.

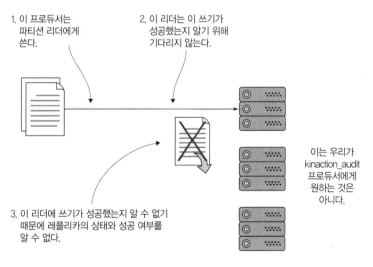

그림 4.5 acks 속성이 0일 경우

본질적으로 그림 4.5의 이벤트는 프로듀서로부터 전송되면 잊힌다. 메시지가 파티션에 도달하지 않았을 수도 있다. 메시지가 우연히 리더 레플리카에 도달한 경우에도 프로듀서는 팔로워 레플리카에 복사가 성공했는지 여부를 알 수 없다.

이와 반대되는 설정은 acks 값이 all 또는 -1이다. all 또는 -1 값은 구성 설정에 사용할 수 있는 배달 보장에 있어서 가장 강력한 옵션이다. 그림 4.6에서 all 값은 파티션 리더의 레플리카가 ISR[In-Sync Replica](동기화 상태의 레플리카)의 전체 목록에 대해 복제 완료를 확인하기를 기다린다는 의미임을 보여준다[9]. 즉, 프로듀서는 파티션에 대한 모든 레플리카가 성공하기 전까지는 성공 확인을 받지 못한다. 이 옵션은 다른 브로커에 대한 의존성으로 인해 가장 느리다는 사실을 쉽게 알 수 있다. 대부분의 경우 데이터 손실을 방지하기 위해 성능 비용을 지불하는 것은 가치가 있다. 클러스터에 많은 브로커가 있으므로 리더가 기다려야 하는 브로커 수[4]를 알아야 한다. 응답하는 데 가장 오래 걸리는 브로커는 프로듀서가 성공 메시지를 수신할 때까지 걸리는 시간을 결정하는 요소다.

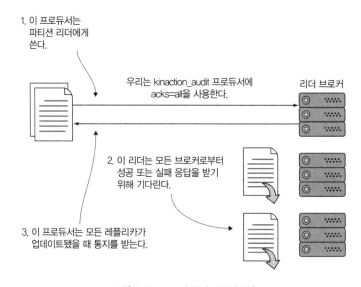

1. 이 프로듀서는 파티션 리더에게 쓴다.

우리는 kinaction_audit 프로듀서에 acks=all을 사용한다.

리더 브로커

2. 이 리더는 모든 브로커로부터 성공 또는 실패 응답을 받기 위해 기다린다.

3. 이 프로듀서는 모든 레플리카가 업데이트됐을 때 통지를 받는다.

그림 4.6 acks 속성이 all일 경우

그림 4.7은 acks 값을 1로 설정하고 수신확인을 요청할 때의 영향을 보여준다. 수신확인에는 메시지 수신자(특정 파티션의 리더 레플리카)가 확인[ack]을 프로듀서에게 다

---

4 전체 브로커가 아니라 데이터를 쓸 파티션의 레플리카들이 있는 리더를 포함한 모든 브로커를 의미한다. 레플리카가 3개면 응답을 대기할 브로커도 3개가 된다. - 옮긴이

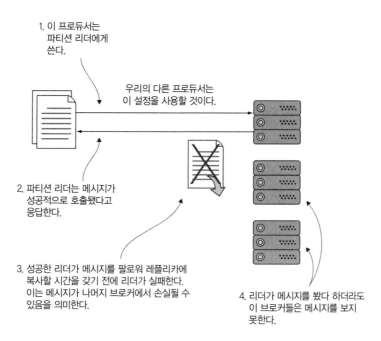

1. 이 프로듀서는 파티션 리더에게 쓴다.

우리의 다른 프로듀서는 이 설정을 사용할 것이다.

2. 파티션 리더는 메시지가 성공적으로 호출됐다고 응답한다.

3. 성공한 리더가 메시지를 팔로워 레플리카에 복사할 시간을 갖기 전에 리더가 실패한다. 이는 메시지가 나머지 브로커에서 손실될 수 있음을 의미한다.

4. 리더가 메시지를 봤다 하더라도 이 브로커들은 메시지를 보지 못한다.

그림 4.7 acks 속성이 1일 경우

시 보내는 과정이 포함된다. 프로듀서 클라이언트는 이 수신확인을 기다린다. 그러나 실패로 인해 리더가 다운되기 전에 팔로워가 메시지를 복사하지 않았을 수도 있다. 복사본이 만들어지기 전에 이러한 상황이 발생하면 해당 파티션의 팔로워 레플리카에 메시지가 나타나지 않는다[9]. 그림 4.7은 리더 레플리카가 메시지를 확인하고 프로듀서에게 전송하는 동안 메시지 복사본을 만드는 데 실패한 레플리카가 클러스터에서 메시지가 전달되지 않은 것처럼 나타남을 보여준다.

NOTE

이는 1장에서 다룬 최대 한 번 및 최소 한 번 시맨틱과 밀접하게 관련되어 있다[10]. 이 acks 설정은 성능뿐만 아니라 메시지 전달 안정성까지 책임지는 카프카라는 큰 그림의 핵심 기능 중 하나다.

4.2.3 타임스탬프

최신 버전의 프로듀서 레코드에는 전달하는 이벤트에 대한 타임스탬프가 포함되어 있다. `ProducerRecord` 자바 객체를 프로듀서에게 전달할 때 자바 `long` 데이터 유형으로 사용자가 직접 전달하거나 현재 시스템 시간으로 전달할 수 있다. 메시지에 사용된 실제 시간은 이 값으로 유지되거나 메시지가 기록될 때 발생하는 브로커 타임스탬프일 수 있다. `message.timestamp.type` 토픽 구성을 `CreateTime`으로 설정하면 클라이언트에서 설정한 시간이 사용되는 반면, `LogAppendTime`으로 설정하면 브로커 시간이 사용된다[11].

왜 이들 중 하나를 선택할 필요가 있을까? 트랜잭션(판매 주문과 같은)이 브로커에게 전달된 시간이 아니라 발생하는 시간을 얻기 위해 생성된 시간을 사용할 수 있다. 생성된 시간이 메시지 자체 내에서 처리되거나 실제 이벤트 시간이 비즈니스 또는 주문과 관련이 없는 경우에 브로커 시간이 유용할 수 있다.

항상 그렇듯이 타임스탬프는 까다로울 수 있다. 예를 들어, 이전의 레코드보다 더 빠른 타임스탬프를 가진 레코드를 얻을 수도 있다. 이는 전송 실패가 발생하고 첫 번째 레코드의 재시도가 완료되기 전에 더 늦은 타임스탬프가 있던 다른 메시지가 커밋된 경우에 발생할 수 있다. 데이터는 로그에서 타임스탬프가 아닌 오프셋을 기준으로 정렬된다. 타임스탬프가 찍힌 데이터를 읽는 것은 종종 컨슈머 클라이언트 문제로 생각될 수 있지만, 메시지 순서를 보장하는 첫 번째 단계를 프로듀서가 수행하기 때문에 프로듀서의 문제이기도 하다.

앞서 논의한 바와 같이, 이는 재시도를 허용할지 아니면 진행 중인 많은 요청을 한 번에 허용할지를 고려할 때 `max.in.flight.requests.per.connection` 값이 중요한 이유이기도 하다. 재시도가 발생하고 첫 번째 시도 중에 다른 요청이 성공하면 이전 메시지가 더 늦은 메시지 다음에 추가될 수 있다. 그림 4.8은 메시지가 순서가 맞지 않을 수 있는 경우의 예를 보여준다. 메시지 1이 먼저 전송됐지만 재시도가 활성화되어 있기 때문에 순서대로 로그에 기록되지 않았다.

참고로 카프카 0.10 이전 버전에서는 해당 기능이 이전 릴리스에 포함되지 않았기 때문에 타임스탬프 정보를 사용할 수 없다. 하지만 타임스탬프 정보를 포함할 수는

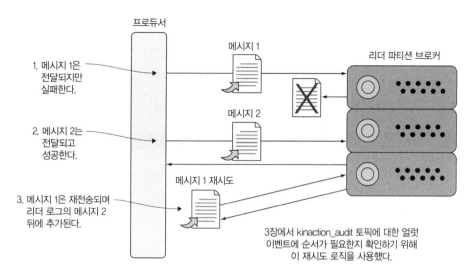

그림 4.8 재시도가 순서에 미치는 영향

있으나 타임스탬프가 필요하다면 메시지 자체에 저장하는 게 낫다.

프로듀서를 사용할 때의 또 다른 옵션은 프로듀서 인터셉터interceptor를 만드는 것이다. 이는 KIP-42(카프카 개선 제안)에 도입됐다. 측정과 모니터링을 지원하는 것이 주요 목적이었다[12]. 카프카 스트림즈 워크플로를 사용해 데이터를 필터링 및 집계하거나 특히 수정된 데이터에 대해 다른 토픽을 생성하는 것과 비교한다면, 이러한 인터셉터의 사용은 필수가 아니다.[5] 현재 수명 주기에서 실행되는 기본 인터셉터는 없다. 9장에서는 추적 ID를 추가하는 인터셉터를 사용해 프로듀서 클라이언트에서 컨슈머 클라이언트로 메시지를 추적하는 사용 사례를 보여준다.

4.3 요구사항에 대한 코드 생성

프로듀서가 작업하는 방법에 대해 수집한 정보를 우리의 솔루션에 적용해 보자. 전자 자전거e-bike 공장에서 카프카를 사용하기 위해 3장에서 설계한 감사 체크리스트부터 시작하자. 3장에서 언급했듯이 운영자가 센서에 대한 명령을 완료할 때 감사

---

5 일반적으로 비즈니스 로직과 관련되기보다는 디버깅, 추적과 관련된 기능이기 때문이다. – 옮긴이

메시지가 손실되지 않도록 하고 싶다. 요구사항 중 하나는 이벤트를 상호 연관시킬 (또는 그룹화할) 필요가 없다는 것이었다. 또 다른 요구사항은 메시지를 잃지 않도록 하는 것이었다. 다음 리스트는 프로듀서 구성을 시작하는 방법과 acks를 all로 설정하여 메시지가 안전하게 전달됐는지 확인하는 방법을 보여준다.

리스트 4.1 감사 프로듀서 구성하기

```
public class AuditProducer {
                                              우리 구성에 대해 이전과 같이
...                                               속성을 만든다.
private static final Logger log = LoggerFactory.getLogger
(AuditProducer.class);Properties kaProperties = new Properties();

kaProperties.put( "bootstrap.servers",
   "localhost:9092,localhost:9093,localhost:9094");    강력한 배달 보장을 얻기 위해
kaProperties.put("acks", "all");                        acks를 all로 설정한다.
kaProperties.put("retries", "3");
kaProperties.put("max.in.flight.requests.per.connection", "1");
...
                                              실패 시 클라이언트가 재시도할
                                              수 있도록 하여 자체 실패 로직을
                                              구현할 필요가 없다.
```

메시지 손실 문제를 해결하기 위해 프로듀서에게 보내는 구성 외에는 아무것도 건드릴 필요가 없었다. acks 구성 변경은 메시지 도착 여부에 상당한 영향을 미치는, 작지만 강력한 기능이다. 이벤트를 함께 연관시킬(그룹화할) 필요가 없기 때문에 이러한 메시지에 대해 키를 사용하지 않는다. 하지만 결과를 기다리기 위해 변경하고 싶은 근본적인 부분이 있다. 다음 리스트는 코드에서 계속 진행하기 전에 동기적으로 응답이 완료될 때까지 기다리는 get 메서드를 보여준다. 다음 리스트는 웹사이트(https://docs.confluent.io/2.0.0/clients/producer.html#examples)에 있는 예제에서 볼 수 있다.

리스트 4.2 결과 기다리기

```
RecordMetadata result =                      send 호출로부터 응답을
  producer.send(producerRecord).get();        기다린다.
log.info("kinaction_info offset = {}, topic = {}, timestamp = {}",
        result.offset(), result.topic(), result.timestamp());
  producer.close();
```

동기 방식으로 직접 응답을 기다리면 다른 메시지가 전송되기 전에 반환되는 각

레코드의 결과를 코드에서 처리할 수 있다. 속도보다 메시지를 손실 없이 전달하는 데 중점을 두었다!

지금까지 이전 장에서 미리 빌드된 직렬 변환기 몇 개를 사용했다. 일반 텍스트 메시지의 경우 프로듀서는 StringSerializer라는 직렬 변환기를 사용한다. 그리고 3장에서 에이브로에 대해 이야기할 때 io.confluent.kafka.serializers.KafkaAvroSerializer 클래스를 알게 됐다. 하지만 만들고자 하는 특정 형식이 있다면 어떻게 해야 할까? 이는 커스텀 객체로 작업하려고 할 때 종종 발생한다. 직렬화를 사용해 데이터를 전송, 저장, 검색할 수 있는 형식으로 변환하여 원본 데이터의 복사본을 얻을 수 있다. 다음 리스트는 Alert 클래스의 코드를 보여준다.

리스트 4.3 Alert 클래스

```java
public class Alert implements Serializable {

  private final int alertId;
  private String stageId;
  private final String alertLevel;
  private final String alertMessage;

  public Alert(int alertId,
    String stageId,
    String alertLevel,              얼럿 ID, 레벨, 메시지를
    String alertMessage) {     ◁     갖고 있다.

    this.alertId = alertId;
    this.stageId = stageId;
    this.alertLevel = alertLevel;
    this.alertMessage = alertMessage;
  }

  public int getAlertId() {
    return alertId;
  }

  public String getStageId() {
    return stageId;
  }
  public void setStageId(String stageId) {
    this.stageId = stageId;
  }

  public String getAlertLevel() {
    return alertLevel;
  }

  public String getAlertMessage() {
    return alertMessage;
  }
}
```

리스트 4.3은 보내려는 정보를 담기 위해 `Alert`이라는 이름이 지정된 빈을 생성하는 데 사용하는 코드를 보여준다. 자바에 익숙한 사람들은 이 리스트가 `Alert` 클래스의 게터^getter, 세터^setter, 생성자^constructor에 불과하다는 사실을 알 수 있다. 이제 `Alert` 데이터 객체에 대한 형식이 있으므로 다음 리스트와 같이 `AlertKeySerde`라는 간단한 얼럿 직렬 변환기를 만드는 데 사용할 때다.

리스트 4.4 Alert 직렬 변환기

```
public class AlertKeySerde implements Serializer<Alert>,
                                      Deserializer<Alert> {

  public byte[] serialize(String topic, Alert key) {      ◁─ 메서드에 토픽과
    if (key == null) {                                       Alert 객체를 전달
      return null;
    }
    return key.getStageId()
      .getBytes(StandardCharsets.UTF_8);      ◁─ 객체를 바이트 배열로
  }                                              변환(최종 목표)

  public Alert deserialize
    (String topic, byte[] value) {             ◁─ 이 시점에서 해당 인터페이스의 나머지
    // 나중에 필요할 때 Alert을 반환             메서드에는 어떠한 로직도 필요하지 않다.
    return null;
  }

  //...
}
```

리스트 4.5에서는 이 커스텀 클래스를 당분간 키 직렬 변환기로만 사용하고, 값 직렬 변환기는 `StringSerializer`를 그대로 둔다. 같은 메시지에서 다른 직렬 변환기로 키와 값을 직렬화할 수 있다는 점은 흥미롭다. 하지만 의도한 두 직렬 변환기에 대한 구성값 설정[6]을 잊으면 안 된다. 이 코드는 `Serializer` 인터페이스를 구현하고 메시지의 키로 사용할 `stageId` 필드만 가져온다. 이 예제는 serde[7]를 사용하므로 단순해 보일 것이다. 자주 사용되는 serde 중에는 JSON과 에이브로 구현체도 있다.

---

6 key.serializer와 value.serializer를 의미한다. – 옮긴이

7 카프카 자바 클라이언트에 포함되어 있는 Serde 인터페이스를 의미한다. Serializer와 Deserializer를 모두 포함하는 인터페이스다. – 옮긴이

명심해야 할 또 다른 사항은 프로듀서가 값을 직렬화한 방법과 관련하여 컨슈머가 값을 역직렬화하는 방법에도 영향을 미친다는 점이다. 카프카가 브로커에 어떤 데이터를 저장하는지 신경 쓰지 않는다 할지라도, 클라이언트의 데이터 형식에 대해 일종의 동의 또는 코디네이터coordinator가 필요하다.

공장 설계에 있어 또 다른 목표는 시간 경과에 따른 경보를 추적하기 위해 각 스테이지의 얼럿 추세 상태를 캡처하는 것이었다. 한 번에 모든 센서가 아니라 각 스테이지에 대한 정보에 관심을 갖기 때문에 이러한 이벤트를 그룹화하는 방법을 생각해야 한다. 이 경우 각 스테이지 ID가 고유하므로 해당 ID를 키로 사용할 수 있다. 다음 리스트는 CRITICAL 얼럿을 전달할 뿐만 아니라 우리가 설정할 key.serializer 속성도 보여준다.

리스트 4.5 얼럿 추세 프로듀서

```
public class AlertTrendingProducer {

  private static final Logger log =
      LoggerFactory.getLogger(AlertTrendingProducer.class);

  public static void main(String[] args)
      throws InterruptedException, ExecutionException {

    Properties kaProperties = new Properties();
    kaProperties.put("bootstrap.servers",
      "localhost:9092,localhost:9093,localhost:9094");
    kaProperties.put("key.serializer",
      AlertKeySerde.class.getName());
    kaProperties.put("value.serializer",
      "org.apache.kafka.common.serialization.StringSerializer");
```

> 프로듀서 클라이언트에게 커스텀 얼럿 객체를 키로 직렬화하는 방법을 알려준다.

```
try (Producer<Alert, String> producer =
  new KafkaProducer<>(kaProperties)) {

  Alert alert = new Alert(0, "Stage 0", "CRITICAL", "Stage 0 stopped");
  ProducerRecord<Alert, String> producerRecord =
      new ProducerRecord<>("kinaction_alerttrend",
        alert, alert.getAlertMessage());

  RecordMetadata result = producer.send(producerRecord).get();
  log.info("kinaction_info offset = {}, topic = {}, timestamp = {}",
          result.offset(), result.topic(), result.timestamp());
  }
 }
}
```

이 키를 채우려는 실제
객체를 두 번째 매개변수에
null 대신 사용한다.

일반적으로 동일한 키는 동일한 파티션에 할당하므로 그룹화를 위해 더 해야 할
것이 없다. 즉, 올바른 키를 사용하기만 하면 동일한 스테이지 ID(키로 사용된)로 그
룹화된다. 파티션 크기 분포를 계속 지켜보면서 향후 고르지 않게 될 경우를 주의는
해야 하겠지만, 일단은 이대로 가자. 코드에서는 직접 작성한 AlertKeySerde 클래
스에 대해 클래스 속성을 다른 방식으로 설정하고 있다. 클래스의 전체 경로를 하드
코딩하는 대신 속성값에 AlertKeySerde.class.getName() 또는 AlertKeySerde.class
와 같은 것을 사용할 수 있다.

마지막 요구사항은 운영자에게 심각한 중단에 대해 알리도록 신속하게 얼럿을 처
리하여 이 경우에도 스테이지 ID별로 그룹화할 수 있도록 하는 것이었다. 이렇게 하
는 한 가지 이유는 해당 스테이지 ID에 대한 마지막 이벤트만 보고 센서가 실패했거
나 복구됐는지(상태 변경)를 알 수 있기 때문이다. 상태 확인 이력은 신경 쓰지 않고
현재 시나리오만 고려한다. 이 경우 얼럿도 분할하려고 한다.

지금까지 카프카에 데이터를 쓰는 예제에서 데이터는 클라이언트에서 제공되는
추가 메타데이터 없이 토픽으로 전달됐다. 토픽이 브로커에 있는 파티션으로 구성
되기 때문에 카프카는 특정 파티션에 메시지를 보내는 기본 방법을 제공한다. 키가
없는 메시지의 기본값(지금까지 예제에서 사용)은 카프카 2.4 버전 이전에는 라운드로
빈round-robin 할당 전략이었다. 2.4 이후 버전에서 키가 없는 메시지는 고정sticky 파티
션 전략을 사용한다[14]. 때로는 데이터를 분할하는 특별한 방법이 필요하다. 이를
제어하는 한 가지 방법은 고유한 파티셔너 클래스를 작성하는 것이다.

클라이언트는 고유한 파티셔너를 구성하여 데이터를 쓸 파티션을 제어할 수도 있다. 생각해 볼 한 가지 예제는 3장에서 논의한 센서 모니터링 서비스의 얼럿 수준level이다. 일부 센서의 정보는 다른 것보다 더 중요할 수 있다. 이들은 전자 자전거의 중요한 경로에 있을 수 있으며, 문제가 해결되지 않으면 가동 중단 시간이 발생할 수 있다. 크리티컬Critical, 메이저Major, 마이너Minor, 워닝Warning이라는 네 가지 얼럿 수준이 있다고 가정해 보자. 다른 파티션에 다른 얼럿 수준을 배치하는 파티셔너를 만들수 있다. 컨슈머는 다른 얼럿을 처리하기 전에 항상 크리티컬 얼럿을 읽어야 한다.

기록되는 메시지를 컨슈머가 계속 따라간다면 크리티컬 얼럿은 큰 문제가 되지 않을 것이다. 그러나 리스트 4.6은 크리티컬 얼럿이 특정 파티션(예를 들어, 파티션 0번)으로 전달되도록 클래스로 파티션 할당을 변경할 수 있음을 보여준다(우리 로직으로 인해 다른 얼럿도 파티션 0에 기록될 수 있지만, 크리티컬 얼럿은 항상 파티션 0에 기록된다). 이 로직은 카프카 자체에서 사용된 DefaultPartitioner의 예시를 반영한다[15].

리스트 4.6 얼럿 수준에 대한 파티셔너

```
public int partition(final String topic          ◁── AlertLevelPartitioner는 핵심
                 # ...                                로직에 대한 파티션 방법을
                                                      구현해야 한다.
   int criticalLevelPartition = findCriticalPartitionNumber(cluster, topic);
   return isCriticalLevel(((Alert) objectKey).getAlertLevel()) ?
     criticalLevelPartition :
       findRandomPartition(cluster, topic, objectKey);
}                                                          ◁── 크리티컬 얼럿은
//...                                                           findCriticalPartitionNumber에서
                                                                반환된 파티션에 기록돼야 한다.
```

Partitioner 인터페이스를 구현하면, partition 메서드를 사용해 프로듀서가 쓰기를 원하는 특정 파티션으로 메시지를 보내도록 만들 수 있다. 이 경우 키값은 모든 CRITICAL 이벤트가 특정 위치에 도달하도록 보장한다. 예를 들어, findCriticalPartitionNumber 메서드에서 파티션 0이 다시 전송될 것으로 상상해 볼 수 있다. 리스트 4.7은 클래스 자체를 생성하는 것 외에도 작성한 파티셔너 클래스를 프로듀서가 사용할 수 있도록 partitioner.class 구성 키의 설정 방법도 보여준다. 이 구성은 카프카가 새 클래스를 파티셔너로 사용하게 만든다.

```
Properties kaProperties = new Properties();
//...
kaProperties.put("partitioner.class",
        AlertLevelPartitioner.class.getName());
```

커스텀 파티셔너 AlertLevelPartitioner를 참조하고 사용하도록 프로듀서 구성을 업데이트한다.

특정 파티션 번호를 할당받아 메시지가 전송되도록 만드는 이 예제는 확장하거나 훨씬 더 동적으로 만들 수 있다. 커스텀 코드를 사용해 비즈니스 요구에 의한 특정 로직을 달성할 수 있다.

리스트 4.8은 특정 파티셔너로 사용할 값을 추가하기 위해 `partitioner.class` 값을 프로듀서의 구성에 추가하는 것을 보여준다. 데이터를 특정 파티션에 저장하고 사용할 수 있도록 하여 데이터를 처리하는 컨슈머가 특정 파티션에서만 크리티컬 얼럿을 의도적으로 받을 수 있으며 다른 얼럿은 다른 파티션에서 처리할 수 있다.

```
public class AlertProducer {
  public static void main(String[] args) {

    Properties kaProperties = new Properties();
    kaProperties.put("bootstrap.servers",
      "localhost:9092,localhost:9093");
    kaProperties.put("key.serializer",
      AlertKeySerde.class.getName());
    kaProperties.put("value.serializer",
      "org.apache.kafka.common.serialization.StringSerializer");
    kaProperties.put("partitioner.class",
      AlertLevelPartitioner.class.getName());
    try (Producer<Alert, String> producer =
      new KafkaProducer<>(kaProperties)) {
      Alert alert = new Alert(1, "Stage 1", "CRITICAL", "Stage 1 stopped");
      ProducerRecord<Alert, String>
          producerRecord = new ProducerRecord<>
            ("kinaction_alert", alert, alert.getAlertMessage());

      producer.send(producerRecord,
                    new AlertCallback());
    }
  }
}
```

Alert 키 직렬 변환기를 재사용한다.

특정 파티셔너 클래스를 설정하기 위해 partitioner.class 속성을 사용한다.

전달 완료 또는 실패를 처리하기 위해 콜백을 사용한 것은 이번이 처음이다.

리스트 4.8에서 볼 수 있는 한 가지 추가 사항은 완료 시 실행할 콜백을 추가한

점이다. 때때로 메시지 실패에 대해 100% 걱정할 필요는 없다고 말했지만, 애플리케이션 오류의 단서가 될 수 있는 높은 실패율은 방지하고 싶다.[8] 다음 리스트는 Callback 인터페이스의 구현 예시를 보여준다. 이 콜백은 오류가 발생한 경우 오류 메시지를 기록한다. 다음 리스트는 웹사이트(https://docs.confluent.io/2.0.0/clients/producer.html#examples)에 있는 예제에서 볼 수 있다.

리스트 4.9 얼럿 콜백

```
public class AlertCallback implements Callback {        ◁── 카프카 Callback
                                                            인터페이스 구현
  private static final Logger log =
    LoggerFactory.getLogger(AlertCallback.class);

  public void onCompletion
      (RecordMetadata metadata,                 이 완료에는 성공과
       Exception exception) {           ◁──     실패가 있을 수 있다.

    if (exception != null) {
      log.error("kinaction_error", exception);
    } else {
      log.info("kinaction_info offset = {}, topic = {}, timestamp = {}",
               metadata.offset(), metadata.topic(), metadata.timestamp());
    }
  }
}
```

대부분의 자료에서는 작은 샘플에 중점을 둘 테지만, 실제 프로젝트에서도 프로듀서를 사용하는 방법을 살펴보면 도움이 된다. 앞서 언급했듯이 아파치 플룸은 카프카와 함께 사용해 다양한 데이터 기능을 제공할 수 있다. 카프카를 싱크로 사용할 때 플룸은 데이터를 카프카에 배치한다. 플룸에 익숙할 수도 있고 아닐 수도 있지만 이에 대한 기능 세트에는 관심이 없고, 실제 상황에서 카프카 프로듀서 코드를 어떻게 활용하는지 보고 싶다.

다음 예제에서는 플룸 1.8 버전을 참조한다(전체 소스 코드는 https://github.com/apache/flume/tree/flume-1.8에 있다). 다음 리스트는 플룸 에이전트에서 사용할 구성 스니펫을 보여준다.

---

8 콜백을 구현하면 오류에 대한 추적이 가능하여 애플리케이션 오류의 단서로 활용할 수도 있다는 뜻이다. – 옮긴이

```
a1.sinks.k1.kafka.topic = kinaction_helloworld
a1.sinks.k1.kafka.bootstrap.servers = localhost:9092
a1.sinks.k1.kafka.producer.acks = 1
a1.sinks.k1.kafka.producer.compression.type = snappy
```

리스트 4.10의 일부 구성 속성(topic, acks, bootstrap.servers)은 익숙하다. 이전 예제에서는 구성을 코드 내부의 속성으로 선언했다. 그러나 리스트 4.10은 구성값을 외부화하는 애플리케이션의 예를 보여준다. 이는 우리 프로젝트에서도 수행할 수 있는 것이다. 웹사이트(http://mng.bz/JvpZ)에 있는 아파치 플룸의 KafkaSink 소스 코드는 데이터를 가져와 프로듀서 코드와 함께 카프카 내부에 배치하는 예제를 제공한다. 다음 리스트는 유사한 아이디어를 사용하는 프로듀서의 또 다른 예제다. 리스트 4.10과 같은 구성 파일을 가져와서 해당 값을 프로듀서 인스턴스에 로드한다.

```
...
Properties kaProperties = readConfig();
String topic = kaProperties.getProperty("topic");
kaProperties.remove("topic");

try (Producer<String, String> producer =
                    new KafkaProducer<>(kaProperties)) {
  ProducerRecord<String, String> producerRecord =
    new ProducerRecord<>(topic, null, "event");
  producer.send(producerRecord,
            new AlertCallback());        ◁── 콜백이 있는 친숙한
}                                            producer.send

private static Properties readConfig() {
  Path path = Paths.get("src/main/resources/kafkasink.conf");

  Properties kaProperties = new Properties();     구성을 위해 외부 파일을
  try (Stream<String> lines = Files.lines(path))  ◁── 읽는다.
    lines.forEachOrdered(line ->
                    determineProperty(line, kaProperties));
  } catch (IOException e) {
    System.out.println("kinaction_error" + e);
  }
  return kaProperties;
}

private static void determineProperty           구성 속성을 파싱하고
  (String line, Properties kaProperties) {   ◁── 해당 값을 설정한다.
  if (line.contains("bootstrap")) {
```

138

```
      kaProperties.put("bootstrap.servers", line.split("=")[1]);
   } else if (line.contains("acks")) {
      kaProperties.put("acks", line.split("=")[1]);
   } else if (line.contains("compression.type")) {
      kaProperties.put("compression.type", line.split("=")[1]);
   } else if (line.contains("topic")) {
      kaProperties.put("topic", line.split("=")[1]);
   }
   ...
}
```

리스트 4.11에서 일부 코드가 생략됐지만, 카프카 프로듀서의 핵심 부분이 친숙해 보이기 시작할 것이다. 구성과 프로듀서의 send 메서드를 설정하는 것은 모두 이 장에서 작성한 코드와 같아야 한다. 이제 어떤 구성 속성이 설정됐고 어떤 영향을 미칠지 자세히 알아볼 수 있기를 바란다.

독자에게 남겨진 실습은 AlertCallback.java와 Kafka Sink 콜백 클래스인 SinkCallback을 비교하는 것이며, 소스 코드는 http://mng.bz/JvpZ에 있다. 두 예제 모두 RecordMetadata 객체를 사용해 성공적인 호출에 대한 자세한 정보를 찾는다. 이 정보는 특정 파티션 내의 파티션 및 오프셋을 포함하여 프로듀서 메시지가 작성된 위치를 자세히 알아보는 데 도움이 될 수 있다.

플룸과 같은 애플리케이션을 소스 코드를 살펴보지 않고 사용하더라도 여전히 성공할 수 있다는 건 사실이다. 하지만 내부적으로 무슨 일이 일어나고 있는지 알고 싶거나 고급 문제 해결을 수행해야 하는 경우 도구가 수행하는 작업을 알고 있어야 한다. 프로듀서에 대한 새로운 기초 지식을 습득하면 이러한 기술을 사용해 강력한 애플리케이션을 직접 만들 수 있을 것이다.

4.3.1 클라이언트와 브로커 버전

한 가지 중요한 사실은 카프카 브로커와 클라이언트 버전이 항상 일치할 필요는 없다는 점이다. 카프카 0.10.0 버전 브로커를 실행 중이고 사용 중인 자바 프로듀서 클라이언트가 0.10.2인 경우, 브로커는 메시지 버전으로 이 업그레이드를 처리할 것이다[16]. 그러나 할 수 있다고 해서 모든 경우에 만족되는 것은 아니다. 양방향 버전 호환성에 대해 자세히 알아보려면 KIP-97(http://mng.bz/7jAQ)을 살펴보자.

우리는 데이터를 카프카로 가져오기 시작하면서 상당한 장애물을 넘었다. 이제 카프카 생태계를 더 깊숙이 파고들었으므로 종단 간 솔루션을 완료하기 전에 정복해야 할 다른 개념이 있다. 다음 질문은 "이 데이터를 다시 가져와서 다른 애플리케이션에서 사용할 수 있게 하려면 어떻게 해야 할까?"인데, 이제 카프카로 데이터를 가져오는 방법에 대한 몇 가지 아이디어가 있으므로 올바른 방법으로 데이터를 가져와서 다른 애플리케이션에 유용하게 만드는 방법을 더 배워볼 것이다. 컨슈머 클라이언트는 이 발견의 중요한 부분이며, 프로듀서와 마찬가지로 다양한 소비 요구사항을 만족시키는 데 사용할 수 있는 다양한 구성 기반 동작이 있다.

요약

- 프로듀서 클라이언트는 개발자에게 카프카로 데이터를 가져오는 방법을 제공한다.
- 많은 수의 구성 옵션을 사용해 커스텀 코드 없이 클라이언트 동작을 제어할 수 있다.
- 데이터는 파티션이라고 하는 단위로 브로커에 저장된다.
- 클라이언트는 `Partitioner` 인터페이스에 자체적인 로직을 제공하여 데이터가 기록되는 파티션을 제어할 수 있다.
- 카프카는 일반적으로 데이터를 바이트 배열로 간주하지만, 커스텀 직렬 변환기를 사용하면 특정 데이터 형식으로 처리할 수 있다.

참고문헌

[1] J. Kreps. "Why Avro for Kafka Data?" Confluent blog (February 25, 2015). https://www.confluent.io/blog/avro-kafka-data/ (accessed November 23, 2017).

[2] "Sender.java." ApacheKafka. GitHub (n.d.). https://github.com/apache/kafka/blob/2

99eea88a5068f973dc055776c7137538ed01c62/clients/src/main/java/org/apache/kafka/clients/producer/internals/Sender.java (accessed August 20, 2021).

[3] "Producer Configurations: Retries." Confluent documentation (n.d.). https://docs.confluent.io/platform/current/installation/configuration/producer-configs.html#producerconfigs_retries (accessed May 29, 2020).

[4] "Producer Configurations: max.in.flight.requests.per.connection." Confluent documentation (n.d.). https://docs.confluent.io/platform/current/installation/configuration/producer-configs.html#max.in.flight.requests.per.connection (accessed May 29, 2020).

[5] "Producer Configurations: enable.idempotence." Confluent documentation (n.d.). https://docs.confluent.io/platform/current/installation/configuration/producer-configs.html#producerconfigs_enable.idempotence (accessed May 29, 2020).

[6] "KafkaProducer." Apache Software Foundation (n.d.). https://kafka.apache.org/10/javadoc/org/apache/kafka/clients/producer/KafkaProducer.html (accessed July 7, 2019).

[7] "Producer Configurations." Confluent documentation (n.d.). https://docs.confluent.io/platform/current/installation/configuration/producer-configs.html (accessed May 29, 2020).

[8] "Producer Configurations: bootstrap.servers." Confluent documentation (n.d.). https://docs.confluent.io/platform/current/installation/configuration/producer-configs.html #bootstrap.servers (accessed May 29, 2020).

[9] "Producer Configurations: acks." Confluent documentation (n.d.). https://docs.confluent.io/platform/current/installation/configuration/producer-configs.html#acks (accessed May 29, 2020).

[10] "Documentation: Message Delivery Semantics." Apache Software Foundation (n.d.). https://kafka.apache.org/documentation/#semantics (accessed May 30, 2020).

[11] "Topic Configurations: message.timestamp.type." Confluent documentation (n.d.). https://docs.confluent.io/platform/current/installation/configuration/topic-configs.html#topicconfigs_message.timestamp.type (accessed July 22, 2020).

[12] KIP-42: "Add Producer and Consumer Interceptors," Wiki for Apache Kafka, Apache Software Foundation. https://cwiki.apache.org/confluence/display/KAFKA/KIP-42%3A+Add+Producer+and+Consumer+Interceptors (accessed April 15, 2019).

[13] "Kafka Streams Data Types and Serialization." Confluent documentation (n.d.). https://docs.confluent.io/platform/current/streams/developer-guide/datatypes.html (accessed August 21, 2021).

[14] J. Olshan. "Apache Kafka Producer Improvements with the Sticky Partitioner." Confluent blog (December 18, 2019). https://www.confluent.io/blog/apache-kafka-producer-improvements-sticky-partitioner/ (accessed August 21, 2021).

[15] "DefaultPartitioner.java," Apache Software Foundation. GitHub (n.d.). https://

github.com/apache/kafka/blob/trunk/clients/src/main/java/org/apache/kafka/clients/producer/internals/DefaultPartitioner.java (accessed March 22, 2020).

[16]   C. McCabe. "Upgrading Apache Kafka Clients Just Got Easier." Confluent blog (July 18, 2017). https://www.confluent.io/blog/upgrading-apache-kafka-clients-just-got-easier/ (accessed August 21, 2021).

05

컨슈머: 데이터 열기

5장에서 다루는 내용

- 컨슈머 탐구와 작동방식 이해
- 컨슈머 그룹을 사용해 토픽에서 데이터 읽기 코디네이트
- 오프셋과 그 사용 방법 학습
- 컨슈머 행동을 변경하는 다양한 구성 옵션 검토

이전 장에서 카프카 시스템에 데이터를 쓰기 시작했다. 하지만 알다시피 데이터 쓰기는 스토리의 일부일 뿐이다. 컨슈머는 카프카에서 데이터를 가져와 다른 시스템이나 애플리케이션에 이 데이터를 제공한다. 컨슈머는 브로커 외부에 존재하는 클라이언트이므로 프로듀서 클라이언트와 마찬가지로 다양한 프로그래밍 언어로 작성 가능하다. 이 장에서 작동방식을 살펴볼 때 자바 컨슈머 클라이언트의 기본값을 사용하려고 한다. 이 장을 읽은 후에는 몇 가지 방식으로 데이터를 소비하여 앞에서 이야기했던 비즈니스 요구사항을 해결하는 방법을 알아가게 될 것이다.

5.1 예제

컨슈머 클라이언트는 관심 있는 토픽을 구독하는 프로그램이다[1]. 프로듀서 클라이언트와 마찬가지로 실제 컨슈머 프로세스는 별도의 시스템에서 실행할 수 있으며, 특별한 서버에서 실행할 필요는 없다. 실제 프로덕션 환경에서 대부분의 컨슈머 클라이언트는 별도의 호스트에 있다. 클라이언트가 카프카 브로커에 연결할 수 있는 한 메시지를 읽을 수 있다. 그림 5.1은 넓은 범위에서 카프카를 다시 소개하며, 카프카에서 데이터를 가져오기 위해 브로커 외부에서 실행하는 컨슈머를 보여준다.

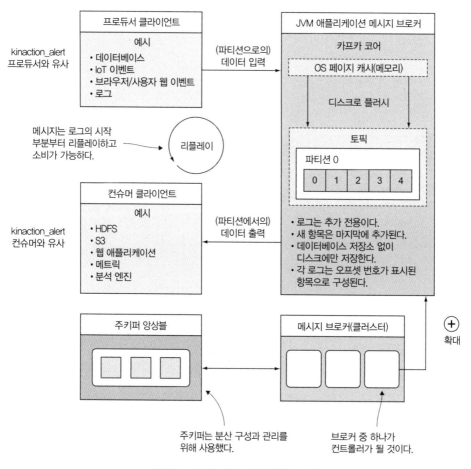

그림 5.1 카프카 컨슈머 클라이언트 개요

컨슈머가 토픽을 구독(메시지 가져오기^{pull})하는 대신 데이터가 푸시^{push}되지 않는다는 사실을 아는 것이 왜 중요할까? 이러한 상황에서 처리 제어의 권한은 컨슈머에게 이전된다. 그림 5.1은 전체 카프카 생태계에 있어 컨슈머 클라이언트의 적절한 위치를 보여준다. 클라이언트는 토픽에서 데이터를 읽고 애플리케이션(예를 들어, 메트릭 대시보드 또는 분석 엔진)에서 사용할 수 있도록 하거나 다른 시스템에 저장할 책임이 있다. 컨슈머 자신이 메시지 소비 비율을 통제한다.

컨슈머가 실행 도중에 실패하고 컨슈머 애플리케이션이 다시 온라인 상태가 되면 다시 메시지를 가져올 수 있다. 얼럿을 처리(또는 누락)하기 위해 컨슈머를 항상 가동하고 실행할 필요가 없다. 이러한 일정한 데이터 흐름이나 볼륨으로 인한 역압^{back pressure}의 증가를 처리하는 애플리케이션을 개발할 수는 있지만, 컨슈머는 브로커의 리스너^{listener}가 아니라 데이터를 가져온다^{pulling}는 점을 알아야 한다. 이전에 카프카를 사용해 본 적이 있는 독자라면 컨슈머가 장시간 다운되는 것을 원하지 않는 이유가 있음을 알 것이다. 토픽에 대한 자세한 내용을 논의할 때 사용자가 정의할 수 있는 크기나 시간 제한으로 인해 카프카에서 데이터가 어떻게 제거될 수 있는지 살펴볼 것이다.

5.1.1 컨슈머 옵션

프로듀서 클라이언트에서도 필요한 속성과 관련된 몇 가지 속성을 확인할 수 있다. 클라이언트 시작 시 연결을 시도할 수 있는 브로커를 항상 알아야 한다. 한 가지 사소한 '문제'는 메시지를 생성한 직렬 변환기와 일치하는 키와 값에 대한 역직렬 변환기를 사용하는지 확인하는 것이다. 예를 들어, `StringSerializer`를 사용해 메시지를 생산했지만 `LongDeSerializer`를 사용해 소비하려고 하면 코드 수정이 필요한 예외가 발생한다.

표 5.1은 컨슈머 작성을 시작할 때 알아야 하는 몇 가지 구성값을 나열한다[2].

표 5.1 카프카 아키텍처

키	용도
bootstrap.servers	시작할 때 연결할 하나 이상의 카프카 브로커
value.deserializer	값 역직렬화에 필요
key.deserializer	키 역직렬화에 필요
group.id	컨슈머 그룹에 조인하기 위해 사용되는 ID
client.id	유저를 식별하기 위한 ID(10장에서 사용할 것이다.)
heartbeat.interval.ms	컨슈머가 그룹 코디네이터에게 핑(ping) 신호를 보낼 간격

모든 컨슈머 구성의 키 이름을 확인하는 한 가지 방법은 자바에 제공된 상수를 사용하는 것이다. 클래스 ConsumerConfig(http://mng.bz/oGgy 참고)와 컨플루언트 웹사이트(http://mng.bz/drdv)에서 'high' 중요도 레이블을 찾는다. 그러나 이 예시에서는 명확성을 위해 속성 이름 자체를 사용한다. 리스트 5.1에서는 실용적인 네 가지 구성 키를 보여준다. 표 5.1의 구성값은 컨슈머가 브로커 및 다른 컨슈머와 상호 작용하는 방식을 결정한다.

이제 2장에서 했던 것처럼 컨슈머 1개를 대상으로 토픽 1개에서 읽는 것으로 전환할 것이다. 이 예에서는 링크드인에서 카프카 프로젝트를 시작하게 된 목적과 유사한 애플리케이션을 사용해 사용자 활동 이벤트(1장에서 언급한)를 처리한다[3]. 사용자가 웹 페이지에서 보낸 시간과 상호 작용 횟수를 사용하는 특정 공식이 있다고 가정해 보자. 이 공식은 새 프로모션에 대한 향후 클릭률을 예측하기 위해 값을 토픽에 전달된다. 컨슈머를 실행하고 토픽으로부터 모든 메시지를 처리하고 공식 적용(이 경우에는 매직 넘버^{magic number} 곱하기)에 만족한다고 생각해 보자.

리스트 5.1은 kinaction_promos 토픽의 레코드를 보고 각 이벤트의 데이터를 기반으로 값을 인쇄하는 예를 보여준다. 이 리스트는 속성이 컨슈머의 행동을 결정하는 데 사용되는, 4장에서 작성한 프로듀서 코드와 많이 비슷하다. 키와 값에 대해 역직렬 변환기를 사용하는 것은 사용하는 토픽에 따라 달라지는 프로듀서를 위한 직렬 변환기를 사용하는 것과는 다르다.

리스트 5.1에서 루프는 메시지를 처리하기 위해 컨슈머에게 할당된 토픽 파티션을 폴링하는 데도 사용된다. 이 루프는 부울값으로 전환된다. 이러한 종류의 루프는 특히 초보 프로그래머에게 오류를 일으킬 수 있다! 왜 이 루프를 사용할까? 일부 스트리밍적 사고방식에서 본다면 이벤트가 연속적인 스트림으로 포함될 것이므로 그래서 루프를 사용하게 된다. 이 예제에서는 밀리초 단위의 폴링 기간 값으로 250을 사용한다. 이 시간을 초과하기 전까지 호출이 대기되어 기본 애플리케이션 스레드를 차단하는 시간을 나타내지만, 레코드가 도착하여 배달될 준비가 되면 즉시 반환될 수 있다[4]. 이 값은 애플리케이션의 요구사항에 따라 미세 조정할 수 있는 값이다. 다음 리스트에서 사용한 addShutdownHook을 사용하는 자바 8 스타일에 대한 참고 자료(및 자세한 내용)는 웹사이트(https://docs.confluent.io/platform/current/streams/developer-guide/write-streams.html)에서 볼 수 있다.

리스트 5.1 프로모션 컨슈머

```
...
  private volatile boolean keepConsuming = true;

  public static void main(String[] args) {                       group.id를 정의한다
    Properties kaProperties = new Properties();                  (컨슈머 그룹과 함께
    kaProperties.put("bootstrap.servers",                        알아볼 것이다).
            "localhost:9092,localhost:9093,,localhost:9094");
    kaProperties.put("group.id",
            "kinaction_webconsumer");
    kaProperties.put("enable.auto.commit", "true");
    kaProperties.put("auto.commit.interval.ms", "1000");         키와 값에 대한
    kaProperties.put("key.deserializer",                         역직렬 변환기를
"org.apache.kafka.common.serialization.StringDeserializer");     정의한다.
    kaProperties.put("value.deserializer",
"org.apache.kafka.common.serialization.StringDeserializer");
    WebClickConsumer webClickConsumer = new WebClickConsumer();
    webClickConsumer.consume(kaProperties);
```

```
    Runtime.getRuntime()
      .addShutdownHook(
        new Thread(webClickConsumer::shutdown)
      );
  }

  private void consume(Properties kaProperties) {          속성을 KafkaConsumer
    try (KafkaConsumer<String, String> consumer =          생성자에게 전달한다.
    new KafkaConsumer<>(kaProperties)) {       ◁─
    consumer.subscribe(
      List.of("kinaction_promos")                ◁──┐  kinaction_promos 토픽
    );                                              └─ 1개를 구독한다.

      while (keepConsuming) {                    ◁──┐  루프를 사용해 토픽 레코드를
        ConsumerRecords<String, String> records =    └─ 폴링한다.
          consumer.poll(Duration.ofMillis(250));
        for (ConsumerRecord<String, String> record : records) {
          log.info("kinaction_info offset = {}, key = {}",
                    record.offset(),
                    record.key());
          log.info("kinaction_info value = {}",
            Double.parseDouble(record.value()) * 1.543);
        }
      }
    }
  }

  private void shutdown() {
    keepConsuming = false;
  }
}
```

리스트 5.1에서 토픽에 있는 모든 메시지에 대한 값을 생산한 후 모델링 공식이
올바르지 않다는 사실을 알게 됐다! 이제 우리는 무엇을 해야 할까? 최종 결과에서
얻은 데이터를 다시 계산한 다음 (보정이 예제보다 더 어렵다고 가정하면) 새 공식을 적
용할 것인가?[1]

여기에서 카프카의 컨슈머 행동에 대한 지식을 사용해 이미 처리한 메시지를 리
플레이할 수 있다. 원시 데이터를 유지함으로써 원본 데이터를 재생성하려는 시도
에 대해 걱정할 필요가 없다. 개발자 실수, 애플리케이션 로직 실수, 의존하는 애플
리케이션 오류까지도 바로잡을 수 있다. 컨슈머가 데이터를 사용해도 토픽에서 제거

---

1 즉, 데이터를 확보하기 위해 결과로부터 역산을 한 다음 새 공식으로 다시 계산할 것인가? – 옮긴이

하지 않기 때문이다.[2] 이는 카프카로 어떻게 시간 여행을 할 수 있는지도 설명한다.

컨슈머를 중지하는 방법을 살펴보자. Ctrl+C를 사용해 처리를 종료하거나 터미널에서 프로세스를 중지하는 방식을 앞에서 이미 봤다. 그러나 올바른 방법은 컨슈머에서 close 메서드를 호출하는 것이다[23].

리스트 5.2는 스레드에서 실행되고 다른 클래스가 종료를 제어하는 컨슈머를 보여준다. 리스트 5.2의 코드가 시작되면 스레드가 컨슈머 인스턴스와 함께 실행된다. public 메서드 shutdown을 호출하면 다른 클래스가 부울^{Boolean}값을 바꿔 컨슈머가 새 레코드를 폴링하지 못하도록 막을 수 있다. stopping 변수는 처리를 계속할지 여부를 결정하는 감시자다. wakeup 메서드를 호출하면 WakeupException이 발생하여 마지막 코드 블록이 컨슈머 리소스를 올바르게 닫도록 한다[5]. 리스트 5.2는 웹사이트(https://kafka.apache.org/26/javadoc/index.html?org/apache/kafka/clients/consumer/KafkaConsumer.html)를 참고 문서로 사용했다.

리스트 5.2 컨슈머 닫기

```
public class KinactionStopConsumer implements Runnable {
    private final KafkaConsumer<String, String> consumer;
    private final AtomicBoolean stopping =
                            new AtomicBoolean(false);
    ...

    public KinactionStopConsumer(KafkaConsumer<String, String> consumer) {
      this.consumer = consumer;
    }

    public void run() {
        try {
            consumer.subscribe(List.of("kinaction_promos"));
            while (!stopping.get()) {
                ConsumerRecords<String, String> records =      ← stopping 변수는
                  consumer.poll(Duration.ofMillis(250));          처리를 계속할지
                ...                                               여부를 결정한다.
            }
        } catch (WakeupException e) {             ← 이 클라이언트의 shutdown hook은
            if (!stopping.get()) throw e;            WakeupException을 트리거한다.
        } finally {
            consumer.close();      ← 클라이언트를 중지하고
        }                            브로커에게 종료를 알린다.
    }
```

---

[2] 물론 카프카가 데이터를 영원히 보관하는 것은 아니며 지정한 보존기간 동안에는 토픽에서 데이터가 제거되지 않는다는 뜻이다. – 옮긴이

```
public void shutdown() {
    stopping.set(true);
    consumer.wakeup();
}
```
← 다른 스레드에서 종료를 호출하여
클라이언트를 올바르게 중지한다.

다음 주제로 넘어가기 전에 오프셋과 컨슈머가 데이터를 읽는 방법을 제어하기 위해 오프셋을 사용하는 방법을 이해해야 한다.

5.1.2 코디네이트 이해

지금까지 지나가는 말로 이야기한 것 중 하나는 **오프셋**offset 개념이다. 컨슈머가 브로커에게 보내는 로그의 인덱스 위치로 오프셋을 사용한다. 이를 통해 로그는 소비하려는 메시지 위치를 알 수 있다. 콘솔 컨슈머 예제를 다시 생각해 보면, --from-beginning 플래그를 사용했다. 이는 컨슈머 auto.offset.reset 구성 매개변수를 내부적으로 earliest로 설정한다. 해당 구성을 사용하면 콘솔 컨슈머를 시작하기 전에 전송된 경우에도 연결된 파티션의 해당 토픽에 대한 모든 레코드를 볼 수 있다. 그림 5.2의 상단 부분은 이 모드에서 실행할 때 로그의 시작 부분부터 읽는 것을 보여준다.

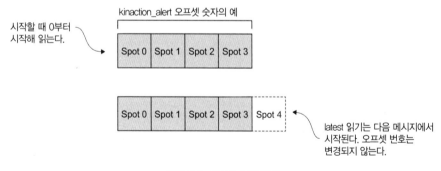

그림 5.2 카프카 오프셋[6]

auto.offset.reset 옵션을 추가하지 않으면 기본값은 latest이다. 그림 5.2는 이 모드도 보여준다. 이 경우 컨슈머를 시작한 후 메시지를 보내지 않으면 프로듀서의 메시지가 표시되지 않는다. 이 옵션은 컨슈머가 읽고 있는 토픽 파티션에 이미 있는 메시지 처리를 무시한다. 우리는 컨슈머 클라이언트가 토픽 폴링을 시작한 후에 들어오는 것만 처리하기를 원한다. 이를 0에서 시작하는 인덱스를 갖는 무한 배열로 생각할 수 있다. 그러나 이 인덱스에 대한 업데이트를 허용하지 않으며, 변경사항은 로그 끝에 추가해야 한다.

오프셋은 항상 각 파티션에 대해 증가한다. 토픽 파티션에 오프셋 0이 표시되면 나중에 해당 메시지가 제거되더라도 오프셋 번호는 다시 사용되지 않는다. 여러분 중 일부는 데이터 유형의 상한에 도달할 때까지 계속 증가하는 숫자 문제에 직면했을 수 있다. 하지만 각 파티션에는 고유한 오프셋 시퀀스가 있으므로 위험성은 낮을 것으로 기대한다.

토픽에 작성된 메시지의 경우 메시지를 찾기 위한 오프셋은 무엇일까? 먼저, 기록된 토픽 내에서 파티션을 찾은 다음 인덱스 기반 오프셋을 찾는다. 그림 5.3에서 볼 수 있듯이 컨슈머는 일반적으로 컨슈머의 파티션 리더 레플리카에서 읽는다. 이 컨슈머가 바라보는 리더 레플리카는 시간 경과에 따른 리더십 변경으로 인해 프로듀서가 바라봤던 리더 레플리카와 다를 수 있지만, 일반적으로 개념은 유사하다.

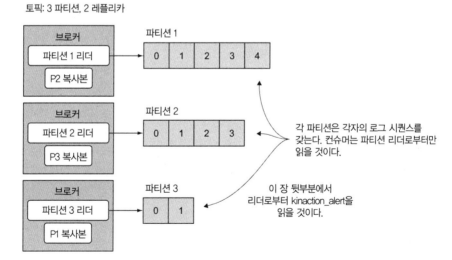

그림 5.3 파티션 리더

또한 파티션에 대해 이야기할 때 파티션 간에 오프셋 번호가 같아도 괜찮다. 메시지를 구분하는 기능에는 오프셋뿐만 아니라 토픽 내에서 어떤 파티션을 처리하고 있는지에 대한 세부 정보가 포함돼야 한다.

참고로 네트워크 대기 시간 문제(예를 들어, 데이터 센터에 걸쳐 확장되는 클러스터) 등으로 인해 메시지를 팔로워 레플리카에서 가져오는 KIP-392 기능을 2.4.0 버전에서 도입했다[7]. 처음 클러스터를 시작할 때에는 기본 동작으로 시작하고, 실제 영향이 있는 필요한 곳에서만 이 기능을 활용하는 것이 좋다. 다른 물리적 사이트에 클러스터가 없는 경우 현재로서는 이 기능이 필요하지 않을 수 있다.

파티션은 메시지를 처리하는 방법에 있어 중요한 역할을 한다. 토픽은 컨슈머가 관심을 갖는 것에 대한 논리적 이름이며 할당된 파티션의 리더 레플리카에서 읽는다. 그러나 컨슈머는 연결할 파티션을 어떻게 알 수 있을까? 그리고 어떤 파티션이 아니라 해당 파티션에 대한 리더가 어디에 있는지 어떻게 알 수 있을까? 각 컨슈머 그룹에 대해 특정 브로커가 그룹 코디네이터 역할을 수행한다[8]. 컨슈머 클라이언트는 메시지를 읽기 위해 필요한 다른 세부 정보와 함께 파티션 할당 정보를 얻기 위해 이 코디네이터와 대화한다.

메시지 소비에는 파티션의 수도 영향을 미친다. 파티션보다 컨슈머가 많으면 일부 컨슈머는 작업을 수행하지 않는다. 예를 들어, 4개의 컨슈머와 3개의 파티션만 있다고 하자. 왜 문제가 안 될까? 어떤 경우에는 컨슈머가 예기치 않게 실패한 경우에도 비슷한 비율의 소비가 발생하도록 해야 할 수 있다. **그룹 코디네이터**group coordinator는 그룹 시작 초기에 어떤 컨슈머가 어떤 파티션을 읽을지 지정하는 것뿐만 아니라 컨슈머가 추가되거나 실패하여 그룹을 종료할 때도 컨슈머를 할당한다[8]. 그리고 컨슈머보다 파티션이 더 많은 경우 필요에 따라 하나의 컨슈머가 둘 이상의 파티션을 처리한다.

그림 5.4는 구독한 토픽의 파티션 리더 레플리카 3개가 브로커 각각에 하나씩 균등하게 분산되어 있는 브로커의 모든 데이터를 4개의 컨슈머가 읽는 방법에 대한 일반적인 사례를 보여준다. 이 그림에서 데이터는 거의 같은 크기이지만, 그렇다고 항상 같은 것은 아니다. 파티션 리더 레플리카 1개는 컨슈머 1개가 처리하기 때문에 컨슈머 1개는 작업 없이 준비ready 상태다.

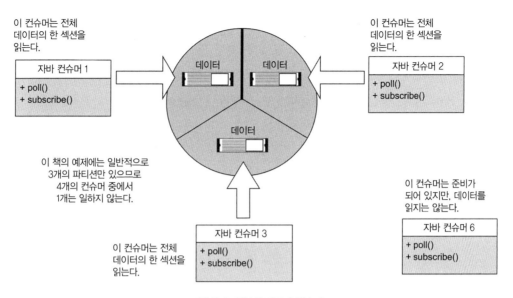

이 컨슈머는 전체 데이터의 한 섹션을 읽는다.

자바 컨슈머 1
+ poll()
+ subscribe()

이 컨슈머는 전체 데이터의 한 섹션을 읽는다.

자바 컨슈머 2
+ poll()
+ subscribe()

데이터

데이터

데이터

이 책의 예제에는 일반적으로 3개의 파티션만 있으므로 4개의 컨슈머 중에서 1개는 일하지 않는다.

이 컨슈머는 준비가 되어 있지만, 데이터를 읽지는 않는다.

자바 컨슈머 6
+ poll()
+ subscribe()

이 컨슈머는 전체 데이터의 한 섹션을 읽는다.

자바 컨슈머 3
+ poll()
+ subscribe()

그림 5.4 여분의 카프카 컨슈머

파티션 수가 컨슈머의 동시 처리량을 결정하기 때문에 500개의 파티션처럼 왜 항상 많은 파티션 수를 선택하지 않는지 그 이유를 묻는 사람들이 있다. 더 높은 처리량을 추구하는 것은 물론 공짜가 아니다[9]. 이것이 바로 데이터 흐름의 형태에 가장 잘 맞는 것을 선택해야 하는 이유다.

한 가지 주요 고려사항은 많은 파티션이 종단 간 대기 시간을 증가시킬 수 있다는 것이다. 애플리케이션의 대기 시간을 밀리초 수준까지 고려해야 한다면, 브로커 간에 파티션이 복제될 때까지 기다리는 것이 가능하지 않을 수 있다[9]. 이는 동기화된 레플리카를 갖는 데 있어 핵심이며, 컨슈머에게 메시지를 전달하기 전에 동기화가 완료된다. 컨슈머 메모리 사용량도 관찰해야 한다. 컨슈머에 대한 파티션이 1:1 매핑이 아닌 경우 더 많은 파티션이 할당됨에 따라 각 컨슈머의 메모리 요구가 증가할 수 있다[9].

카프카에 대한 이전 문서를 살펴본다면 아파치 주키퍼에 대한 컨슈머 클라이언트 구성을 알 수 있다. 오래된 컨슈머 클라이언트를 사용하지 않는 한 카프카는 컨슈머가 주키퍼에 직접 의존하도록 하지 않는다. 컨슈머는 주키퍼를 사용해 어떤 지점까지 소비한 오프셋을 저장했지만, 이제 오프셋은 카프카 내부 토픽 안에 저장된다[10]. 참고로 컨슈머 클라이언트는 이러한 위치(주키퍼 또는 카프카 내부 토픽)에 오프셋을 저장하지 않아도 되지만, 일반적으로 오프셋 관리를 위해 이러한 위치 중 하나를 사용한다. 즉, 자신만의 오프셋 스토리지를 관리하고 싶다면 할 수는 있다! 로컬 파일, AWS 같은 공급자가 있는 클라우드 스토리지 또는 데이터베이스에 저장할 수도 있다. 주키퍼 저장소에서 벗어나는 이점 중 하나는 주키퍼에 대한 클라이언트의 의존성을 줄이는 것이다.

5.2 컨슈머가 상호 작용하는 방식

컨슈머 그룹 개념이 가장 중요한 이유는 무엇일까? 아마도 그룹에 컨슈머를 추가하거나 그룹에서 제거함으로써 처리 규모에 영향을 주기 때문일 것이다. 동일한 그룹의 일부가 아닌 컨슈머는 오프셋에 대한 동일한 코디네이션을 공유하지 않는다.

리스트 5.3은 kinaction_team0group이라는 그룹의 예를 보여준다. 그 대신 새 group.id(예를 들어, 임의의 GUID)를 구성하면, 그룹에 오프셋 저장 없이 그리고 다른 컨슈머 없이 그저 새 컨슈머를 시작한다[11]. 컨슈머가 기존 그룹(또는 오프셋이 이미 저장된 그룹)에 조인하면, 컨슈머가 다른 컨슈머와 작업을 공유하거나 이전 실행에서 읽기를 중단한 부분부터 다시 시작할 수 있다[1].

리스트 5.3 컨슈머 그룹에 대한 컨슈머 구성

```
Properties kaProperties = new Properties();
kaProperties.put("group.id", "kinaction_team0group");
```
group.id는 다른 컨슈머와의 컨슈머 행동을 결정한다.

많은 컨슈머가 동일한 토픽에 대해 읽는 경우가 종종 있다. 새 그룹 ID가 필요한지 여부를 결정하는 데 있어 중요한 세부 사항은 컨슈머가 하나의 애플리케이션의 일부로 작업하는지 아니면 별도의 논리 흐름으로 작업하는지다. 이것이 왜 중요할까?

인사 시스템human resource system에서 가져온 데이터에 대한 두 가지 사용 사례를 생각해 보자. 한 팀은 특정 주state의 고용 수에 대해 궁금해하고 다른 팀은 인터뷰를 위한 여행 예산에 미치는 영향에 대한 데이터에 더 관심이 있다. 첫 번째 팀에 있는 누군가가 다른 팀이 하는 일에 신경을 쓰겠는가? 아니면 어느 한 팀이 일부 메시지만 소비하기를 원하겠는가? 그렇지 않을 가능성이 높다! 어떻게 이를 분리할 수 있을까? 대답은 각 애플리케이션에 별도로 group.id를 할당하는 것이다. 다른 컨슈머와 동일한 group.id를 사용하는 각 컨슈머는 해당 토픽의 파티션과 오프셋을 하나의 논리적 애플리케이션으로 소비하기 위해 함께 작업하는 것으로 간주한다.

5.3 추적

지금까지의 사용 패턴을 살펴보면 각 클라이언트가 읽은 내용을 기록하는 방법에 대해 그다지 많이 이야기하지는 않았다. 다른 시스템에서 일부 메시지 브로커가 메시지를 처리하는 방법에 대해 간단히 이야기해 보려고 한다. 일부 시스템에서는 컨슈머가 읽은 내용을 기록하지 않는다. 메시지를 가져온 다음 수신확인한 후에는 그 메시지는 대기열에서 사라진다. 이는 정확히 하나의 애플리케이션이 처리해야 하는 단일 메시지에 적합하다. 일부 시스템은 구독자인 모든 사람에게 메시지를 게시하기 위해 토픽을 사용한다. 그리고 미래의 구독자는 이벤트가 발생했을 때 수신자 목록에 적극적으로 참여하지 않았기 때문에 이 메시지를 완전히 놓치게 된다.

그림 5.5는 흔히 사용 후 메시지가 제거되는 방식을 포함하는, 카프카가 아닌 메시지 브로커의 시나리오를 보여준다. 메시지가 원래 소스에서 온 다음 다른 대기열로 복제될 수 있는 두 번째 패턴도 보여준다. 둘 이상의 컨슈머를 사용할 수 없으면서 메시지를 소비하는 시스템에서는 별도의 애플리케이션이 각각 복사본을 얻을 수 있도록 이러한 접근 방식이 필요하다.

이벤트가 인기 있는 정보 소스가 되면서 사본 수가 증가한다고 상상해 볼 수 있다. 큐의 전체 복사본(복제 또는 장애 조치용 복사본이 아닌)을 갖지 않으면서도 카프카는 동일한 파티션 리더 레플리카로 여러 애플리케이션에게 이벤트를 제공할 수 있다.

첫 번째 장에서 언급했듯이 카프카는 컨슈머를 1개로 제한하지도 않는다. 토픽에 대한 메시지가 처음 생산될 때 이를 소비하는 애플리케이션이 존재하지 않더라도 카프카가 로그에 메시지를 유지하는 한 데이터를 계속 처리할 수 있다. 메시지는 다른

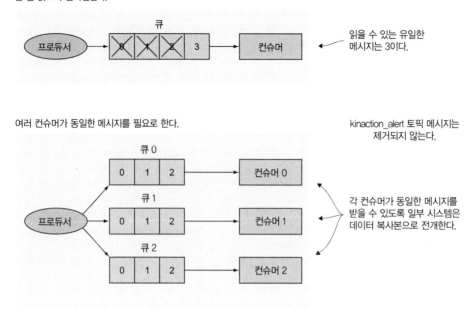

그림 5.5 다른 브로커 시나리오

메시지가 컨슈머나 한 번의 배달로 제거되지 않기 때문에 컨슈머 클라이언트는 토픽에서 읽은 위치를 기록할 방법이 필요하다. 또한 많은 애플리케이션이 동일한 토픽을 읽을 수 있으므로 오프셋과 파티션이 특정 컨슈머 그룹에만 속해야 한다. 다수의 컨슈머 클라이언트가 함께 작업할 수 있도록 만드는 핵심은 그룹, 토픽, 파티션 번호를 이용한 고유한 조합이다.

5.3.1 그룹 코디네이터

앞서 언급했듯이 그룹 코디네이터는 컨슈머 클라이언트와 협력하여 특정 그룹이 읽은 토픽 내부의 기록을 유지한다[8]. 토픽에 대한 파티션 좌표와 그룹 ID는 오프셋 값에 특정 값을 할당한다.

그림 5.6을 보면 토픽에서 다음 메시지를 읽을 위치를 결정하기 위해 오프셋 커밋을 좌표로 사용할 수 있음을 보여준다. 예를 들어, 그림에서 호출된 kinaction_

teamoffka0 그룹의 일부이고 파티션 0이 할당된 컨슈머는 다음에 오프셋 3을 읽을
준비가 된다.

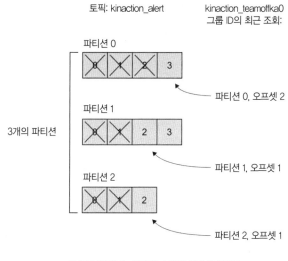

그림 5.6 코디네이트

그림 5.7은 동일한 파티션 집합이 3개의 각기 다른 브로커에 존재하며, `kinaction_teamoffka0`과 `kinaction_teamsetka1`이라는 2개의 컨슈머 그룹이 이러한 파티션에서 메시지를 소비하고 있는 상황을 보여준다. 각 그룹의 컨슈머는 각 브로커의 파티션에서 고유한 데이터 복사본을 가져온다. 그들은 같은 그룹의 일부가 아니면 함께 작동하지 않는다. 각 그룹이 메타데이터를 정확하게 관리하려면 올바른 그룹 구성원 자격이 중요하다.

일반적으로 컨슈머 그룹당 하나의 컨슈머만 하나의 파티션을 읽을 수 있다. 즉, 파티션은 많은 컨슈머가 읽을 수는 있지만 한 번에 각 그룹의 한 컨슈머만 읽을 수 있다. 그림 5.8은 한 컨슈머가 2개의 파티션 리더 레플리카를 읽을 수 있는 방법을 보여준다. 여기서 두 번째 컨슈머는 세 번째 파티션 리더의 데이터만 읽을 수 있다 [8]. 단일 파티션 레플리카는 동일한 컨슈머 그룹 ID를 가진 둘 이상의 컨슈머 간에 분할되거나 공유되지 않는다.

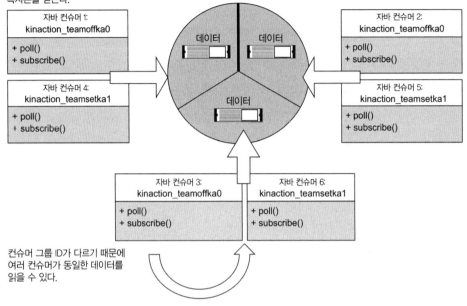

다른 그룹의 컨슈머는 서로를
무시하고 자신의 데이터
복사본을 얻는다.

컨슈머 그룹 ID가 다르기 때문에
여러 컨슈머가 동일한 데이터를
읽을 수 있다.

그림 5.7 독립된 그룹에서의 컨슈머[12]

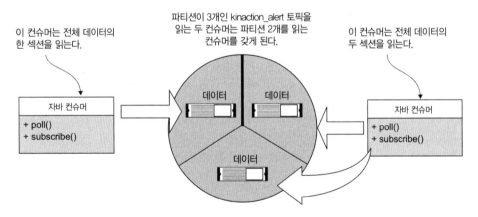

이 컨슈머는 전체 데이터의
한 섹션을 읽는다.

파티션이 3개인 kinaction_alert 토픽을
읽는 두 컨슈머는 파티션 2개를 읽는
컨슈머를 갖게 된다.

이 컨슈머는 전체 데이터의
두 섹션을 읽는다.

그림 5.8 어떤 그룹에서의 카프카 컨슈머

컨슈머가 컨슈머 그룹의 일부가 된다는 사실이 멋진 이유 중 하나가 바로 컨슈머가 실패할 때 읽고 있던 파티션이 재할당된다는 점이다[8]. 컨슈머 그룹에서 제외된 컨슈머가 읽던 파티션을 기존 컨슈머가 대신 읽는다.

표 5.1에 그룹 코디네이터에 대한 핑ping의 양을 결정하는 `heartbeat.interval.ms`가 있다[13]. 이 하트비트는 컨슈머가 코디네이터와 통신하여 여전히 적절한 시간 내에 응답하며 부지런히 작업하고 있음을 알리는 방식이다[8].

컨슈머 클라이언트가 일정 기간 동안 하트비트를 보내지 못한다는 것은 프로세스 종료로 컨슈머 클라이언트가 중지되거나 치명적인 예외로 인한 실패 같은 몇 가지 방식으로 발생할 수 있다. 클라이언트가 실행 중이 아니면 그룹 코디네이터에게 메시지를 다시 보낼 수 없다[8].

5.3.2 파티션 할당 전략

컨슈머가 파티션에 할당되는 방식을 알아야 한다. 이는 각 컨슈머가 처리 시 할당될 수 있는 파티션 수를 파악하는 데 도움이 되기 때문에 중요하다. `partition.assignment.strategy` 속성은 개별 컨슈머에 어떤 파티션이 할당되는지를 결정한다[14]. `Range`와 `RoundRobin`이 제공되며, `Sticky`와 `CooperativeSticky`도 제공된다[15].

레인지 할당자range assigner는 단일 토픽을 사용해 파티션 수(번호순)를 찾은 다음 컨슈머 수로 분할한다. 분할이 짝수가 아닌 경우 첫 번째 컨슈머(알파벳 순서 사용)는 남은 파티션을 가져온다[16]. 처리할 파티션에 컨슈머가 골고루 분산되어 있는지 확인해 보고, 일부 컨슈머 클라이언트가 리소스 대부분을 사용한다면 다른 할당 전략으로 전환하는 것을 고려하자. 그림 5.9는 3개의 클라이언트가 총 7개의 파티션 중 3개를 차지하여 마지막 클라이언트보다 더 많은 파티션을 차지했음을 보여준다.

라운드로빈 전략round-robin strategy은 파티션이 컨슈머 밑으로 균일하게 분산되는 방식이다[1]. 그림 5.9는 '카프카 파티션 할당 전략에서 배운 것What I have learned from Kafka partition assignment strategy'이라는 제목의 기사에서 수정한 그림으로, 동일한 컨슈머 그룹에 속해 있고 7개 파티션으로 구성된 1개의 토픽에 대해 라운드로빈 방식으로 할

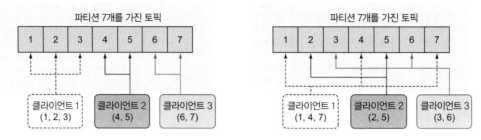

그림 5.9 파티션 할당

당된 3개의 클라이언트 예를 보여준다[17]. 첫 번째 컨슈머는 첫 번째 파티션을, 두 번째 컨슈머는 두 번째 파티션을 가져오는 식으로 파티션이 모두 소진될 때까지 계속된다.

스티키 전략sticky strategy은 버전 0.11.0에 추가됐다[18]. 하지만 대부분의 예제에서 내부적으로 레인지 할당자를 사용할 것이고 이미 라운드로빈도 살펴봤기 때문에 Sticky와 CooperativeSticky까지 들어가지는 않을 것이다.

5.4 작업 위치 표시

애플리케이션이 토픽의 모든 메시지를 읽도록 해야 한다는 것은 고려해야 할 중요한 사항 중 하나다. 몇 개를 놓쳐도 괜찮은가? 아니면 각 메시지를 읽었음을 확인해야 하는가? 실제 결정은 요구사항과 트레이드오프로 결정된다. 각 메시지를 좀 더 안전하게 조회하기 위해 속도를 약간 희생해도 괜찮은가? 이러한 선택을 이번 절에서 설명한다.

한 가지 옵션은 enable.auto.commit을 true로 설정하는 것인데, 이는 컨슈머 클라이언트의 기본값이다[19]. 오프셋은 컨슈머 클라이언트가 대신 커밋해 준다. 이 옵션의 가장 좋은 점은 소비되는 오프셋을 커밋하기 위해 다른 호출을 할 필요가 없다는 것이다.

카프카 브로커는 컨슈머 클라이언트 오류로 인해 메시지가 수신확인되지 않은 경우 자동으로 메시지를 다시 보낸다. 그런데 이 행동으로 어떤 문제에 빠질 수 있을까? 예를 들어 별도의 스레드에서 최신 폴링으로 얻은 메시지를 처리하는 경우, 모든 작업이 실제로 완료되지 않더라도 자동 커밋 오프셋이 특정 오프셋을 이미 읽은 것으로 표시할 수 있다. 재시도해야 하는 처리 과정에서 메시지가 실패하면 어떻게 될까? 다음 폴링에서는 이미 소비된 것으로 커밋된 후 다음 오프셋 세트를 얻을 수 있다[8]. 컨슈머 로직에 의해 처리되지 않았음에도 불구하고 소비된 것으로 된 이러한 메시지를 쉽게 잃을 수 있다.

커밋하는 것을 보면 타이밍이 완벽하지 않을 수 있음을 주목하자. 커밋에 대한 특정 오프셋을 기록하는 메타데이터를 사용해 컨슈머에서 직접 커밋 메서드를 호출하지 않으면 폴링이나 만료된 타이머 또는 자체 스레드 로직에 따라 일부 정의되지 않은 동작이 있을 수 있다. 레코드를 처리할 때 특정 시간이나 특정 오프셋에 레코드를 커밋해야 하는 경우 오프셋 메타데이터를 커밋 메서드로 보내야 한다.

enable.auto.commit을 false로 설정하여 코드로 커밋하는 방법을 이야기하며 이 주제를 더 살펴보자. 이 방법을 사용하면 애플리케이션이 실제로 메시지를 사용하고 커밋할 때 대부분의 관리를 직접 수행할 수 있다. 이 패턴으로 최소 한 번 배달 보장을 달성할 수 있다.

하둡에서 메시지로 인해 특정 위치의 파일이 생성되는 예에 대해 이야기해 보자. 메시지를 받으면 오프셋 999에서 메시지를 폴링한다. 처리하는 동안 오류로 인해 컨슈머가 중지된다. 코드는 실제로 오프셋 999를 커밋하지 않았으므로 다음에 동일한 그룹의 컨슈머가 해당 파티션에서 읽기를 시작할 때 오프셋 999에서 메시지를 다시 가져온다. 메시지를 두 번 수신함으로써 클라이언트는 메시지를 놓치지 않고 작업을 완료할 수 있었다. 반면에, 메시지를 두 번 받았다! 어떤 이유로 처리가 실제로는 작동했고 성공적인 쓰기가 됐다면 코드에서 중복 문제를 해결해야 한다.

이제 오프셋을 제어하는 데 사용할 몇 가지 코드를 살펴보자. 이전에 메시지를 보낼 때 프로듀서에게 했던 것처럼, 동기와 비동기 방식으로 오프셋을 커밋할 수도 있다. 리스트 5.4는 동기 커밋을 보여준다. commitSync에 대한 해당 목록을 보면 성공 또는 실패가 발생할 때까지 코드의 다른 진행을 차단하는 방식으로 커밋이 발생한다는 점에 유의해야 한다[20].

```
    consumer.commitSync();
#// 여기에 있는 어떠한 코드도 이전 라인이 종료될 때까지 대기할 것이다.
```

commitSync는 성공
또는 실패를 기다린다.

프로듀서와 마찬가지로 콜백을 사용할 수도 있다. 리스트 5.5는 콜백으로 비동기 커밋을 생성하는 방법을 보여준다. 리스트 5.5는 람다 식으로 OffsetCommitCallback 인터페이스(onComplete 메소드)를 구현하는 콜백으로 비동기 커밋을 만드는 방법을 보여준다[21]. 이 인스턴스를 사용하면 코드가 다음 명령으로 넘어갈 때까지 기다리지 않더라도 성공 또는 실패 로그 메시지를 확인할 수 있다.

```
public static void commitOffset(long offset,
                                int partition,
                                String topic,
                                KafkaConsumer<String, String> consumer) {
    OffsetAndMetadata offsetMeta = new OffsetAndMetadata(++offset, "");

    Map<TopicPartition, OffsetAndMetadata> kaOffsetMap = new HashMap<>();
    kaOffsetMap.put(new TopicPartition(topic, partition), offsetMeta);

    consumer.commitAsync(kaOffsetMap, (map, e) -> {
      if (e != null) {
        for (TopicPartition key : map.keySet()) {
          log.info("kinaction_error: offset {}", map.get(key).offset());
        }
      } else {
        for (TopicPartition key : map.keySet()) {
          log.info("kinaction_info: offset {}", map.get(key).offset());
        }
      }
    });
}
```

OffsetCommitCallback
인스턴스를 생성하는 람다

4장을 되돌아보면, 이는 수신확인을 위한 콜백을 사용한 비동기 전송 방법과 유사하다. 커스텀 콜백을 구현하려면 OffsetCommitCallback 인터페이스를 사용해야 한다. 필요에 따라 예외 또는 성공을 처리하도록 onComplete 메서드를 정의할 수 있다.

동기 또는 비동기 커밋 패턴을 선택하려는 이유는 무엇일까? 블로킹 호출blocking call을 기다리면 대기 시간이 더 길어진다. 데이터 일관성에 대한 요구사항이 포함되는 경우 이 시간 요소는 지연할 가치가 있을 수 있다[21]. 이러한 결정은 로직으로 처리된 메시지를 카프카에게 알리는 데 필요한 제어의 양을 결정하는 데 도움이 된다.

5.5 컴팩션된 토픽에서 읽기

컨슈머는 컴팩션된 토픽compacted topic을 읽고 있다는 사실을 인지해야 한다. 카프카는 백그라운드 프로세스에서 파티션 로그를 컴팩션하고, 마지막 키를 제외하고 동일한 키를 가진 레코드가 제거될 수 있다. 이러한 토픽이 작동하는 방식은 7장에서 더 자세히 설명하겠지만, 간단히 말해 동일한 키값을 가진 레코드는 업데이트해야 한다. 메시지 기록이 필요하지 않고 마지막 값만 필요한 경우 끝에 레코드만 추가하는 변경 불가능한 로그immutable log에서 이 개념이 어떻게 작동하는지 궁금할 것이다. 컨슈머에게 오류를 일으킬 수 있는 가장 큰 '문제'는 컴팩션된 토픽에서 레코드를 읽을 때 컨슈머가 여전히 단일 키에 대해 여러 항목을 얻을 수 있다는 점이다[22]! 이 것이 어떻게 가능할까? 컴팩션은 디스크에 있는 로그 파일에서 실행되기 때문에 클린업 동안 메모리에 있는 메시지를 보지 못할 수 있다.

클라이언트는 같은 키에 둘 이상의 값이 있는 이 경우를 처리해야 한다. 중복 키를 처리하고 필요한 경우 마지막 값을 제외한 모든 값을 무시하는 로직이 있어야 한다. 컴팩션된 토픽에 대한 관심을 불러일으키기 위해 말하자면, 카프카는 컨슈머 오프셋과 관련된 __consumer_offsets라는 자체 컴팩션된 내부 토픽을 사용한다[23]. 컨슈머 그룹, 파티션 및 토픽의 특정 조합에 대해 최신 오프셋이 사용되므로 최신 값만 필요하기 때문에 컴팩션이 의미가 있다.

5.6 우리 공장의 요구사항에 대한 코드 검색

컨슈머가 어떻게 작업하는지에 대해 수집한 정보를 사용해 3장에서 전자 자전거 공장에서 카프카와 함께 사용하도록 설계된 자체 솔루션을 컨슈머 클라이언트 관점에서 시작할 수 있는지 알아보자. 3장에서 언급했듯이 운영자가 센서에 대한 명령을 완료할 때 감사 메시지가 손실되지 않도록 하고 싶다. 먼저 오프셋을 읽을 때 사용할 수 있는 옵션을 살펴보자.

5.6.1 읽기 옵션

카프카의 키에 의한 메시지 조회 옵션은 없지만, 특정 오프셋을 찾는 것은 가능하다. 메시지 로그가 인덱스가 있는 각 메시지와 함께 계속 증가하는 배열이라고 생각하면 처음부터 시작하기, 마지막으로 이동하기 또는 특정 시간을 기반으로 오프셋 찾기를 포함하여 몇 가지 옵션이 있다. 이러한 옵션을 살펴보자.

우리가 직면할 수 있는 한 가지 문제는 이미 읽었더라도 토픽의 시작 부분부터 읽고 싶다는 것이다. 로직 오류, 전체 로그의 리플레이, 카프카를 시작한 후 데이터 파이프라인의 오류 등이 그 이유가 될 수 있다. 이 동작을 위해 설정해야 하는 중요한 구성은 `auto.offset.reset`을 `earliest`로 설정하는 것이다[24].[3] 사용 가능한 또 다른 기술은 동일한 로직을 실행하지만 다른 컨슈머 그룹 ID를 사용하는 것이다. 실제로 이는 카프카가 내부적으로 사용하는 커밋 오프셋 토픽에 새 컨슈머 그룹에 대한 데이터가 없어서 오프셋값을 찾을 수 없기 때문에 발견된 첫 번째 인덱스에서 시작할 수 있음을 의미한다.

리스트 5.6은 특정 오프셋으로 탐색하기 위해 `auto.offset.reset` 속성을 "earliest"로 설정하는 예제다[24]. 컨슈머 그룹 ID를 임의의 UUID로 설정하면 컨슈머 그룹에 대한 오프셋 기록 없이 시작하는 데 도움이 된다.[4] 이는 해당 항목의 모든 데이터에 대한 추세를 결정하기 위해 다른 코드 로직으로 `kinaction_alerttrend`를 살펴보는 데 사용할 수 있는 오프셋 재설정 유형이다.

리스트 5.6 earliest 오프셋

```
Properties kaProperties = new Properties();          카프카에 저장된
kaProperties.put("group.id",                         오프셋이 없는 그룹
            UUID.randomUUID().toString());   ◁────   ID를 생성한다.
kaProperties.put("auto.offset.reset", "earliest");   ◁──  로그에 보관된 가장 초기의
                                                          오프셋을 사용한다.
```

---

3 컨슈머 구성에 `auto.offset.reset` 속성을 추가한다고 하더라도 컨슈머 그룹 오프셋 정보가 없거나 컨슈머 그룹이 없는 경우에만 초깃값으로 이 속성이 사용될 뿐이다. 이미 사용 중인 컨슈머 그룹에는 이 값이 적용되지 않는다. – 옮긴이

4 프로덕션 환경에서는 컨슈머 그룹 ID를 사용해 추적해야 할 경우가 많기 때문에, 컨슈머 그룹 ID를 의미 없는 문자열로 구성하기보다는 쉽게 이해할 수 있도록 작성하는 게 좋다. 이 예제처럼 랜덤화가 필요하다면 접두어를 덧붙여 구분이 쉽도록 하는 게 좋다. – 옮긴이

컨슈머가 시작할 때 과거 메시지를 제외하고 로직을 시작하고 싶을 때가 종종 있다[24]. 토픽에 있는 데이터가 이미 너무 오래되어 비즈니스 가치가 없을 수 있다. 리스트 5.7은 최신 오프셋으로 시작하는 이 동작을 얻기 위해 설정할 속성을 보여준다. 이전 컨슈머 오프셋을 찾지 않고 카프카가 구독에 대해 갖고 있는 최신 오프셋을 기본값으로 사용하려는 경우 테스트를 제외하고는 UUID를 사용할 필요가 없다. kinaction_alert 토픽에 들어오는 새 얼럿에만 관심이 있는 경우 이는 컨슈머가 해당 얼럿만 볼 수 있는 방법일 수 있다.

리스트 5.7 latest 오프셋

```
Properties kaProperties = new Properties();          카프카에 저장된
kaProperties.put("group.id",                         오프셋이 없는 그룹
                UUID.randomUUID().toString());   ◁── ID를 생성한다.
kaProperties.put("auto.offset.reset", "latest");  ◁── 최신 레코드
                                                      오프셋을 사용한다.
```

까다로운 오프셋 검색 방법 중 하나는 offsetsForTimes이다. 이 방법을 사용하면 주어진 토픽과 파티션에 대한 오프셋과 타임스탬프 맵을 다시 가져오기 위해 토픽 및 파티션 맵과 각각에 대한 타임스탬프를 보낼 수 있다[25]. 이는 논리적 오프셋을 알 수 없지만 타임스탬프를 알고 있는 상황에서 유용할 수 있다. 예를 들어, 기록된 이벤트와 관련된 예외가 발생한 경우 컨슈머를 사용해 특정 타임스탬프 부근에 처리된 데이터를 확인할 수 있다. 시간별로 감사 이벤트를 찾으려는 시도는 kinaction_audit 토픽에서 발생한 명령을 찾는 데 사용될 수도 있다.

리스트 5.8에서 볼 수 있듯이 각각을 타임스탬프에 매핑할 때 토픽이나 파티션별로 오프셋과 타임스탬프를 검색할 수 있다. offsetsForTimes 호출로부터 메타데이터 맵이 반환된 후 각 키에 대한 오프셋을 검색하여 관심 있는 오프셋을 직접 찾을 수 있다.

리스트 5.8 타임스탬프로 오프셋 찾기

```
...
Map<TopicPartition, OffsetAndTimestamp> kaOffsetMap =
consumer.offsetsForTimes(timeStampMapper);       ◁── timeStampMapper보다 크거나
...                                                   같은 첫 번째 오프셋을 찾는다.
// 위에서 받은 맵을 사용하면 된다.
```

```
consumer.seek(partitionOne,
  kaOffsetMap.get(partitionOne).offset());
```

◁── kaOffsetMap에 제공된
    첫 번째 오프셋을 찾는다.

한 가지 알아야 할 점은 반환된 오프셋이 기준을 충족하는 타임스탬프가 있는 첫 번째 메시지라는 것이다. 그러나 프로듀서가 실패에 대한 메시지를 다시 전송하거나 타임스탬프가 추가되는 시점(아마도 컨슈머에 의해)의 변동으로 인해 시간이 순서가 맞지 않게 나타날 수도 있다.

카프카는 컨슈머 Javadoc에서 참조할 수 있는 오프셋을 찾는 또 다른 기능도 제공한다[26]. 이러한 모든 옵션을 사용해 사용 사례에 적용하는 방법을 살펴보자.

5.6.2 요구사항

감사 예시audit example에 대한 한 가지 요구사항은 개별 이벤트에서 이벤트를 상호 연관시킬(또는 그룹화할) 필요가 없다는 것이다. 이는 순서에 대한 우려가 없거나 특정 파티션에서 읽을 필요가 없음을 의미한다. 파티션을 읽는 모든 컨슈머는 양호한 상태여야 한다. 또 다른 요구사항은 메시지를 잃지 않는 것이다. 각 감사 이벤트에 대해 로직이 실행되도록 하는 안전한 방법은 소비된 직후 레코드별 오프셋을 구체적으로 커밋하는 것이다. 코드의 일부로 커밋을 제어하기 위해 enable.auto.commit을 false로 설정할 수 있다.

리스트 5.9는 감사 기능에 대해 각 레코드가 처리된 후 동기 커밋을 활용하는 예를 보여준다. 방금 소비된 오프셋의 토픽 및 파티션과 관련하여 소비할 다음 오프셋의 세부 정보는 레코드를 통해 각 루프의 일부로 전송된다. 현재 오프셋에 1을 추가하는 것이 이상하게 보일 수 있는데, 주의해야 할 한 가지 '문제'는 브로커에게 전송되는 오프셋이 미래 인덱스가 돼야 한다는 점이다. commitSync 메서드가 호출되고 방금 처리된 레코드의 오프셋이 포함된 오프셋 맵이 전달됐다[20].

리스트 5.9 감사 컨슈머 로직

```
. . .
kaProperties.put("enable.auto.commit", "false");
```

◁── autocommit을
    false로 지정한다.

```
try (KafkaConsumer<String, String> consumer =
    new KafkaConsumer<>(kaProperties)) {

    consumer.subscribe(List.of("kinaction_audit"));

    while (keepConsuming) {
      var records = consumer.poll(Duration.ofMillis(250));
      for (ConsumerRecord<String, String> record : records) {
        // 감사 레코드 처리 ...
        OffsetAndMetadata offsetMeta =
          new OffsetAndMetadata(++record.offset(), "");

        Map<TopicPartition, OffsetAndMetadata> kaOffsetMap =
          new HashMap<>();
        kaOffsetMap.put(
          new TopicPartition("kinaction_audit",
                             record.partition()), offsetMeta);

        consumer.commitSync(kaOffsetMap);
      }
    }
  }
...
```

현재 오프셋에 레코드를 추가하면 다음에 읽을 오프셋이 결정된다.

토픽과 파티션 키가 특정 오프셋과 연관되게 한다.

이 오프셋을 커밋한다.

전기 자전거 공장 설계의 또 다른 목표는 얼럿 상태를 캡처하고 시간 경과에 따른 얼럿 추세를 모니터링하는 것이었다. 레코드에 스테이지 ID$^{stage\ ID}$라는 키가 있음을 알고 있지만 한 번에 하나의 그룹을 소비하거나 순서에 대해 걱정할 필요가 없다. 리스트 5.10은 설정 방법을 보여준다. `key.deserializer` 속성은 컨슈머가 메시지를 생성할 때 카프카에 저장된 바이너리[5] 데이터를 처리하는 방법을 알 수 있도록 한다. 이 예에서 `AlertKeySerde`는 역직렬화할 키에 사용된다. 이 시나리오에서 메시지 손실은 큰 문제가 아니기 때문에 이 상황에서는 메시지 자동 커밋을 허용하는 것으로 충분하다.

리스트 5.10 얼럿 추세 컨슈머

```
...
kaProperties.put("enable.auto.commit", "true");
kaProperties.put("key.deserializer",
  AlertKeySerde.class.getName());
kaProperties.put("value.deserializer",
  "org.apache.kafka.common.serialization.StringDeserializer");
```

메시지 손실이 문제되지 않으므로 자동 커밋을 사용한다.

AlertKeySerde 키 역직렬 변환기

---

5 앞에서 설명했듯이 카프카에 저장되는 데이터는 바이트 배열 형태다. - 옮긴이

```
KafkaConsumer<Alert, String> consumer =
  new KafkaConsumer<Alert, String>(kaProperties);
consumer.subscribe(List.of("kinaction_alerttrend"));

while (true) {
    ConsumerRecords<Alert, String> records =
    consumer.poll(Duration.ofMillis(250));
    for (ConsumerRecord<Alert, String> record : records) {
        // ...
    }
}
...
```

또 다른 큰 요구사항은 운영자에게 중요한 이슈^{critical issue}를 알리기 위해 신속하게 얼럿을 처리하는 것이다. 4장의 프로듀서가 커스텀 `Partitioner`를 사용했기 때문에 중요한 이슈를 경고하기 위해 컨슈머를 동일한 파티션에 직접 할당할 것이다. 다른 얼럿의 경우에는 지연을 바라지 않기 때문에 커밋은 비동기 방식으로 각 오프셋에 대해 수행된다.

리스트 5.12는 커스텀 파티셔너 클래스 `AlertLevelPartitioner`가 사용될 때 얼럿을 생성하는 데 사용되는 특정 토픽과 파티션에 컨슈머를 할당하는 크리티컬 얼럿에 초점을 맞춘 컨슈머 클라이언트 로직을 보여준다. 이 경우 파티션은 0이고 토픽은 `kinaction_alert`이다.

`TopicPartition` 객체를 사용해 토픽에 대해 관심이 있는 특정 파티션을 카프카에게 알린다. `TopicPartition` 객체를 `assign` 메서드에 전달하면 컨슈머가 그룹 코디네이터 할당의 재량에 따르도록 허용하는 대신 직접 특정 파티션에 할당하는 방식을 사용할 수 있다[27].

리스트 5.11의 경우 컨슈머 폴링이 반환하는 각 레코드에 대해 콜백과 함께 비동기 커밋이 사용된다. 소비할 다음 오프셋의 커밋은 브로커에 전송되며, 요구사항에 따라 컨슈머가 다음 레코드를 처리하는 것을 차단해서는 안 된다. 다음 리스트의 옵션은 3장의 핵심 설계 요구사항을 충족하는 것 같다.

리스트 5.11 얼럿 컨슈머

```
kaProperties.put("enable.auto.commit", "false");

KafkaConsumer<Alert, String> consumer =
```

```
    new KafkaConsumer<Alert, String>(kaProperties);
TopicPartition partitionZero =
  new TopicPartition("kinaction_alert", 0);            중요한 메시지에 대해
                                                       TopicPartition을 사용한다.
consumer.assign(List.of(partitionZero));
                                                       컨슈머는 이 토픽을 구독하는
while (true) {                                          대신 이 파티션 자체를
    ConsumerRecords<Alert, String> records =           할당한다.
      consumer.poll(Duration.ofMillis(250));
    for (ConsumerRecord<Alert, String> record : records) {
        // ...
        commitOffset(record.offset(),
          record.partition(), topicName, consumer);    각 레코드는 비동기적
    }                                                  으로 커밋한다.
}

...
public static void commitOffset(long offset,int part, String topic,
  KafkaConsumer<Alert, String> consumer) {
    OffsetAndMetadata offsetMeta = new OffsetAndMetadata(++offset, "");

    Map<TopicPartition, OffsetAndMetadata> kaOffsetMap =
      new HashMap<TopicPartition, OffsetAndMetadata>();
    kaOffsetMap.put(new TopicPartition(topic, part), offsetMeta);

    OffsetCommitCallback callback = new OffsetCommitCallback() {
      ...
    };
    consumer.commitAsync(kaOffsetMap, callback);       비동기 커밋은
}                                                      kaOffsetMap과 콜백
                                                       인수를 사용한다.
```

카프카와의 상호 작용에 있어 컨슈머는 전반적으로 복잡한 부분이 될 수 있다. 일부 옵션은 속성 구성만으로 수행할 수 있지만, 그렇지 않은 경우에는 토픽, 파티션, 오프셋에 대한 지식을 사용해 필요한 데이터를 탐색할 수 있다.

요약

- 컨슈머 클라이언트는 개발자에게 카프카에서 데이터를 가져오는 방법을 제공한다. 프로듀서 클라이언트와 마찬가지로 컨슈머 클라이언트에는 커스텀 코딩을 사용하는 대신, 설정할 수 있는 많은 구성 옵션이 있다.

- 컨슈머 그룹을 사용하면 둘 이상의 클라이언트가 그룹으로 작업하여 레코드

를 처리할 수 있다. 이 그룹화를 통해 클라이언트는 데이터를 병렬로 처리할 수 있다.

- 오프셋은 브로커에 존재하는 커밋 로그의 레코드 위치를 나타낸다. 컨슈머는 오프셋을 사용해 데이터 읽기를 시작할 위치를 제어할 수 있다.

- 오프셋은 컨슈머가 이미 본 적이 있는 기존 오프셋이 될 수도 있으며, 레코드를 리플레이할 수도 있다.

- 컨슈머는 동기 또는 비동기 방식으로 데이터를 읽을 수 있다.

- 비동기 메서드를 사용한다면 데이터가 수신될 때 컨슈머는 콜백 코드에 실행할 로직을 사용할 수 있다.

참고문헌

[1] S. Kozlovski. "Apache Kafka Data Access Semantics: Consumers and Membership." Confluent blog (n.d.). https://www.confluent.io/blog/apache-kafka-data-access-semantics-consumers-and-membership (accessed August 20, 2021).

[2] "Consumer Configurations." Confluent documentation (n.d.). https://docs.confluent.io/platform/current/installation/configuration/consumer-configs.html (accessed June 19, 2019).

[3] N. Narkhede. "Apache Kafka Hits 1.1 Trillion Messages Per Day – Joins the 4 Comma Club." Confluent blog (September 1, 2015). https://www.confluent.io/blog/apache-kafka-hits-1-1-trillion-messages-per-day-joins-the-4-comma-club/ (accessed October 20, 2019).

[4] "Class KafkaConsumer⟨K,V⟩." Kafka 2.7.0 API. Apache Software Foundation (n.d.). https://kafka.apache.org/27/javadoc/org/apache/kafka/clients/consumer/KafkaConsumer.html#poll-java.time.Duration- (accessed August 24, 2021).

[5] "Class WakeupException." Kafka 2.7.0 API. Apache Software Foundation (n.d.). https://kafka.apache.org/27/javadoc/org/apache/kafka/common/errors/WakeupException.html (accessed June 22, 2020).

[6] "Documentation: Topics and Logs." Confluent documentation (n.d.). https://docs.confluent.io/5.5.1/kafka/introduction.html#topics-and-logs (accessed October 20, 2021).

[7] "KIP-392: Allow consumers to fetch from closest replica." Wiki for Apache Kafka. Apache Software Foundation (November 05, 2019). https://cwiki.apache.org/

confluence/display/KAFKA/KIP-392%3A+Allow+consumers+to+fetch+from+closest+replica (accessed December 10, 2019).

[8]   J. Gustafson. "Introducing the Kafka Consumer: Getting Started with the New Apache Kafka 0.9 Consumer Client." Confluent blog (January 21, 2016). https://www.confluent.io/blog/tutorial-getting-started-with-the-new-apache-kafka-0-9- consumer-client/ (accessed June 01, 2020).

[9]   J. Rao. "How to choose the number of topics/partitions in a Kafka cluster?" Confluent blog (March 12, 2015). https://www.confluent.io/blog/how-choose-number-topics-partitions-kafka-cluster/ (accessed May 19, 2019).

[10] "Committing and fetching consumer offsets in Kafka." Wiki for Apache Kafka. Apache Software Foundation (March 24, 2015). https://cwiki.apache.org/confluence/pages/viewpage.action?pageId=48202031 (accessed December 15, 2019).

[11] "Consumer Configurations: group.id." Confluent documentation (n.d.). https://docs.confluent.io/platform/current/installation/configuration/consumer-configs.html#consumerconfigs_group.id (accessed May 11, 2018).

[12] "Documentation: Consumers." Apache Software Foundation (n.d.). https://kafka.apache.org/23/documentation.html#intro_consumers (accessed December 11, 2019).

[13] "Consumer Configurations: heartbeat.interval.ms." Confluent documentation (n.d.). https://docs.confluent.io/platform/current/installation/configuration/consumer-configs.html#consumerconfigs_heartbeat.interval.ms (accessed May 11, 2018).

[14] "Consumer Configurations: partition.assignment.strategy." Confluent documentation (n.d.). https://docs.confluent.io/platform/current/installation/configuration/consumer-configs.html#consumerconfigs_partition.assignment.strategy (accessed December 22, 2020).

[15] S. Blee-Goldman. "From Eager to Smarter in Apache Kafka Consumer Rebalances." Confluent blog (n.d.). https://www.confluent.io/blog/cooperative-rebalancing-in-kafka-streams-consumer-ksqldb/ (accessed August 20, 2021).

[16] "RangeAssignor.java." Apache Kafka GitHub (n.d.). https://github.com/apache/kafka/blob/c9708387bb1dd1fd068d6d8cec2394098d5d6b9f/clients/src/main/java/org/apache/kafka/clients/consumer/RangeAssignor.java (accessed August 25, 2021).

[17] A. Li. "What I have learned from Kafka partition assignment strategy." Medium (December 1, 2017). https://medium.com/@anyili0928/what-i-have-learned-from-kafka-partition-assignment-strategy-799fdf15d3ab (accessed October 20, 2021).

[18] "Release Plan 0.11.0.0." Wiki for Apache Kafka. Apache Software Foundation (June 26, 2017). https://cwiki.apache.org/confluence/display/KAFKA/Release+Plan+0.11.0.0 (accessed December 14, 2019).

[19] "Consumer Configurations: enable.auto.commit." Confluent documentation (n.d.). https://docs.confluent.io/platform/current/installation/configuration/consumer-configs.html#consumerconfigs_enable.auto.commit (accessed May 11, 2018).

[20] SynchronousCommits. Confluentdocumentation(n. d.). https://docs.confluent.io/3.0.0/clients/consumer.html#synchronous-commits (accessed August 24, 2021).

[21] Asynchronous Commits. Confluent documentation (n. d.). https://docs.confluent.io/3.0.0/clients/consumer.html#asynchronous-commits (accessed August 24, 2021).

[22] Kafka Design. Confluent documentation (n. d.). https://docs.confluent.io/platform/current/kafka/design.html (accessed August 24, 2021).

[23] Kafka Consumers. Confluent documentation (n. d.). https://docs.confluent.io/3.0.0/clients/consumer.html (accessed August 24, 2021).

[24] "Consumer Configurations: auto.offset.reset." Confluent documentation (n. d.). https://docs.confluent.io/platform/current/installation/configuration/consumer-configs.html#consumerconfigs_auto.offset.reset (accessed May 11, 2018).

[25] offsetsForTimes. Kafka 2.7.0 API. Apache Software Foundation (n. d.). https://kafka.apache.org/27/javadoc/org/apache/kafka/clients/consumer/Consumer.html#offsetsForTimes-java.util.Map- (accessed June 22, 2020).

[26] seek. Kafka 2.7.0 API. Apache Software Foundation (n. d.). https://kafka.apache.org/27/javadoc/org/apache/kafka/clients/consumer/Consumer.html#seek-org.apache.kafka.common.TopicPartition-long- (accessed June 22, 2020).

[27] assign. Kafka 2.7.0 API. Apache Software Foundation (n. d.). https://kafka.apache.org/27/javadoc/org/apache/kafka/clients/consumer/KafkaConsumer.html#assign-java.util.Collection- (accessed August 24, 2021).

06

브로커

지금까지 외부 애플리케이션 및 프로세스와 상호 작용하는 애플리케이션 개발자의 관점에서 카프카를 다뤘다. 그러나 카프카는 그 자체로 주목할 가치가 있는 분산 시스템이다. 이 장에서는 카프카 브로커를 작동하게 하는 부분을 살펴보자.

6.1 브로커 소개

지금까지는 카프카의 클라이언트 측면에 초점을 뒀지만, 이제는 생태계의 또 다른 강력한 구성 요소인 브로커로 옮겨볼 것이다. 브로커는 다른 브로커와 협력하여 시스템의 핵심을 형성한다.

빅데이터 개념에 익숙하거나 이전에 하둡으로 작업해 본 적이 있는 사람들은 카프카를 알아가면서 **랙 어웨어니스**rack awareness(머신이 호스트되는 물리적 서버 랙을 인지하는 것)나 **파티션**partition 같은 친숙한 용어를 볼 수 있다. 카프카에는 파티션의 레플리카가 별도의 랙에 물리적으로 존재하도록 하는 랙 어웨어니스 기능이 있다[1]. 익숙한 데이터 용어를 사용하면 이전에 작업했던 것과 카프카가 우리에게 제공하는 것 사이에 새로운 유사성을 그려본다면 이해하기 쉬울 것이다. 자체 카프카 클러스터를 설정할 때는 또 다른 클러스터인 아파치 주키퍼를 알고 있어야 한다. 여기가 우리가 시작할 지점이다.

6.2 주키퍼의 역할

주키퍼ZooKeeper는 브로커 작동방식에 있어 핵심 파트이며 카프카를 실행하기 위한 요구사항이기도 하다. 주키퍼는 브로커보다 먼저 실행되고 존재해야 하므로 여기에서 논의를 시작할 것이다.

> **NOTE**
>
> 2장에서 언급했듯이 카프카 실행 요구사항을 단순화하기 위해 주키퍼를 자체 관리되는 쿼럼으로 교체하자는 제안이 있었다[2]. 이 작업은 이 책 발행 시점에 아직 완료되지 않았기 때문에 이 작업에서는 주키퍼에 대해 설명한다. 관리형 쿼럼의 얼리 액세스 릴리스는 2.8.0 버전에서 찾아보자.[1]

주키퍼는 리더를 선출하고 결정을 내리기 위해 최소한의 숫자가 필요하므로 이 클러스터는 브로커에게 정말 중요하다[3]. 주키퍼 자체는 카프카 클러스터의 토픽과 같은 정보를 보유한다[4]. 주키퍼는 할당assignment과 통지notification를 코디네이트

---

1 번역서 발간 시점에는 이미 정식 기능에 포함됐으며, 3.4 버전까지 릴리스됐다. — 옮긴이

하여 브로커를 돕는다[5].[2]

브로커와의 이러한 모든 상호 작용 때문에 브로커를 시작하기 전에 주키퍼를 먼저 실행해야 한다. 주키퍼 클러스터의 상태는 카프카 브로커의 상태에 영향을 미친다. 예를 들어, 주키퍼 인스턴스가 손상된 경우 토픽 메타데이터와 구성이 손실될 수 있다.

일반적으로 주키퍼 클러스터의 세부 정보(IP 주소와 포트)를 프로듀서와 컨슈머 애플리케이션에 노출할 필요가 없다.[3] 특정 레거시 프레임워크의 경우 클라이언트 애플리케이션이 주키퍼와 연결하는 수단을 요구할 수도 있다. 이에 대한 한 가지 예는 zkNodes 속성을 설정할 수 있는 스프링 클라우드 스트림Spring Cloud Stream 3.1.x 버전이다[6]. 기본값 localhost는 주키퍼 의존성을 피하기 위해 대부분의 경우 그대로 두어야 한다. zkNodes 속성은 더 이상 사용되지 않는 것으로 표시되지만, 유지 관리를 위해 이전 코드를 만날지 알 수 없으므로 계속 주시해야 한다. 주키퍼 주소가 현재 및 향후에 필요하지 않을 이유는 무엇일까? 카프카가 주키퍼를 항상 필요로 하는 것은 아니라는 사실 외에도 애플리케이션에서 불필요한 외부 의존성을 피하는 것 역시 중요하다. 또한 카프카와 클라이언트가 직접 통신할 수 있도록 방화벽을 사용하는 경우 노출할 포트가 더 적다는 장점도 있다.

카프카 설치의 bin 폴더에 있는 zookeeper-shell.sh 카프카 도구를 사용해, 클러스터의 주키퍼 호스트를 연결하고 어떤 데이터가 저장되어 있는지 볼 수 있다[7]. 카프카가 사용하는 경로를 찾는 한 가지 방법은 ZkData.scala 클래스를 보는 것이다[8]. 이 파일에서 예를 들어 /controller, /controller_epoch, /config, /brokers와 같은 경로를 찾을 수 있다. /brokers/topics 경로를 조회하면 생성된 토픽 목록이 표시된다. 이 시점에서 우리는 적어도 목록에서 kinaction_helloworld 토픽을 볼 수 있어야 한다.

---

2 할당은 파티션 할당과 리더십을 코디네이트하는 기능을, 통지는 브로커 상태를 관리하며 다른 브로커에게 상태를 전파하는 기능을 의미한다. - 옮긴이

3 오래된 카프카 클라이언트 버전에서는 주키퍼 주소가 필요했었다. 비교적 최근의 카프카 버전도 카프카 도구(CLI 도구)를 실행할 때는 주키퍼 주소를 요구하는 버전이 아직 남아 있으나 브로커 주소로의 대체가 활발하게 진행 중이다. - 옮긴이

> **NOTE**
>
> kafka-topics.sh 같은 카프카 도구를 사용해 토픽 목록을 조회하면 동일한 결과를 얻을 수 있다! 다음 리스트의 명령은 해당 데이터를 위해 각각 주키퍼와 카프카에 연결하지만, 서로 다른 명령 인터페이스를 사용해 연결한다. 출력에는 2장에서 만들었던 토픽 [kinaction_helloworld]가 포함돼야 한다.

리스트 6.1 토픽 목록

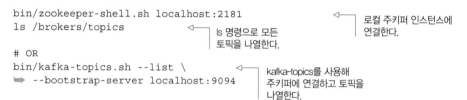

```
bin/zookeeper-shell.sh localhost:2181          로컬 주키퍼 인스턴스에
ls /brokers/topics                             연결한다.
                        ls 명령으로 모든
                        토픽을 나열한다.
# OR
bin/kafka-topics.sh --list \
➡ --bootstrap-server localhost:9094    kafka-topics를 사용해
                                       주키퍼에 연결하고 토픽을
                                       나열한다.
```

더 이상 카프카를 구동하기 위해 주키퍼를 필요로 하지 않을 시점이 오더라도 아직 마이그레이션되지 않은 클러스터로 작업을 해야 할 수 있으며, 꽤 오랫동안 문서나 참고 자료에서 주키퍼를 볼 수 있을 것이다. 카프카가 전반적으로 주키퍼에 의존하여 수행했던 작업과 이제는 카프카 클러스터 내부의 메타데이터 노드에서 수행되도록 전환되는 부분을 안다면 전체 시스템의 구성 요소를 이해하는 데 도움이 될 것이다.

카프카 브로커는 다른 브로커와 조율할 수 있을 뿐만 아니라 주키퍼와 대화할 수 있다. 개념 증명proof-of-concept을 위한 클러스터를 테스트하거나 작업할 때 브로커 노드가 하나만 있을 수도 있다. 그러나 프로덕션에는 거의 대부분 다수의 브로커가 있다.

지금은 일단 주키퍼를 제외하고, 그림 6.1은 브로커가 클러스터에 어떻게 존재하는지와 카프카의 데이터 로그가 어떻게 브로커에 존재하는지를 보여준다. 클라이언트는 카프카에서 정보를 가져오기 위해 브로커에서 쓰기와 읽기를 수행하며 브로커의 관심을 요구할 것이다[9].

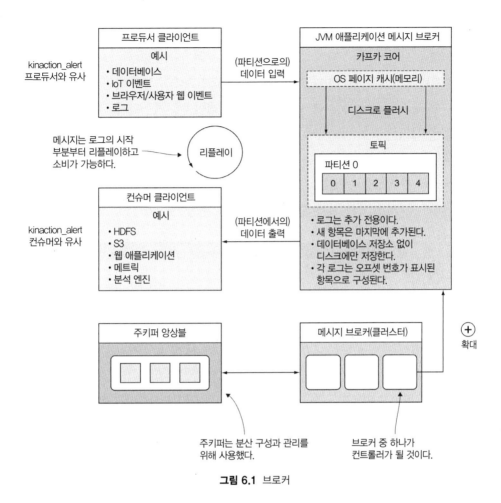

그림 6.1 브로커

6.3 브로커 수준의 옵션

구성configuration은 카프카 클라이언트, 토픽, 브로커 작동에 있어 중요한 부분이다. 부록 A에서 첫 브로커를 만들기 위한 설정 단계를 살펴본 경우, 여기에서 server. properties 파일을 수정한 다음 브로커 시작 셸 스크립트에 명령줄 인자로 전달했다. 이 파일은 브로커 인스턴스에 특정한 구성을 전달하는 일반적인 방법이다. 예를 들어, 이 파일에 있는 `log.dirs` 구성 속성은 항상 셋업setup에 적합한 로그 위치로 설정돼야 한다.

이 파일은 또한 리스너listener, 로그 위치, 로그 보존기간, 주키퍼, 그룹 코디네이터 설정과 관련된 구성도 처리한다[10]. 프로듀서 및 컨슈머 구성과 마찬가지로 웹사이트(http://mng.bz/p9p2)의 문서에서 'high' 중요도 레이블을 찾아보자.

다음 리스트는 데이터 복사본이 하나만 있고 해당 데이터가 있는 브로커가 다운될 때 발생하는 예를 보여준다. 이는 브로커 기본값을 그대로 사용하고 목적에 따라 바꾸지 않았을 때 발생할 수 있는 시나리오다. 이를 시작하기 위해 로컬 테스트 카프카 클러스터가 3개의 노드로 실행 중인지 확인하고 리스트 6.2와 같은 토픽을 만든다.

리스트 6.2 토픽 목록

```
bin/kafka-topics.sh --create \
  --bootstrap-server localhost:9094 \          단 하나의 파티션과 하나의
  --topic kinaction_one_replica                레플리카로 토픽을 생성한다.

bin/kafka-topics.sh --describe --bootstrap-server localhost:9094 \
  --topic kinaction_one_replica

Topic: one-replica   PartitionCount: 1   ReplicationFactor: 1    Configs:
    Topic: kinaction_one_replica  Partition: 0
Leader: 2   Replicas: 2   Isr: 2                 ID가 2인 브로커에 모든 데이터가
                                                 있는 kinaction_one_replica 토픽에
                                                 대해 describe 명령을 실행한다.
```

리스트 6.2에서 kinaction_one_replica 토픽을 생성create하고 설명describe하는 명령을 실행할 때, Partition, Leader, Replicas, Isr(동기화 상태 레플리카in-sync replicas) 필드에 단 1개의 값만 있음을 볼 수 있을 것이다. 즉, 이 토픽이 하나의 브로커에서만 운영되고 있음을 의미한다.

이 예에서 ID가 2인 브로커를 종료한 다음 해당 토픽에 대한 메시지를 사용하려고 하면 "1 partitions have leader brokers without a matching listener."와 같은 메시지가 표시된다. 토픽의 파티션에 대한 레플리카가 없기 때문에 해당 브로커를 복구하지 않고는 해당 토픽에 계속 메시지를 생산하거나 소비할 수 있는 방법이 없다. 이는 하나의 예일 뿐이지만 리스트 6.2와 같이 사용자가 토픽을 수동으로 만들 때 브

로커 구성이 가질 수 있는 중요성을 보여준다.[4]

정의해야 할 또 다른 중요한 구성 속성은 정상 작동 중 애플리케이션 로그와 오류의 위치를 설정하는 것이다. 다음을 살펴보자.

6.3.1 카프카의 다른 로그: 애플리케이션 로그

대부분의 애플리케이션과 마찬가지로 카프카는 애플리케이션 내부에서 진행 중인 작업을 알려주는 로그를 제공한다. 이어지는 논의에서는 **애플리케이션 로그**application log 라는 용어는 디버깅이든 감사든 애플리케이션 작업을 할 때 일반적으로 생각하는 로그를 말한다. 이러한 애플리케이션 로그는 카프카 기능 세트의 근간을 이루는 레코드 로그와는 무관하다.

이러한 애플리케이션 로그가 저장되는 위치도 레코드 로그[5]의 위치와는 완전히 다르다. 브로커를 시작하면 카프카 기본 설치 디렉터리 아래에 있는 logs/ 폴더에서 애플리케이션 로그 디렉터리를 찾을 수 있다. config/log4j.properties 파일에 있는 `kafka.logs.dir` 값을 편집하면 이 위치를 바꿀 수 있다[11].

6.3.2 서버 로그

많은 오류와 예기치 않은 동작은 시작 시 구성 문제로 거슬러 올라갈 수 있다. 서버 로그 파일인 server.log는 브로커를 종료하는 시작 오류 또는 예외가 있는지 확인하는 위치다. 어떤 문제가 있는지 로그를 먼저 확인하는 것이 가장 자연스러운 시작점일 것이다. `grep` 명령 등을 사용해 카프카 구성값을 찾아보며 카프카가 생산하는 로그에 익숙해지자.

이 파일이 들어 있는 디렉터리를 처음 볼 때 당황했다면, controller.log(브로커가 해당 역할에 있었던 경우) 같은 파일이나 이름이 같은 오래된 파일을 보게 되었을 가능성

---

4 의도적으로 단일 레플리카 파티션을 가진 토픽을 만드는 경우도 있지만, 기본 설정값에 주의를 기울이지 않고 토픽을 생성해서 브로커 재시작으로 인해 장애가 발생하거나 데이터 유실로 인한 복구가 불가능한 문제를 프로덕션에서도 가끔 발견하게 되므로 토픽을 만들 때 반드시 토픽 설정값에 유의해야 한다. - 옮긴이

5 정확하게 말하자면, 이후에 언급될 세그먼트 파일들을 의미한다. - 옮긴이

이 높다. 로그 로테이트나 압축에 사용할 수 있는 한 가지 도구가 `logrotate`(https://linux.die.net/man/8/logrotate)이긴 하지만, 오래된 서버 로그를 관리하는 데 사용할 수 있는 그 밖의 도구도 많이 있다.

이 로그와 관련하여 언급할 다른 사항은 로그가 각 브로커에 있다는 것이다. 기본적으로 한 곳으로 집계되지 않는다. 다양한 플랫폼이 우리를 대신하여 이런 작업을 수행하거나 Splunk(https://www.splunk.com/) 같은 도구를 사용해 수집할 수도 있다. 이는 브로커 인스턴스가 존재하지 않는 것처럼 보이는 클라우드 환경 같은 상황에서 로그를 분석하기 위해 로그를 수집해야 한다면 특히 중요하다.

6.3.3 상태 관리

2장에서 설명한 것처럼 각 파티션에는 리더 레플리카가 1개씩 있다. 리더 레플리카는 주어진 시간에 단일 브로커에 상주하게 된다. 브로커는 여러 파티션의 리더 레플리카를 호스팅할 수 있으며 클러스터의 모든 브로커는 리더 레플리카를 호스팅할 수 있다. 그러나 클러스터에서 하나의 브로커만 컨트롤러 역할을 수행한다. 컨트롤러의 역할은 클러스터를 관리하는 것이다[12]. 컨트롤러는 파티션 재할당 같은 관리 작업도 수행한다[13].

클러스터의 롤링 업그레이드, 한 번에 하나의 브로커 종료 및 재시작을 고려할 때는 컨트롤러를 마지막에 수행하는 것이 가장 좋다[14]. 그렇지 않으면, 컨트롤러를 여러 번 다시 시작하게 될 수 있다.

어떤 브로커가 현재 컨트롤러인지 파악하기 위해 리스트 6.3과 같이 zookeeper-shell 스크립트를 사용해 브로커 ID를 조회할 수 있다. 경로 /controller는 주키퍼에 있으며 목록에서 현재 값을 보기 위해 명령을 실행한다. 클러스터에 대해 해당 명령을 실행하면 ID가 0인 브로커가 컨트롤러로 표시됐다.

리스트 6.3 현재 컨트롤러 출력

```
bin/zookeeper-shell.sh localhost:2181          ◁── 주키퍼 인스턴스에
get /controller                                     연결한다.
```
◁── 컨트롤러 경로에 대해
get을 사용한다.

그림 6.2는 "brokerid":0 값을 포함하여 주키퍼의 모든 출력을 보여준다. 이 클러스터를 마이그레이션하거나 업그레이드하면 이 컨트롤러 역할 때문에 이 브로커를 마지막에 업그레이드해야 한다.

```
Connecting to localhost:2181
Welcome to ZooKeeper!
JLine support is disabled

WATCHER::

WatchedEvent state:SyncConnected type:None path:null
get /controller
{"version":1,"brokerid":0,"timestamp":"1540874053577"}
cZxid = 0x2f
ctime = Mon Oct 29 23:34:13 CDT 2018
mZxid = 0x2f
mtime = Mon Oct 29 23:34:13 CDT 2018
pZxid = 0x2f
cversion = 0
dataVersion = 0
aclVersion = 0
ephemeralOwner = 0x166c33ffa650000
dataLength = 54
numChildren = 0
```

그림 6.2 컨트롤러 출력 예시

이 경우 브로커 0에서 애플리케이션 로그 역할을 하는 controller.log라는 이름의 컨트롤러 로그 파일도 찾을 수 있다. 이 로그 파일은 브로커 작업 및 실패를 볼 때 중요할 수 있다.

6.4 파티션 리더 레플리카와 그 역할

빠르게 복습해 보면, 토픽은 파티션으로 구성되며 파티션은 내결함성을 위해 레플리카를 가질 수 있다. 파티션은 또한 카프카 브로커의 디스크에 기록된다. 파티션의 레플리카 중 하나가 리더 역할을 한다. 리더는 해당 파티션에 대한 외부 프로듀서 클라이언트의 쓰기 처리를 담당한다. 리더는 새로 쓰인 데이터가 있는 유일한 레플리카이기 때문에 팔로워 레플리카의 소스 데이터 역할도 한다[15]. ISR 목록은 리더에 의해 유지 관리되기 때문에, 어떤 레플리카가 최신 상태이고 모든 현재 메시지를 보았는지도 알고 있다. 팔로워 레플리카는 리더 파티션의 컨슈머 역할을 하며 메시지를 가져온다[15].

그림 6.3은 브로커 3이 리더이고 브로커 2와 브로커 1이 팔로워인 3-노드 클러스터를 보여주며, 이런 방식으로 생성됐을 kinaction_helloworld 토픽을 사용한다. 브로커 3은 파티션 2의 리더 레플리카를 보유한다. 리더로서 브로커 3은 외부 프로듀서와 컨슈머의 모든 읽기와 쓰기를 처리한다. 또한 브로커 2와 브로커 1이 새 메시지 사본을 가져오기 위해 수신되는 요청을 처리한다. ISR 목록 [3, 2, 1]에는 첫 번째 위치의 리더(3)와 리더의 메시지 사본을 최신 상태로 유지하는 나머지 팔로워(2, 1)가 포함된다.

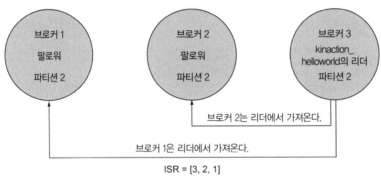

그림 6.3 리더

경우에 따라서는 실패한 브로커가 파티션의 리더 레플리카를 호스팅했을 수도 있다. 그림 6.4를 보면, 그림 6.3의 이전 예에서 오류가 발생했다. 브로커 3을 사용할 수 없기 때문에 새 리더가 선출된다. 그림 6.4는 새로운 리더 브로커 2를 보여준다. 한 번 팔로워로 지정된 레플리카는 해당 파티션에 대한 데이터를 계속 유지하고 수신하면서 카프카가 서비스를 제공할 수 있도록 리더 레플리카로 선택됐다. ISR 목록은 이제 브로커 2에서 호스팅되는 새 리더 레플리카를 반영하는 [2, 1]처럼 첫 번째 위치에 있다.

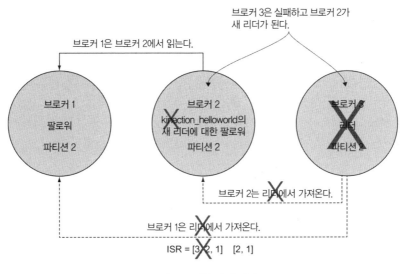

브로커 3은 실패하고 브로커 2가
새 리더가 된다.

브로커 1은 브로커 2에서 읽는다.

브로커 1
팔로워
파티션 2

브로커 2
kinaction_helloworld의
새 리더에 대한 팔로워
파티션 2

브로커 3
리더
파티션 2

브로커 2는 리더에서 가져온다.

브로커 1은 리더에서 가져온다.

ISR = [3, 2, 1]   [2, 1]

그림 6.4 선출된 새 리더

> **NOTE**
>
> 앞서 5장에서는 컨슈머 클라이언트가 가장 가까운 레플리카에서 가져올 수 있
> 도록 하는 KIP-392 카프카 개선 제안에 대해 논의했다[16]. 리더 레플리카가
> 아닌 선호하는 팔로워에서 읽는다는 것은 브로커가 물리적 데이터 센터에 걸
> 쳐 있는 경우 의미가 있을 수 있다. 그러나 이 책에서 리더와 팔로워에 대해 논
> 의할 때는 달리 명시하지 않는 한, 디폴트인 리더에 대한 읽기와 쓰기 동작에
> 만 중점을 둘 것이다.

동기화 상태 레플리카^{ISR}는 카프카를 진정으로 이해하기 위한 핵심 부분이다. 새
토픽의 경우 특정 수의 레플리카가 생성되어 초기 ISR 목록에 추가된다[17]. 이 번호
는 매개변수 또는 기본적으로 브로커 구성에서 가져올 수 있다.

카프카에서 주목해야 할 세부 사항 중 하나는 레플리카가 기본적으로 자체 복구되
지 않는다는 것이다. 파티션 사본 중 하나가 존재하는 브로커를 잃어버리면 카프카
는 새 사본을 생성하지 않는다. 일부 사용자는 블록이 손상되거나 실패한 것으로 표

시되는 경우 복제 번호(자가 복구)를 유지하는 HDFS와 같은 파일시스템에 익숙하기 때문에 이를 언급하게 된다. 우리 시스템의 상태를 모니터링할 때 살펴봐야 할 중요한 항목은 얼마나 많은 ISR이 실제로 우리가 원하는 수와 일치하는지다.

이 숫자를 보는 것이 왜 그렇게 중요할까? 이 값이 0에 도달하기 전에 얼마나 많은 사본이 있는지 알고 있는 것이 좋다! 하나의 파티션만 있는 토픽이 있고 해당 파티션이 세 번 복제된다고 가정해 보자. 최상의 시나리오에서는 리더 파티션 레플리카에 있는 네이터에 대해 2개의 데이터 사본을 갖게 된다. 이는 물론 팔로워 레플리카가 리더를 따라잡았다는 것을 의미한다. 하지만 또 다른 ISR을 잃으면 어떻게 될까?

레플리카가 리더에서 메시지를 복사하는 데 너무 뒤처지기 시작하면 ISR 목록에서 제거될 수 있다는 점에 유의해야 한다. 리더는 팔로워가 너무 오래 걸리면 팔로워 목록에서 삭제한다[17]. 그런 다음 리더는 계속해서 새로운 ISR 목록으로 작업한다. ISR 목록에 대한 이 '느림'의 결과는 브로커가 실패한 그림 6.4와 동일하다.

6.4.1 데이터 손실

ISR이 없고[6] 장애로 인해 리더 레플리카가 손실되면 어떻게 될까? `unclean.leader.election.enable` 값이 `true`이면, 컨트롤러는 레플리카가 최신이 아니더라도 시스템이 계속 실행되도록 파티션의 리더를 선택한다[15]. 이 방식의 문제점은 리더가 실패했을 때 살아 있는 레플리카 중 어느 것도 모든 데이터를 갖고 있지 않기 때문에 데이터가 손실될 수 있다는 점이다.

그림 6.5는 레플리카 3개가 있는 파티션의 데이터 손실을 보여준다. 이 경우 브로커 3과 2 모두 실패했으며 온라인 상태가 아니다. 언클린 리더 선출unclean leader election이 활성화됐기 때문에 브로커 1이 다른 브로커와 동기화되지 않았더라도 새로운 리더가 된다. 브로커 1은 메시지 3을 보지 못하므로 해당 데이터를 클라이언트에 제공할 수 없다. 이 옵션을 사용하면 손실된 데이터에 대한 비용을 감수하는 대신 클라이언트는 계속 서비스를 제공받을 수 있다.

---

6   ISR 상태의 레플리카가 0개인 상황을 의미한다. – 옮긴이

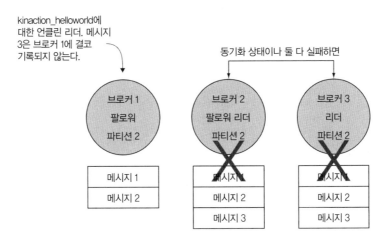

그림 6.5 언클린 리더 선출

6.5 카프카 엿보기

애플리케이션에서 데이터를 캡처하고 보는 데 사용할 수 있는 많은 도구가 있다. 다음에 컨플루언트 클라우드Confluent Cloud를 위해 사용할 수 있는 간단한 모니터링 스택을 설정하는 데 도움이 되는 도구의 예로 그라파나Grafana(https://grafana.com/)와 프로메테우스Prometheus(https://prometheus.io/)를 살펴볼 것이다[18].[7] 프로메테우스를 사용해 카프카의 메트릭 데이터를 추출하고 저장한다. 그런 다음 해당 데이터를 그라파나로 보내 유용한 그래픽 뷰를 생성한다. 다음의 도구를 모두 설정하는 이유를 완전히 이해하기 위해 구성 요소와 각 도구가 수행하는 작업을 빠르게 검토해 보자 (그림 6.6).

그림 6.6에서는 JMX를 사용해 카프카 애플리케이션 내부를 살펴본다. 카프카 익스포터Kafka exporter는 JMX 메트릭을 받아 프로메테우스 형식으로 내보낸다. 프로메테우스는 이 내보낸 데이터를 수집하여 메트릭 데이터로 저장한다. 그러면 다양한 도구가 프로메테우스에서 정보를 가져와 시각적 대시보드에 해당 정보를 표시할 수

---

7 Grafana Labs Marks는 Grafana Labs의 상표이며 Grafana Labs의 허가하에 사용된다. 우리는 Grafana Labs 또는 그 계열사와 제휴, 보증하거나 후원하지 않는다.

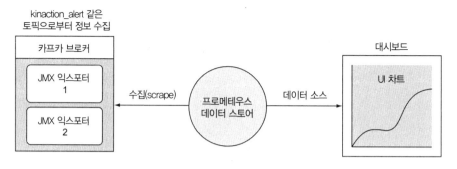

그림 6.6 그래프 흐름

있다.

이러한 모든 도구를 번들로 제공하는 많은 도커 이미지와 도커 컴포즈^{Docker} Compose 파일이 있다. 이 프로세스를 더 자세히 탐색하기 위해 각 도구를 로컬 시스템에 설치할 수도 있다.

카프카 익스포터는 뛰어난 선택사항이며, https://github.com/danielqsj/kafka_exporter에서 얻을 수 있다. 감시할 카프카 서버 1개 또는 목록만 주고 실행할 수 있기 때문에 우리는 이 도구의 단순성을 선호한다. 물론, 독자의 사용 사례에도 적합할 수 있다. 모니터링할 수 있는 옵션이 상당히 많기 때문에 많은 클라이언트 및 브로커별 메트릭을 얻게 된다. 그렇더라도 이것이 우리가 사용할 수 있는 전체 메트릭은 아니다.

그림 6.7은 카프카 익스포터 도구에서 메트릭을 수집하는 프로메테우스의 로컬 인스턴스 같은 로컬 데이터 저장소에 대한 쿼리를 보여준다. 파티션에 대해 논의한

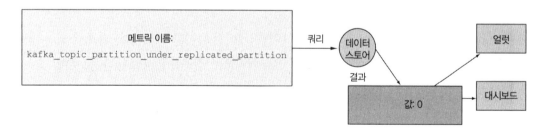

kafka_topic_partition_under_replicated_partition{instance="localhost:9308",job="kafka_exporter",partition="0",topic=kinaction_helloworld)0

그림 6.7 메트릭 쿼리 예

것처럼 카프카 레플리카는 자동으로 복구되지 않으므로 모니터링하려는 항목 중 하나는 복제되지 않은 파티션이다. 이 숫자가 0보다 크면 레플리카 문제가 있는 이유를 확인하기 위해 클러스터에서 무슨 일이 일어나고 있는지 살펴봐야 한다. 이 쿼리의 데이터를 차트 또는 대시보드에 표시하거나 잠재적으로 얼럿을 보낼 수 있다.

언급한 바와 같이 카프카 익스포터는 모든 JMX 메트릭을 노출하지 않는다. 더 많은 JMX 메트릭을 얻으려면, 카프카 프로세스를 시작할 때 `JMX_PORT` 환경 변수를 설정할 수 있다[19]. 프로메테우스가 수집할 수 있는 엔드포인트 또는 포트에 메트릭을 생성하기 위해 자바 에이전트를 사용하는 다른 도구를 사용할 수도 있다.

리스트 6.4는 브로커를 시작할 때 `JMX_PORT` 변수를 설정하는 방법을 보여준다 [19]. 브로커가 이미 실행 중이고 이 포트가 노출되지 않은 경우 이 변경사항을 적용하려면 브로커를 다시 시작해야 한다. 향후 모든 브로커 재시작 시 활성화되도록 이 변수의 설정을 자동화할 수도 있다.

리스트 6.4 JMX 포트와 함께 브로커 시작하기

```
JMX_PORT=$JMX_PORT bin/kafka-server-start.sh \
➡ config/server0.properties
```

클러스터를 시작할 때
JMX_PORT 변수를 추가한다.

6.5.1 클러스터 유지 관리

프로덕션으로의 이동을 고려할 때 둘 이상의 서버를 구성하려고 한다. 주목해야 할 또 다른 항목은 카프카, 커넥트 클라이언트, 스키마 레지스트리, REST 프록시와 같은 다양한 생태계가 일반적으로 브로커 자체와 동일한 서버에서 실행되지 않는다는 사실이다. 테스트를 위해 랩톱에서 이러한 모든 작업을 실행할 수 있지만(그리고 이 소프트웨어를 하나의 서버에서 실행할 수도 있다), 안전성과 효율성을 위해 프로덕션 워크로드를 처리할 때 이러한 모든 프로세스가 단일 서버에서 실행되는 것을 원하지는 않는다. 하둡 생태계의 도구와 유사점을 그려보면 알 수 있듯이, 카프카는 더 많은 서버로 수평 확장된다. 클러스터에 서버를 추가하는 방법을 살펴보자.

6.5.2 브로커 추가

작은 클러스터로 시작하는 것은 좋은 시작 방법이다. 나중에 브로커를 추가하여 공간을 확장할 수 있기 때문이다. 클러스터에 카프카 브로커를 추가하려면 고유한 ID로 새 카프카 브로커를 시작하기만 하면 된다. 이 ID는 `broker.id` 속성을 사용하거나 `broker.id.generation.enable` 속성을 `true`로 설정하면 만들 수 있다[10]. 그게 전부다. 그러나 이 상황에서 알아야 할 사항이 있다. 새 브로커에 파티션이 자동으로 할당되지는 않는다! 새 브로커를 추가하기 전에 생성한 모든 토픽과 파티션은 생성 당시 존재했던 브로커에 계속 유지된다[20]. 새 브로커가 새 토픽만 처리해도 괜찮다면 다른 작업을 수행할 필요는 없다.

6.5.3 클러스터 업그레이드

모든 소프트웨어와 마찬가지로 업데이트나 업그레이드는 삶의 일부다. 프로덕션 워크로드 또는 비즈니스 영향으로 인해 모든 시스템을 동시에 중단하고 업그레이드할 수 있는 것은 아니다. 카프카 애플리케이션의 다운타임을 방지하는 데 사용할 수 있는 한 가지 기술은 **롤링 재시작**^{rolling restart}이다[14]. 이는 한 번에 하나의 브로커만 업그레이드하는 것을 의미한다. 그림 6.8은 클러스터의 다음 브로커로 이동하기 전에 각 브로커가 한 번에 하나씩 업그레이드되는 것을 보여준다.

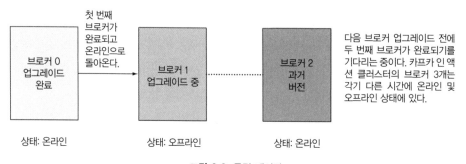

그림 6.8 롤링 재시작

롤링 재시작에 있어 중요한 브로커 구성 속성은 `controlled.shutdown.enable` 값이다. 이를 true로 설정하면 브로커가 종료되기 전에 파티션 리더십을 이전할 수 있다[21].

6.5.4 클라이언트 업그레이드

4장에서 언급했듯이 카프카는 브로커에서 클라이언트를 분리하기 위해 최선을 다하지만 브로커와 관련하여 클라이언트 버전은 알아둬야 한다. 이 양방향 클라이언트 호환성 기능은 카프카 0.10.2의 새로운 기능이었으며, 브로커 버전 0.10.0 이상에서 이 기능을 지원한다[22]. 일반적으로 클러스터의 모든 카프카 브로커가 업그레이드된 후에 클라이언트를 업그레이드하는 것이 좋다. 그러나 모든 업그레이드와 마찬가지로 최신 버전이 호환되는지 버전 노트를 살펴보자.

6.5.5 백업

카프카에는 데이터베이스에 사용하는 것과 같은 백업 전략이 없다. 스냅숏이나 디스크 백업 자체를 수행하지 않는다. 카프카 로그는 디스크에 존재하므로 전체 파티션 디렉터리를 복사하면 될 것 같은데, 안 되는 이유는 무엇일까? 그렇게 하는 것을 우리가 막을 수는 없겠지만, 모든 위치에 있는 모든 데이터 디렉터리의 복사본을 만드는 것은 우려스럽다. 수동 복사를 수행하고 브로커 간에 코디네이트하는 대신 한 가지 선호되는 옵션은 클러스터가 또 다른 클러스터에 의해 지원되는 방식이다[23]. 그런 다음 두 클러스터 사이에서 토픽 간에 이벤트를 복제한다. 프로덕션 설정에서 볼 수 있는 가장 초기 도구 중 하나는 MirrorMaker이다. 이 도구의 새 버전(MirrorMaker 2.0이라고 부른다)은 카프카 버전 2.4.0과 함께 출시됐다[24]. 카프카 설치 디렉터리의 bin 하위 디렉터리에는 kafka-mirror-maker라는 셸 스크립트와 새로운 MirrorMaker 2.0 스크립트인 connect-mirror-maker가 있다.

클러스터 간에 데이터를 미러링하기 위한 다른 오픈소스 및 엔터프라이즈 제품도 있다. Confluent Replicator(http://mng.bz/Yw7K) 및 Cluster Linking(http://mng.bz/OQZo)도 고려해 볼 선택사항이다[25].

6.6 상태 저장 시스템에 대한 참고사항

카프카는 상태 유지stateful 데이터 저장소와 함께 작동하는 애플리케이션이다. 이 책에서는 클라우드 배포가 아닌 자체 노드에서 작업한다. 쿠버네티스 컨플루언트 오퍼레이터 APIKubernetes Confluent Operator API(https://www.confluent.io/confluent-operator/) 사용에 대한 컨플루언트 사이트와, 필요한 작업을 수행하는 데 사용할 수 있는 도커Docker 이미지를 비롯한 훌륭한 리소스가 있다. 쿠버네티스에서 클러스터를 실행하려는 경우 또 다른 흥미로운 선택지는 스트림지Strimzi(https://github.com/strimzi/strimzi-kafka-operator)다. 이 글을 쓰는 시점에 스트림지는 클라우드 네이티브 컴퓨팅 파운데이션Cloud Native Computing Foundation(https://www.cncf.io/)의 샌드박스 프로젝트다. 이러한 도구에 익숙하다면 도커 허브Docker Hub에서 흥미로운 프로젝트를 발견할 경우 개념 증명PoC, Proof of Concept 설정을 빠르게 시작할 수 있을 것이다. 그러나 인프라에 있어 만능은 없다.

눈에 띄는 쿠버네티스의 한 가지 이점은 그웬 샤피라Gwen Shapira가 '쿠버네티스에 아파치 카프카를 배포하기 위한 권장사항Recommendations for Deploying Apache Kafka on Kubernetes' 백서에서 자세히 살펴본 것처럼, 다양한 스토리지 및 서비스 통신 옵션을 사용해 새 클러스터를 빠르게 구축할 수 있는 기능이다[26]. 일부 회사의 경우 각 제품에 자체 클러스터를 제공하는 것이 전체 엔터프라이즈에 대해 하나의 거대한 클러스터를 갖는 것보다 관리하기 쉬울 수 있다. 물리적 서버를 추가하는 대신 클러스터를 빠르게 구축할 수 있는 기능은 프로덕트 개발에 필요한 빠른 반응성을 제공할 수 있다.

그림 6.9는 컨플루언트 및 스트림지 오퍼레이터가 작동하는 방식과 유사하게 오퍼레이터 파드operator pod를 사용해 쿠버네티스에서 카프카 브로커를 설정하는 방법에 대한 일반적인 개요를 보여준다. 그림의 용어는 쿠버네티스에 따라 다르며 카프카 자체에 대한 학습에서 다른 곳으로 초점을 옮기고 싶지 않기 때문에 여기서는 많은 설명을 제공하지는 않을 것이다. 오히려 일반적인 개요만 제공하며, 특정 설정에 관한 설명이 아니라 클러스터가 작동하는 방식을 설명한다.

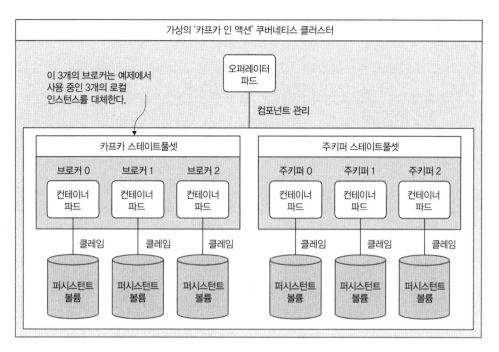

그림 6.9 쿠버네티스의 카프카

쿠버네티스 오퍼레이터는 쿠버네티스 클러스터 내부에 있는 자체 파드다. 스테이트풀셋Stateful Set이라는 논리 그룹의 일부로 자체 파드에 개별 브로커가 있다. 스테이트풀셋의 목적은 카프카 파드를 관리하고 각 파드에 대한 순서와 ID를 보장하는 것이다. 예를 들어, ID가 0인 브로커(JVM 프로세스)를 호스팅하는 파드가 실패하면 해당 ID(임의의 ID가 아님)로 새 파드가 생성되고 이전과 동일한 영구 스토리지 볼륨persistent storage volume에 연결된다. 이러한 볼륨은 카프카 파티션의 메시지를 갖고 있으므로 데이터가 유지된다. 이 상태 저장은 때때로 컨테이너의 짧은 수명을 극복하는 데 도움이 된다. 각 주키퍼 노드는 자체 파드 및 자체 스테이트풀셋의 일부이기도 하다.

쿠버네티스를 처음 사용하거나 그러한 플랫폼으로의 전환에 대해 걱정하는 사람들에게 도움이 될 수 있는 한 가지 마이그레이션 전략은 카프카 브로커보다 먼저 쿠버네티스 클러스터에서 카프카 클라이언트와 애플리케이션을 실행하는 것이다. 스테이트리스stateless 외에도 이러한 방식으로 클라이언트를 실행하면 러닝패스learning path를 시작할 때 쿠버네티스에 대한 느낌을 얻을 수 있다. 하지만 이 플랫폼 위에서 카프카를 구동하기 위해서는 쿠버네티스를 잘 이해해야 한다는 점을 간과해서는 안 된다.

저자 중 한 명이 함께 작업한 4명으로 구성된 한 개발 팀은 최근 들어 팀의 절반은 쿠버네티스에, 나머지 절반은 카프카 실행에 집중했다. 물론 이 비율은 모든 팀이 직면하는 비율이 아닐 수도 있다. 쿠버네티스에 집중하는 데 필요한 개발자 투입 시간은 팀 및 전반적인 경험에 따라 다르다.

6.7 실습

새로운 학습 내용 중 일부는 실습해 보기 어려울 수 있고, 이번 장에서는 코드보다 명령어가 많기 때문에, 지난 절에서 본 익스포터exporter 외에도 메트릭의 언더 리플리케이티드 파티션under-replicated partition을 찾는 다른 방법을 살펴볼 수 있는 빠른 실습이 도움이 될 수 있다. 이 데이터를 볼 수 있는 대시보드를 사용하는 대신, 어떤 명령줄 옵션을 사용해 이 정보를 확인할 수 있을까?

토픽 중에서 `kinaction_replica_test` 토픽의 상태health를 확인하고 싶다고 가정해 보자. 각 파티션에 3개의 레플리카가 있는 이 토픽을 만들었다. 브로커 오류가 발생할 경우를 대비하여 ISR 목록에 3개의 브로커가 나열되어 있는지 확인하려고 한다. 그 토픽의 현재 상태를 보려면 어떤 명령을 실행해야 할까? 리스트 6.5는 해당 토픽을 설명하는 예를 보여준다[27]. `ReplicationFactor`는 3이고 `Replicas` 목록은 3개의 브로커 ID도 보여준다. 그러나 3개가 표시돼야 할 ISR 목록에는 2개만 표시된다!

리스트 6.5 레플리카 토픽 설명: ISR 카운트 테스트

사용 중인 토픽 매개변수 및
describe 플래그에 유의하자.

```
$ bin/kafka-topics.sh --describe --bootstrap-server localhost:9094 \
  --topic kinaction_replica_test

Topic:kinaction_replica_test  PartitionCount:1  ReplicationFactor:3  Configs:
    Topic: kinaction_replica_test  Partition: 0

  Leader: 0  Replicas: 1,0,2  Isr: 0,2
```

리더, 파티션, 레플리카에 관한
토픽별 정보

명령 출력의 세부 정보를 보면 언더 리플리케이티드 파티션 문제를 알 수 있지만, --under-replicated-partitions 플래그를 사용해 문제를 신속하게 확인할 수도 있다[27]. 리스트 6.6은 보기 어려운 ISR 데이터를 빠르게 필터링하고 언더 리플리케이티드 파티션만 터미널에 출력하는 플래그 사용법을 보여준다.

리스트 6.6 under-replicated-partitions 플래그 사용

```
bin/kafka-topics.sh --describe --bootstrap-server localhost:9094 \
   --under-replicated-partitions                          ◁─── under-replicated-partitions
                                                               플래그 사용에 유의하자.
Topic: kinaction_replica_test  Partition: 0
➡ Leader: 0  Replicas: 1,0,2  Isr: 0,2   ◁──┐ 이 ISR은 2개의 브로커만
                                            출력한다!
```

리스트 6.6은 --describe 플래그를 사용하면 언더 리플리케이티드 파티션에 대한 검사를 특정 토픽으로 제한할 필요가 없다. 이 명령을 실행해 토픽 전체의 문제를 표시하여 클러스터에서 문제를 빠르게 찾을 수 있다. 9장에서 관리 도구에 대해 이야기할 때, 카프카에 포함되어 바로 사용 가능한 도구를 자세히 알아볼 것이다.

> **TIP**
>
> 이 장의 명령을 사용할 때, 매개변수 없이 명령을 실행하고 문제 해결에 사용할 수 있는 명령 옵션을 모두 읽어두는 것이 좋다.

이 장에서 카프카에 대해 자세히 살펴보면서 복잡한 시스템을 실행하고 있다는 사실을 알게 됐다. 그러나 클러스터의 상태를 모니터링하는 데 도움이 되는 다양한 명령줄 도구와 메트릭이 있다. 다음 장에서는 이 동적 시스템의 수명 동안 특정 작업을 완료하기 위해 명령을 계속 사용할 것이다.

요약

- 브로커는 카프카의 핵심 요소이며 외부 클라이언트가 애플리케이션과 인터

페이스하는 로직을 제공한다. 클러스터는 확장성뿐만 아니라 안정성도 제공한다.

- 주키퍼를 사용해 분산 클러스터에서 합의를 제공할 수 있다. 한 가지 예는 사용 가능한 여러 브로커 사이에서 새 컨트롤러를 선출하는 것이다.

- 클러스터 관리를 돕기 위해 클라이언트가 특정 옵션에 대해 브로커 수준에서 재정의할 수 있는 구성을 설정할 수 있다.

- 레플리카를 사용하면 여러 데이터 사본이 클러스터 전체에 걸쳐 있을 수 있다. 이는 브로커가 실패하고 연결할 수 없는 경우에 도움이 된다.

- 동기화 상태 레플리카[ISR]는 리더의 데이터와 함께 최신 상태이며 데이터 손실 없이 파티션의 리더십을 인수받을 수 있다.

- 메트릭을 사용해 그래프를 생성하여 클러스터를 시각적으로 모니터링하거나 잠재적인 문제에 대해 경고할 수 있다.

참고문헌

[1] "Post Kafka Deployment." Confluent documentation (n.d.). https://docs.confluent.io/platform/current/kafka/post-deployment.html#balancing-replicas-across-racks (accessed September 15, 2019).

[2] "KIP-500: Replace ZooKeeper with a Self-Managed Metadata Quorum." Wiki for Apache Kafka. Apache Software Foundation (July 09, 2020). https://cwiki.apache.org/confluence/display/KAFKA/KIP-500%3A+Replace+ZooKeeper+with+a+Self-Managed+Metadata+Quorum (accessed August 22, 2020).

[3] F. Junqueira and N. Narkhede. "Distributed Consensus Reloaded: Apache ZooKeeper and Replication in Apache Kafka." Confluent blog (August 27, 2015). https://www.confluent.io/blog/distributed-consensus-reloaded-apache-zookeeper-and-replication-in-kafka/ (accessed September 15, 2019).

[4] "Kafka data structures in Zookeeper [sic]." Wiki for Apache Kafka. Apache Software Foundation (February 10, 2017). https://cwiki.apache.org/confluence/display/KAFKA/Kafka+data+structures+in+Zookeeper (accessed January 19, 2020).

[5] C. McCabe. "Apache Kafka Needs No Keeper: Removing the Apache ZooKeeper Dependency." Confluent blog. (May 15, 2020). https://www.confluent.io/blog/upgrading-apache-kafka-clients-just-got-easier (accessed August 20, 2021).

[6]   Apache Kafka Binder (n.d.). https://docs.spring.io/spring-cloud-stream-binder-kafka/docs/3.1.3/reference/html/spring-cloud-stream-binder-kafka.html#_apache_kafka_binder (accessed July 18, 2021).

[7]   "CLI Tools for Confluent Platform." Confluent documentation (n.d.). https://docs.confluent.io/platform/current/installation/cli-reference.html (accessed August 25, 2021).

[8]   "ZkData.scala." Apache Kafka GitHub. https://github.com/apache/kafka/blob/99b9b3e84f4e98c3f07714e1de6a139a004cbc5b/core/src/main/scala/kafka/zk/ZkData.scala (accessed August 27, 2021).

[9]   "A Guide To The Kafka Protocol." Wiki for Apache Kafka. Apache Software Foundation (June 14, 2017). https://cwiki.apache.org/confluence/display/KAFKA/A+Guide+To+The+Kafka+Protocol (accessed September 15, 2019).

[10]   "Kafka Broker Configurations." Confluent documentation (n.d.). https://docs.confluent.io/platform/current/installation/configuration/broker-configs.html (accessed August 21, 2021).

[11]   "Logging." Confluent documentation (n.d.). https://docs.confluent.io/platform/current/kafka/post-deployment.html#logging (accessed August 21, 2021).

[12]   "Controller." Confluent documentation (n.d.). https://docs.confluent.io/platform/current/kafka/post-deployment.html#controller (accessed August 21, 2021).

[13]   "Kafka Controller Internals." Wiki for Apache Kafka. Apache Software Foundation (January 26, 2014). https://cwiki.apache.org/confluence/display/KAFKA/Kafka+Controller+Internals (accessed September 15, 2019).

[14]   "Post Kafka Deployment." Confluent documentation (n.d.). https://docs.confluent.io/platform/current/kafka/post-deployment.html#rolling-restart (accessed July 10, 2019).

[15]   "Replication." Confluent documentation (n.d.). https://docs.confluent.io/platform/current/kafka/design.html#replication (accessed August 21, 2021).

[16]   "KIP-392: Allow consumers to fetch from closest replica." Wiki for Apache Kafka. Apache Software Foundation (November 5, 2019). https://cwiki.apache.org/confluence/display/KAFKA/KIP-392%3A+Allow+consumers+to+fetch+from+closest+replica (accessed December 10, 2019).

[17]   N. Narkhede. "Hands-free Kafka Replication: A lesson in operational simplicity." Confluent blog (July 1, 2015). https://www.confluent.io/blog/hands-free-kafka-replication-a-lesson-in-operational-simplicity/ (accessed October 02, 2019).

[18]   "Observability Overview and Setup." Confluent documentation (n.d.). https://docs.confluent.io/platform/current/tutorials/examples/ccloud-observability/docs/observability-overview.html (accessed August 26, 2021).

[19]   "Kafka Monitoring and Metrics Using JMX". Confluent documentation. (n.d.). https://docs.confluent.io/platform/current/installation/docker/operations/monitoring.html (accessed June 12, 2020).

[20]   "Scaling the Cluster (Adding a node to a Kafka cluster)." Confluent documentation (n.d.). https://docs.confluent.io/platform/current/kafka/post-deployment.html#scaling-the-cluster-adding-a-node-to-a-ak-cluster (accessed August 21, 2021).

[21]   "Gracefulshutdown." ApacheSoftwareFoundation (n.d.). https://kafka.apache.org/documentation/#basic_ops_restarting (accessed May 11, 2018).

[22]   C. McCabe. "Upgrading Apache Kafka Clients Just Got Easier." Confluent blog. (July 18, 2017). https://www.confluent.io/blog/upgrading-apache-kafka-clients-just-got-easier (accessed October 02, 2019).

[23]   "Backup and Restoration." Confluent documentation (n.d.). https://docs.confluent.io/platform/current/kafka/post-deployment.html#backup-and-restoration (accessed August 21, 2021).

[24]   Release Notes, Kafka Version 2.4.0. Apache Software Foundation (n.d.). https://archive.apache.org/dist/kafka/2.4.0/RELEASE_NOTES.html (accessed May 12, 2020).

[25]   "Multi-DC Solutions." Confluent documentation (n.d.). https://docs.confluent.io/platform/current/multi-dc-deployments/index.html#multi-dc-solutions (accessed August 21, 2021).

[26]   G. Shapira. "Recommendations_for_Deploying_Apache_Kafka_on_Kubernetes." White paper (2018). https://www.confluent.io/resources/recommendations-for-deploying-apache-kafka-on-kubernetes (accessed December 15, 2019).

[27]   "Replication tools." Wiki for Apache Kafka. Apache Software Foundation (February 4, 2019). https://cwiki.apache.org/confluence/display/kafka/replication+tools (accessed January 19, 2019).

07

토픽과 파티션

이 장에서는 토픽을 생성하고 유지하는 방법뿐만 아니라 토픽에 데이터를 저장하는 방법을 자세히 살펴볼 것이다. 여기에는 파티션이 우리의 설계 고려사항에 어떻게 부합하는지와 브로커에서 데이터를 볼 수 있는 방법이 포함된다. 로그에 데이터를 추가하는 대신 업데이트하는 토픽을 어떻게 만드는지 살펴보는 데 이 모든 정보가 도움이 될 것이다.

7.1 토픽

우리 기억을 빠르게 떠올려 보건대, 토픽은 물리적인 구조가 아니라 추상적인 개념이라는 사실을 알아야 한다. 토픽은 일반적으로 하나의 브로커에만 존재하는 것은 아니다. 카프카 데이터를 사용하는 대부분의 애플리케이션은 해당 데이터를 단일 토픽에 있는 것으로 보며, 구독하는 데 다른 세부 정보가 필요한 것은 아니다. 그러나 토픽 이름 뒤에는 실제로 데이터를 보유하는 하나 이상의 파티션이 있다[1]. 카프카는 클러스터에서 토픽을 구성하는 데이터를 로그에 기록하고 브로커 파일시스템에 기록한다.

그림 7.1은 kinaction_helloworld라는 하나의 토픽을 구성하는 파티션을 보여준다. 단일 파티션의 복사본은 브로커 간에 분할되지 않으며[1], 파티션은 각 디스크에 물리적 공간이 존재한다. 그림 7.1은 이러한 파티션이 어떻게 토픽으로 전송되는 메시지로 구성되는지도 보여준다.

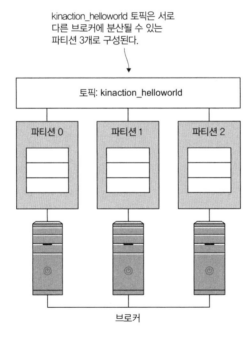

그림 7.1 파티션을 포함한 토픽의 예

---

1 파티션 복사본들은 브로커 간에 겹치지 않게 분산되나, 파티션 복사본 자체는 분할되지 않는다는 뜻이다. – 옮긴이

시작하기 예제에서 토픽에 대한 작성이 매우 간단했다면, 토픽을 구성하는 역할과 부분을 이해해야 하는 이유는 무엇일까? 이는 가장 상위 수준에서 컨슈머가 데이터에 접근하는 방식에 영향을 미친다. 우리 회사가 사용자 작업 이벤트를 카프카 클러스터로 보내는 웹 기반 애플리케이션을 사용해 교육 수업을 위한 자리를 판매한다고 가정해 보자. 전체 신청 프로세스는 수많은 이벤트를 생성할 수 있다. 예를 들어 위치에 대한 초기 검색 이벤트, 고객이 선택한 특정 교육에 대한 이벤트, 확인된 클래스에 대한 세 번째 이벤트가 있을 수 있다. 이벤트를 생산하는 애플리케이션이 이 모든 데이터를 단일 토픽으로 보내야 할까? 아니면 여러 토픽으로 나눠 보내야 할까? 각 메시지는 특정 유형의 이벤트인가? 각각 다른 토픽으로 분리되어 있어야 하는가? 각 접근 방식에는 조정이 필요한 것들이 있으며 모든 상황에서 취할 최선의 방법을 결정하는 데 도움이 되는 몇 가지 사항을 고려해야 한다.

우리는 토픽 설계를 2단계 프로세스로 본다. 첫 번째는 우리가 가진 이벤트를 본다. 그들은 하나의 토픽에 속해 있는가? 아니면 둘 이상에 속해 있는가? 두 번째는 각 토픽을 고려한다. 사용해야 하는 파티션의 수는 얼마인가? 가장 중요한 점은 파티션이 토픽별 설계에 대한 질문이지 클러스터 전체의 제한이나 요구가 아니라는 것이다. 토픽 생성을 위한 기본 파티션 수를 설정할 수 있지만, 대부분의 경우 토픽이 사용되는 방식과 보유할 데이터를 고려해야 한다.

특정 수의 파티션을 선택해야 하는 확실한 이유가 있어야 한다. 준 라오Jun Rao[2]는 컨플루언트 블로그에서 바로 이러한 주제에 대해 '카프카 클러스터에서 토픽/파티션 수를 선택하는 방법How to choose the number of topics/partitions in a Kafka cluster?'이라는 멋진 글을 썼다[2]! 일반적인 규칙으로 각 서버별로 파티션이 필요하다고 가정해 보자. 그러나 각 서버에 하나의 파티션이 있다고 해서 프로듀서가 메시지를 서버 간에 균등하게 써야 한다는 의미는 아니다. 그렇게 하려면, 각 파티션 리더가 그런 방식으로 분산되고 그 상태를 유지해야 한다.

또한 데이터에 익숙해져야 한다. 일반적이면서도 이 교육 클래스 시나리오에서 고려해야 할 항목을 살펴보자.

---

2 아파치 카프카의 공동 창시자 – 옮긴이

- 데이터 정확성

- 컨슈머당 메시지의 양

- 가지고 있거나 처리해야 할 데이터의 양

데이터 정확성data correctness은 실제 설계에서 가장 중요한 데이터 문제다. 이 용어가 모호하게 여겨질 수 있으므로 여기서는 우리의 의견에 따라 이 정의를 설명한다. 토픽과 관련하여 여기에는 순서를 지정해야 하는 이벤트가 동일한 파티션, 즉 동일한 토픽에 있는지 확인하는 작업이 포함된다. 컨슈머가 타임스탬프를 기반으로 이벤트를 순서대로 배치할 수 있지만, 우리 의견으로는 교차 토픽cross-topic 이벤트를 조정하는 것이 더 문제가 되고 오류가 발생하기 쉽다.[3] 키드 메시지keyed message를 사용하며 순서가 필요하다면, 파티션 그리고 해당 파티션에 대한 향후 변경사항에 주의해야 한다[1].[4]

이전 세 가지 예제 이벤트의 데이터 정확성을 위해서는, 메시지 키(학생 ID 포함)가 있는 이벤트를 실제 예약 및 확인/청구서 이벤트에 대한 2개의 별도 토픽에 배치하면 도움이 될 수 있다. 이러한 이벤트는 학생별로 이뤄지며, 이 접근 방식은 특정 학생에 대한 수업 확인이 이뤄지도록 하는 데 도움이 된다. 그러나 검색 이벤트 자체에는 관심이 없거나, 예를 들어 분석 팀이 학생 정보가 아닌 가장 인기 있는 검색 도시를 찾는 경우에는 특정 학생에 대해 정렬할 필요가 없을 수 있다.

다음으로 컨슈머당 **메시지 규모**volume of message를 고려해야 한다. 이론상의 교육 시스템에서 토픽 배치를 고려할 때 이벤트 수를 살펴보자. 검색 이벤트 자체는 다른 이벤트보다 훨씬 많다. 대도시 근처의 교육 장소가 하루에 50,000건의 검색이 발생하지만, 100명의 학생을 수용할 수 있는 공간만 있다고 가정해 보자. 대부분의 하루 트래픽은 50,000개의 검색 이벤트와 100개 미만의 실제 예약된 교육 이벤트를 생산한다. 전체 메시지의 1% 미만을 사용하거나 관심을 갖는 일반 이벤트 토픽을 구독하려는 애플리케이션이 우리 팀에 있는가? 사실상 컨슈머 시간의 대부분은 선택한 소수

---

3 예를 들어, 이벤트를 유형별로 2개의 토픽에 분할 저장하는 경우 각각은 순서가 보장되지만, 이 두 토픽을 함께 소비하여 처리해야 할 때 순서가 뒤섞일 수 있다. 함께 사용될 데이터라면 단일 토픽을 사용하는 편이 더 낫다. – 옮긴이

4 예를 들어, 추후 파티션 개수가 증가하면 키드 메시지의 파티션 배치도 달라질 수 있기 때문에, 일시적으로 순서를 보장받지 못할 가능성도 있다. – 옮긴이

만을 처리하기 위해 대량의 이벤트를 필터링하는 데 사용된다.

고려해야 할 또 다른 사항은 우리가 처리할 **데이터양**quantity of data이다. 애플리케이션에서 요구하는 제한된 시간 내에 처리하기 위해 메시지 수에 따라 여러 컨슈머가 실행돼야 하는가? 그렇다면 그룹의 컨슈머 수가 토픽의 파티션에 의해 어떻게 제한되는지 알고 있어야 한다[2]. 이 시점에서는 필요한 것보다 더 많은 파티션을 만드는 것이 더 쉽다. 컨슈머가 성장할 수 있는 더 많은 용량을 확보하면 데이터를 다시 분할하지 않고도 볼륨을 늘릴 수 있다. 그러나 앞서 라오의 글에서 언급한 것처럼 파티션이 무제한의 무료 리소스가 아니라는 점을 알아야 한다. 또한 브로커가 실패할 경우 마이그레이션해야 하는 더 많은 브로커를 갖는다는 의미이며, 이는 잠재적인 골칫거리가 될 수 있다.

시스템을 설계할 때는 절충점을 찾아 이를 따르는 것이 가장 좋다. 그림 7.2는 시나리오에서 사용한 세 가지 이벤트 유형의 경우 토픽 2개가 가장 적합한 설계임을 보여준다. 항상 그렇듯이, 더 많은 요구사항이나 세부 정보로 인해 향후 구현을 변경하게 된다.

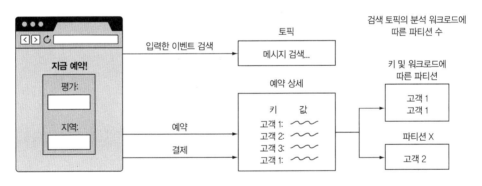

그림 7.2 교육 이벤트 토픽 설계의 예

토픽에 대한 파티션 수를 결정할 때 고려해야 할 마지막 사항은 파티션 수를 줄이는 기능이 현재 지원되지 않는다는 것이다[3]. 이를 수행하는 방법이 있을 수는 있지만 권장하지는 않는다! 이것이 바람직하지 않은 이유에 대해 잠시 생각해 보자.

컨슈머가 토픽을 구독하면 실제로 파티션에 연결된다. 컨슈머가 재할당된 파티션에서 읽기 시작하는 경우 파티션을 제거하면 현재 위치를 잃을 수 있다. 여기에서 키드 메시지와 컨슈머 클라이언트가 브로커 수준에서 변경한 사항을 따를 수 있는지 확인해야 한다. 우리의 액션 때문에 컨슈머에게 영향을 미친다. 이제 토픽 설계에 대해 논의했으므로 토픽을 만들 때 설정할 수 있는 옵션을 좀 더 자세히 살펴보자. 3장에서 메시지를 생산하기 위한 토픽을 만들 때 이러한 옵션을 간략하게 다루었으므로 여기서는 좀 더 자세히 살펴볼 것이다.

7.1.1 토픽 생성 옵션

카프카 토픽에는 토픽을 생성하기 위해 설정해야 하는 몇 가지 핵심 옵션이 있다. 우리는 2장부터 (kinaction_helloworld 토픽을 포함하여) 토픽을 만들었지만, 얼버무리고 넘어갔던 기본 매개변수를 이제 살펴봐야 한다. 이러한 매개변수 결정은 생각과 주의를 기울여 의도적으로 처리하는 것이 가장 좋다[4].

토픽 생성 시 내려야 할 또 다른 중요한 결정은 토픽을 삭제해야 하는지 여부다. 이 작업은 중요하기 때문에 타당한 확인 없이는 발생하지 않도록 해야 한다. 이를 위해 카프카는 delete.topic.enable 옵션의 활성화를 요구한다. 이 값이 true로 전환되면, 토픽을 성공적으로 삭제할 수 있으며 그런 다음 해당 토픽은 제거된다[5].

카프카 스크립트에는 일반적으로 좋은 사용 설명서가 있다는 점을 알아야 한다. kafka-topics.sh 명령을 먼저 실행하여 시도할 수 있는 다양한 작업을 확인해 보는 것이 좋다. 다음 리스트는 도움말을 얻기 위한 미완성된 명령을 보여준다.

리스트 7.1 토픽 옵션 조회

```
bin/kafka-topics.sh          ◁─── 일반적인 카프카 토픽
                                  관련 명령을 실행
```

우리가 볼 출력에서 --create라는 명령이 눈에 띈다. 해당 매개변수를 추가하면 생성 작업 자체와 관련된 추가 정보를 얻는 데 도움이 된다(예를 들어, 'Missing required argument "[topic]"' 같은). 다음 리스트는 아직 불완전한 일반적인 명령을 조금 더 빌드한 것을 보여준다.

리스트 7.2 --create 매개변수로 토픽 옵션 조회

```
bin/kafka-topics.sh --create
```

명령에 대한 오류를 의도적으로 유발하여 도움말 문서를 출력

일부 사용자는 리눅스 작업의 일부로 매뉴얼 페이지man page에 익숙할 텐데, 이러한 단계에 대해 이야기하는 데 시간을 할애하는 이유가 무엇일까? 카프카는 이러한 매뉴얼 페이지 방식으로 도구를 사용하는 방법에 대한 정보를 제공하지 않지만, 구글Google에서 검색하기 전에 이러한 명령을 실행해 도움말을 확인해 볼 수는 있다.

249자를 넘지 않는 이름이 있다면(이전에 시도된 적이 있다)[5] 토픽을 만들 수 있다[6]. 예제에서는 복제 팩터replication factor가 2이고 파티션이 2개인 `kinaction_topicandpart` 토픽을 생성한다. 다음 리스트는 명령 프롬프트에서 사용할 구문을 보여준다[3].

리스트 7.3 또 다른 토픽 만들기

```
bin/kafka-topics.sh
  --create --bootstrap-server localhost:9094 \
  --topic kinaction_topicandpart \
  --partitions 2 \
  --replication-factor 2
```

- 명령에 create 옵션 추가
- 토픽 이름
- 파티션 2개를 가진 토픽 생성
- 2개의 데이터 사본을 보장

토픽을 생성한 후에는 설정이 올바른지 이 토픽 이름을 사용해 `describe` 명령으로 확인할 수 있다. 그림 7.3에서 파티션과 복제 팩터가 방금 실행한 명령과 어떻게 일치하는지 확인해 보자.

```
> bin/kafka-topics.sh --bootstrap-server localhost:9092 --describe --topic kinaction_topicandpart
Topic: kinaction_topicandpart   PartitionCount: 2       ReplicationFactor: 2    Configs:
        Topic: kinaction_topicandpart   Partition: 0    Leader: 1       Replicas: 1,0   Isr: 1,0
        Topic: kinaction_topicandpart   Partition: 1    Leader: 0       Replicas: 0,2   Isr: 0,2
```

그림 7.3 파티션 2개를 가진 토픽 설명

브로커 수준에서 관리하기에 좋은 또 다른 옵션은 `auto.create.topics.enable`을 `false`로 설정하는 것이다[7]. 이렇게 하면 메시지 전달을 시도하기 전에는 실제로

5 원래 255자 제한이 있었으나, '토픽이름-파티션번호'로 된 디렉터리가 생성돼야 하는데 토픽이름이 255자이면 이미 초과(리눅스나 윈도우는 파일/디렉터리 1개의 길이가 255를 넘으면 안 된다)하기 때문에 5자리 파티션번호(5자리 숫자를 초과하는 파티션은 현실적이지 않다고 생각해 결정한 값)와 이 둘을 구분하는 하이픈(-)을 포함해 255자 이내가 되도록 규칙을 변경했다. – 옮긴이

존재하지 않았고 잘못 입력된 토픽 이름으로 프로듀서가 메시지를 보내면서 자동으로 토픽을 생성하는 것을 차단하고, 의도적으로 토픽을 생성하게 강제할 수 있다. 밀접하게 연결되어 있지는 않지만, 일반적으로 프로듀서와 컨슈머는 데이터가 어디에 있어야 하는지에 대한 올바른 토픽 이름을 알아야 한다. 그런 측면에서 자동 토픽 생성은 혼란을 야기할 수 있다. 그러나 카프카를 테스트하고 학습하는 동안 자동으로 생성된 토픽이 도움이 될 수도 있다. 구체적인 예를 들어, 토픽 없이 다음 명령을 실행하면

```
kafka-console-producer.sh --bootstrap-server localhost:9094 --topic notexisting
```

카프카가 토픽을 생성한다. 그리고 우리가 실행하면,

```
kafka-topics.sh --bootstrap-server localhost:9094 --list
```

이제 해당 토픽이 클러스터에 있다.

일반적으로 프로덕션 환경에서는 데이터를 제거하지 않는 데 중점을 두지만, 지금은 토픽에 대해 탐색을 계속하면서 몇 가지 실수를 발견할 수 있다. 필요한 경우 실제로 토픽을 제거할 수 있음을 알아두자[3]. 그렇게 하면 토픽의 모든 데이터가 제거된다. 해당 데이터를 영원히 제거할 준비가 되지 않는 한 우리가 할 일이 아닌 것이다! 리스트 7.4는 이전에 사용한 kafka-topic 명령을 사용하는 방법을 설명했으나, 이번에는 kinaction_topicandpart라는 토픽을 삭제한다.

리스트 7.4 토픽 삭제

```
bin/kafka-topics.sh --delete --bootstrap-server localhost:9094
    --topic kinaction_topicandpart                      ◄─┐ kinaction_topicandpart
                                                           │ 토픽 삭제
```

이 --delete 옵션은 카프카 토픽 명령에 전달됨을 주목하자. 이 명령을 실행한 후에는 이전과 같이 데이터에 대해 이 토픽으로 작업할 수 없다.

7.1.2 복제 팩터

실질적으로 운영되기 위해서는 총 레플리카 수가 브로커 수보다 적거나 같도록 계획해야 한다. 실제로 총 브로커 수보다 많은 레플리카 수로 토픽을 생성하려고 시도하면 InvalidReplicationFactorException 오류가 발생한다[8]. 왜 이런 오류가 발생하는지 상상해 볼 수 있다. 2개의 브로커만 있고 3개의 파티션 레플리카가 필요하다고 상상해 보자. 이러한 레플리카 중 하나는 한 브로커에 있고 2개는 나머지 하나의 브로커에 있다. 이 경우 2개의 레플리카를 호스팅하는 브로커를 잃어버리면 데이터 사본 하나만 남게 된다. 데이터의 여러 레플리카를 한 번에 잃어버리는 것은 장애 발생 시 복구를 제공하는 이상적인 방법이 아니다.

7.2 파티션

주로 토픽 수준에서 카프카 명령을 처리했던 예제에서 이동하여 파티션에 대해 더 자세히 살펴보자. 컨슈머 관점에서 각 파티션은 변경할 수 없는 메시지 로그다. 데이터 저장소의 크기를 늘리고 메시지를 추가하기만 하면 된다. 이 데이터가 실제로 영원히 증가하지는 않지만 데이터를 제자리에서 수정하는 것이 아니라 추가하는 것이 유지 관리하기에 좋은 멘탈 모델이다. 또한 컨슈머 클라이언트는 메시지를 직접 삭제할 수 없다. 이는 많은 시나리오에서 우리에게 도움이 될 수 있는 기능인 토픽에서 메시지를 리플레이하는 것을 가능하게 한다.

7.2.1 파티션 위치

파티션을 이해하는 데 도움이 되는 한 가지는 데이터가 브로커에 저장되는 방식을 살펴보는 것이다. 먼저 log.dirs(또는 log.dir) 디렉터리의 위치를 찾아보자. 부록 A에서 넘어왔다면, server.properties 파일에서 log.dirs를 찾아 해당 위치를 찾을 수 있다. 해당 디렉터리에서 토픽 이름과 파티션 번호가 있는 하위 폴더를 볼 수 있어야 한다. 해당 폴더 중 하나를 선택하고 내부를 살펴보면 이러한 확장자(.index, .log,

.timeindex)를 가진 몇 가지 파일이 표시된다. 그림 7.4는 테스트 토픽의 단일 파티션 (여기서는 1)이 디렉터리 목록(ls)을 조회하여 어떻게 보이는지 보여준다.

```
> ls /tmp/kafkainaction/kafka-logs-0/kinaction_topicandpart-1
00000000000000000000.index        00000000000000000000.log        00000000000000000000.timeindex  leader-epoch-checkpoint
```

그림 7.4 파티션 디렉터리 목록

눈썰미가 좋은 독자라면 leader-epoch-checkpoint라는 파일과 자신의 디렉터리에서 .snapshot 확장자[6]를 가진 파일(위에 표시되지 않음)을 볼 수도 있다. leader-epoch-checkpoint 파일과 스냅숏 파일은 시간을 들여 살펴보지는 않을 것이다.

확장자가 .log인 파일은 데이터 페이로드가 저장되는 위치다. 로그 파일의 다른 중요한 정보에는 메시지 오프셋과 CreateTime 필드가 포함된다. 그렇다면 그 외의 파일이 필요한 이유는 무엇일까? 카프카는 속도를 위해 만들어졌기 때문에 .index와 .timeindex 파일을 사용해 논리적 메시지 오프셋과 인덱스 파일 내의 물리적 위치 간의 매핑을 저장한다[9].

지금까지 살펴본 바와 같이 파티션은 많은 파일로 구성된다. 본질적으로 이는 실제 디스크에서 파티션이 하나의 단일 파일이 아니라 여러 세그먼트로 분할됨을 의미한다[10]. 그림 7.5는 여러 세그먼트가 파티션을 구성하는 방식을 보여준다.

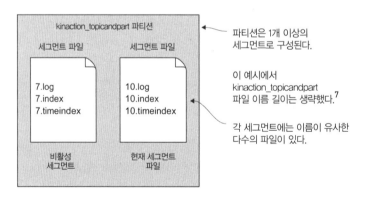

그림 7.5 파티션을 구성하는 세그먼트

---

6 파티션보다는 멱등성 프로듀서와 관련된 파일이다. – 옮긴이

7 실제로는 0으로 채워진 파일이 생성된다. – 옮긴이

활성 세그먼트는 현재 새 메시지가 기록되고 있는 파일이다[11]. 그림에서 10.log 는 메시지가 파티션 디렉터리에 기록되는 위치다. 카프카는 활성 세그먼트가 아닌 이전 세그먼트를 다양한 방식으로 관리한다. 여기에는 메시지 크기 또는 시간 구성 을 기반으로 보존기간을 관리하는 것도 포함한다. 이러한 세그먼트(그림 7.5의 7.log 같은)는 이 장의 뒷부분에서 다룰 토픽 컴팩션도 적용 가능하다.

세그먼트에 대해 지금 알고 있는 내용을 요약하면, 파티션 디렉터리에 이름은 같 지만 확장자가 .index, .timeindex, .log인 파일이 여러 개 있는 이유를 알 수 있다. 예를 들어, 4개의 세그먼트가 있는 경우 각각 3개의 확장자 중 하나를 포함하는 4개 의 파일 세트가 있으므로 총 12개의 파일이 된다. 각 파일 확장자가 1개만 표시되면 세그먼트가 1개만 있는 것이다.

7.2.2 로그 보기

지금까지 토픽에 대해 생산한 메시지를 보기 위해 로그 파일을 살펴보자. 텍스트 편 집기에서 열면 해당 메시지가 사람이 읽을 수 있는 형식으로 표시되지 않는다. 카프 카는 이러한 로그 세그먼트를 확인하는 데 사용할 수 있는 스크립트를 제공한다[12]. 리스트 7.5는 kinaction_topicandpart 토픽의 파티션 1에 대한 세그먼트 로그 파일 을 보기 위해 이 명령을 awk 및 grep에 전달하는 것을 보여준다.

리스트 7.5 로그 세그먼트의 덤프 확인

```
bin/kafka-dump-log.sh --print-data-log \          ← 텍스트 편집기로 쉽게 조회할 수
  --files /tmp/kafkainaction/kafka-logs-0/             없는 데이터를 출력
➥ kinaction_topicandpart-1/*.log \                ← 읽을 파일을
| awk -F: '{print $NF}' | grep kinaction                전달
```

필수인 --files 옵션을 사용해 세그먼트 파일을 보도록 선택했다. 명령이 성공한 다면 화면에 메시지 목록이 표시될 것이다. awk 및 grep을 사용해 필터링하지 않으 면, 압축 코덱과 같은 그 밖의 관련된 메타데이터뿐만 아니라 오프셋도 함께 표시된 다. 이는 카프카가 브로커에 메시지를 배치하는 방법과 해당 메시지와 함께 유지되

는 데이터를 확인하는 흥미로운 방법이다. 실제 메시지를 볼 수 있는 이 기능은 카프카를 구동하는 로그를 실제로 볼 수 있어서 도움이 된다.

그림 7.6을 보면 로그 파일을 직접 cat하려고 시도했을 때보다 조금 더 읽기 쉬운 텍스트의 페이로드를 볼 수 있다. 예를 들어, kinaction_helloworld가 있는 세그먼트 파일에서 메시지를 볼 수 있다. 이를 통해 독자가 더 가치 있는 데이터를 얻으리라 희망한다!

```
〉 bin/kafka-dump-log.sh --print-data-log --files /tmp/kafkainaction/kafka-logs-0/kinaction_topicandpart-1/*.
log | awk -F: '{print $NF}'| grep kinaction
Dumping /tmp/kafkainaction/kafka-logs-0/kinaction_topicandpart-1/00000000000000000000.log
kinaction_helloworld
```

그림 7.6 로그 세그먼트 보기

로그 파일 이름의 큰 단위의 숫자는 무작위가 아니다. 세그먼트 이름은 해당 파일의 첫 번째 오프셋과 동일해야 한다.

이러한 데이터를 볼 수 있다는 것은 이제 다른 사람이 이 데이터를 볼 수 있는지에 관심을 기울여야 한다는 의미가 된다. 데이터 보안 및 접근 제어는 값을 보유하는 대부분의 데이터에서 공통적인 관심사이기 때문에 10장에서 카프카와 토픽을 보호할 수 있는 방법에 관해 살펴볼 것이다. 일반적으로 애플리케이션에서는 세그먼트 로그와 인덱스 파일에 대한 세부 정보가 필요하지는 않다. 그러나 이러한 로그를 보는 방법을 알고 있으면 로그가 실제로 어떻게 존재하는지 이해하는 데 도움이 될 수 있다.

카프카를 때때로 약간의 관심과 관리가 필요한 살아 있는 분산 시스템으로 생각하는 것이 좋다. 다음 절에서는 토픽 테스트를 다룰 것이다.

7.3 EmbeddedKafkaCluster를 사용한 테스트

우리가 가진 모든 구성 옵션을 사용해 테스트하는 것도 좋을 수 있다. 실제로 프로덕션 준비된 클러스터 없이도 카프카 클러스터를 가동할 수 있다면 어떨까? 카프카 스트림즈Kafka Streams는 모의 객체mock object와 본격적인 클러스터 사이의 중간 지점 역할을 하는 EmbeddedKafkaCluster라는 통합 유틸리티 클래스를 제공한다. 이 클래스는 메모리 내 카프카 클러스터를 제공한다[13]. 카프카 스트림즈를 염두에 두고 개발됐지만 이를 사용해 카프카 클라이언트를 테스트할 수도 있다.

리스트 7.6은 윌리엄 베젝William P. Bejeck Jr.의 책『Kafka Streams in Action』(에이콘, 2019)에 있는 테스트처럼 설정되어 있다(예를 들어, `KafkaStreamsYellingIntegration Test` 클래스)[14]. 그 책과 후속 책인『Event Streaming with Kafka Streams and ksqlDB』는 좀 더 심층적인 테스트 예제를 보여준다. Testcontainers(https://www.testcontainers.org/) 사용에 대한 그의 제안을 포함하여 이를 확인하는 것이 좋다. 다음 리스트는 `EmbeddedKafkaCluster`와 JUnit 4를 사용한 테스트를 보여준다.

리스트 7.6 EmbeddedKafkaCluster로 테스트

```
@ClassRule
public static final EmbeddedKafkaCluster embeddedKafkaCluster
    = new EmbeddedKafkaCluster(BROKER_NUMBER);      ◁   JUnit 기반 어노테이션을 사용해
                                                        특정 수의 브로커로 클러스터를
private Properties kaProducerProperties;               생성한다.
private Properties kaConsumerProperties;

@Before
public void setUpBeforeClass() throws Exception {
    embeddedKafkaCluster.createTopic(TOPIC,
        PARTITION_NUMBER, REPLICATION_NUMBER);
    kaProducerProperties = TestUtils.producerConfig(
        embeddedKafkaCluster.bootstrapServers(),
        AlertKeySerde.class,
        StringSerializer.class);
                                                    임베디드 클러스터 브로커를
    kaConsumerProperties = TestUtils.consumerConfig(   가리키도록 컨슈머 구성을
        embeddedKafkaCluster.bootstrapServers(),       설정한다.
        AlertKeySerde.class,
        StringDeserializer.class);
}
@Test
public void testAlertPartitioner() throws InterruptedException {
    AlertProducer alertProducer =  new AlertProducer();
    try {
        alertProducer.sendMessage(kaProducerProperties);
    } catch (Exception ex) {
        fail("kinaction_error EmbeddedKafkaCluster exception"
        ➥ + ex.getMessage());                        코드 변경 없이
    }                                                 클라이언트를 호출하며,
                                                      임베디드 클러스터인지에
    AlertConsumer alertConsumer = new AlertConsumer();  관한 단서도 없다.
    ConsumerRecords<Alert, String> records =
      alertConsumer.getAlertMessages(kaConsumerProperties);
    TopicPartition partition = new TopicPartition(TOPIC, 0);
```

```
        List<ConsumerRecord<Alert, String>> results = records.records(partition);
        assertEquals(0, results.get(0).partition());    ◁────  임베디드 클러스터가 생산에서
}                                                              소비까지 메시지를 처리했음을
                                                               확인한다.
```

EmbeddedKafkaCluster로 테스트할 때 설정의 가장 중요한 부분 중 하나는 실제 테스트가 시작되기 전에 임베디드 클러스터가 시작됐는지 확인하는 것이다. 이 클러스터는 임시 클러스터이므로 프로듀서와 컨슈머 클라이언트가 이 메모리 내 클러스터를 가리키는 방법을 알고 있는지 확인하는 것이 또 다른 핵심이다. 이러한 엔드포인트endpoint를 찾기 위해 bootstrapServers() 메서드를 사용해 클라이언트에 필요한 구성을 제공할 수 있다. 이 구성을 클라이언트 인스턴스에 주입하는 방법은 테스트 구성을 어떻게 하느냐에 달려 있지만, 메서드 호출로 값을 설정하는 것만큼 간단할 수 있다. 이러한 구성 외에도 클라이언트는 모의 카프카 기능을 제공할 필요 없이 테스트할 수 있어야 한다!

리스트 7.6의 테스트는 AlertLevelPartitioner 로직이 올바른지 확인한다. 중요한 메시지와 함께 해당 커스텀 파티셔너 로직을 사용하면 4장의 예제 코드와 함께 파티션 0에 대한 얼럿이 발생해야 한다. TopicPartition(TOPIC, 0)에 대한 메시지를 검색하고 포함된 메시지를 보고 메시지 파티션 위치를 확인했다. 대체로 이러한 수준의 테스트는 통합 테스트로 간주되며, 단일 컴포넌트 이상의 범위를 테스트하게 된다. 여기서는 클라이언트 로직을 카프카 클러스터와 함께 테스트하여 둘 이상의 모듈 테스트를 통합했다.

NOTE

7장 소스 코드의 pom.xml 변경사항을 참조해야 한다. 이전 장에서는 필요하지 않았던 다양한 JAR가 있다. 또한 일부 JAR는 특정 분류자classifier[8]에만 포함되며 테스트 시나리오에만 필요하다.

---

8 pom.xml의 `<classifier>test</classifier>`를 의미한다. - 옮긴이

7.3.1 카프카 Testcontainers 사용

인프라를 생성하고 해체해야 하는 경우(특히 통합 테스트의 경우) 사용할 수 있는 옵션 중 하나는 Testcontainers(https://www.testcontainers.org/modules/kafka/)이다. 이 자바 라이브러리는 JUnit 같은 다양한 JVM 테스트 프레임워크 중 하나와 도커를 사용한다. Testcontainers는 실행 중인 클러스터를 제공하기 위해 도커 이미지에 의존한다. 작업 흐름이 도커 기반이거나 팀에서 잘 사용하는 개발 기술인 경우 테스트를 위해 카프카 클러스터를 설정하기 위해 Testcontainers를 살펴볼 가치가 있다.

> **NOTE**
>
> 이 책의 공동 저자 중 한 명인 빅토르 가모프Viktor Gamov는 컨플루언트 플랫폼 구성 요소(카프카, 스키마 레지스트리, ksqlDB 포함)의 통합 테스트 저장소(https://github.com/gAmUssA/testcontainers-java-module-confluent-platform)를 유지 관리하고 있다.

7.4 토픽 컴팩션

이제 파티션으로 구성되는 토픽과 세그먼트로 구성되는 파티션에 대한 탄탄한 기반을 마련했으므로 로그 컴팩션을 자세히 설명할 차례다. 컴팩션의 목표는 메시지를 만료expire시키는 것이 아니라 키의 최신 값이 존재하는지 확인하고 이전 상태를 새 상태로 교체하는 것이다. 방금 언급했듯이, 컴팩션은 메시지의 일부인 키와 해당 키가 null이 아닌 경우에 따라 달라진다[10].

컴팩션된 토픽을 만드는 데 사용한 구성 옵션은 cleanup.policy=compact이다[15]. 이는 재정의 전에 삭제(delete)하도록 설정된 기본 구성값과 다르다. 즉, 컴팩션된 토픽을 생성하도록 선택해야 하며, 그렇지 않으면 토픽이 컴팩션 방식으로 유지되지 않을 것이다. 다음 리스트는 이 새로운 컴팩션된 토픽에 필요한 구성 옵션을 추가한다.

다른 토픽과 마찬가지로
토픽을 생성한다.

```
bin/kafka-topics.sh --create --bootstrap-server localhost:9094 \
  --topic kinaction_compact --partitions 3 --replication-factor 3 \
  --config cleanup.policy=compact
```

컴팩션되는 토픽
유형으로 생성한다.

컴팩션된 토픽이 데이터를 표시하는 방법에 대한 가장 쉬운 비교 중 하나는 코드가 더 많은 데이터를 추가하는 대신 배열의 기존 필드를 업데이트하는 방식에서 볼 수 있다. 온라인 멤버십에 대해 현재 멤버십 상태를 유지하고 싶다고 가정해 보자. 사용자는 한 번에 기본 또는 골드 멤버십 중 하나의 상태에만 있을 수 있다. 처음에는 사용자가 기본 플랜에 등록하지만 시간이 지남에 따라 더 많은 기능을 위해 골드 플랜으로 업그레이드한다. 여전히 카프카가 저장하는 이벤트이지만 우리의 경우에는 특정 고객(우리의 키)에 대한 가장 최근의 멤버십 수준만 필요하다. 그림 7.7은 세 명의 고객을 사용하는 예를 보여준다.

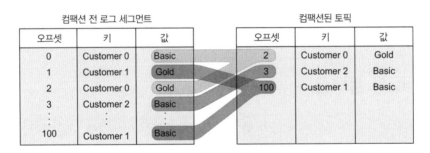

그림 7.7 일반적인 컴팩션

이 예제에서는 컴팩션이 완료되면 최신 Customer 0 업데이트는 1건만 존재한다. 오프셋이 2인 메시지는 Customer 0에 대한 메시지 오프셋 0의 이전 값이었던 Basic을 Gold로 변경한다. 오프셋 100인 최신 키의 이전 오프셋 1의 Gold 상태를 업데이트하기 때문에 Customer 1의 현재 값은 Basic이다. Customer 2에는 이벤트가 하나만 있으므로 해당 이벤트는 변경 없이 컴팩션된 토픽으로 넘긴다.

컴팩션된 토픽을 사용하려는 이유에 대한 또 다른 실제 예는 카프카의 내부 토픽인 __consumer_offsets이다. 카프카는 컨슈머 그룹이 소비하는 오프셋 이력이 필요한 것이 아니라 최신 오프셋만 필요하다. 컴팩션된 토픽에 오프셋을 저장함으로써 로그는 사실상 현재 상태에 대한 업데이트된 뷰를 얻는다.

토픽이 컴팩션으로 표시되면 두 가지 상태(컴팩션된 상태 또는 그렇지 않은 상태)의 단일 로그를 볼 수 있다. 이전 세그먼트의 경우 컴팩션이 완료되면 각 키에 대한 중복 값을 하나의 값으로 줄여야 한다. 활성 세그먼트 메시지는 아직 컴팩션을 거치지 않은 메시지다[11]. 모든 메시지가 정리clean될 때까지 특정 키에 대한 메시지에 대해 여러 값이 존재할 수 있다. 그림 7.8은 컴팩션된 메시지와 아직 방문하지 않은 메시지를 나타내는 포인터pointer가 어떻게 사용되는지 보여준다[16].

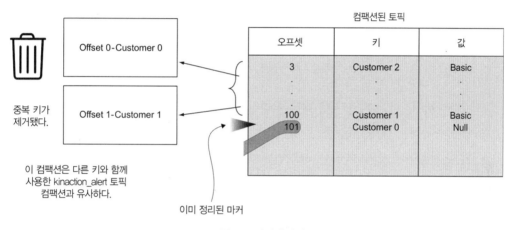

그림 7.8 컴팩션 정리

그림 7.8의 오프셋을 자세히 살펴보면 정리된 세그먼트 오프셋 번호에 간격이 있음을 알 수 있다. 중복 키 메시지에는 최신 값만 남아 있기 때문에 세그먼트 파일에서 일부 오프셋 번호가 제거될 수 있다(예를 들어, 오프셋 2가 제거됐다). 활성 섹션active section에서는 임의의 점프 번호 없이 기존 오프셋 번호가 계속 증가하는 것을 볼 수 있다.

이제 계정을 삭제하려는 구독자로 넘어가 보자. Customer 0과 같은 구독자 키와 함께 이벤트를 메시지 값으로 보내면 null이 메시지를 삭제로 처리한다. 이 메시지는 툼스톤(tombstone)으로 취급한다[10]. 아파치 HBase 같은 시스템을 사용해 본 적이 있다면, 개념은 그와 비슷하다. 그림 7.9는 null 값이 메시지를 제거하지 않고 다른 메시지처럼 제공됨을 보여준다[10].

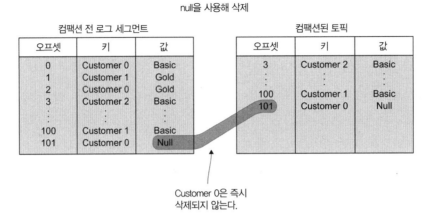

그림 7.9 삭제된 값에 대한 컴팩션

애플리케이션이 삭제 규칙을 직접 처리하지 않고도 카프카가 이러한 데이터 요구 사항을 충족하는 데 도움을 줄 수 있다.

이 장 전체에서 토픽, 파티션, 세그먼트의 다양한 세부 정보를 살펴봤다. 브로커의 개념이지만 실제로 클라이언트에게까지 영향을 미칠 수 있다. 이제 카프카가 데이터를 저장하는 일부 방식을 이해하게 됐으므로, 다음 장에서 데이터에 대한 장기 저장 옵션도 포함하여 데이터를 저장하는 방식을 본격적으로 알아볼 것이다.

요약

- 토픽은 물리적인 구조라기보다는 추상적 개념이다. 토픽의 동작을 이해하려면 해당 토픽의 컨슈머는 파티션 수와 동작 중인 복제 팩터에 대해 알아야 한다.
- 파티션은 토픽을 구성하며 토픽 내 데이터의 병렬 처리를 위한 기본 단위다.
- 로그 파일 세그먼트는 파티션 디렉터리에 기록되며 브로커에서 관리된다.

- 테스트는 파티션 로직의 유효성을 검사하는 데 사용할 수 있으며 메모리 내 클러스터를 사용할 수 있다.
- 토픽 컴팩션은 특정 레코드의 최신 값 보기를 제공하는 방법이다.

참고문헌

[1] "Main Concepts and Terminology." Confluent documentation (n.d.). https://docs.confluent.io/platform/current/kafka/introduction.html#main-concepts-and-terminology (accessed August 28, 2021).

[2] J. Rao. "How to choose the number of topics/partitions in a Kafka cluster?" (March 12, 2015). Confluent blog. https://www.confluent.io/blog/how-choose-number-topics-partitions-kafka-cluster/ (accessed May 19, 2019).

[3] "Documentation: Modifying topics." Apache Software Foundation (n.d.). https://kafka.apache.org/documentation/#basic_ops_modify_topic (accessed May 19, 2018).

[4] "Documentation: Adding and removing topics." Apache Software Foundation (n.d.). https://kafka.apache.org/documentation/#basic_ops_add_topic (accessed December 11, 2019).

[5] "delete.topic.enable." Confluent documentation (n.d.). https://docs.confluent.io/platform/current/installation/configuration/broker-configs.html#brokerconfigs_delete.topic.enable (accessed January 15, 2021).

[6] `Topics.java`. Apache Kafka GitHub. https://github.com/apache/kafka/blob/99b9b3e84f4e98c3f07714e1de6a139a004cbc5b/clients/src/main/java/org/apache/kafka/common/internals/Topic.java (accessed August 27, 2021).

[7] "auto.create.topics.enable." Apache Software Foundation (n.d.). https://docs.confluent.io/platform/current/installation/configuration/broker-configs.html#brokerconfigs_auto.create.topics.enable (accessed December 19, 2019).

[8] `AdminUtils.scala`. Apache Kafka GitHub. https://github.com/apache/kafka/blob/d9b898b678158626bd2872bbfef883ca60a41c43/core/src/main/scala/kafka/admin/AdminUtils.scala (accessed August 27, 2021).

[9] "Documentation: index.interval.bytes." Apache Kafka documentation. https://kafka.apache.org/documentation/#topicconfigs_index.interval.bytes (accessed August 27, 2021).

[10] "Log Compaction." Confluent documentation (n.d.). https://docs.confluent.io/platform/current/kafka/design.html#log-compaction (accessed August 20, 2021).

[11] "Configuring The Log Cleaner." Confluent documentation (n.d.). https://docs.confluent.io/platform/current/kafka/design.html#configuring-the-log-cleaner

(accessed August 27, 2021).

[12]   "CLI Tools for Confluent Platform." Confluent documentation (n.d.). https://docs. confluent.io/platform/current/installation/cli-reference.html (accessed August 25, 2021).

[13]   EmbeddedKafkaCluster.java. Apache Kafka GitHub. https://github.com/apache/ kafka/blob/9af81955c497b31b211b1e21d8323c875518df39/streams/src/test/java/org/ apache/kafka/streams/integration/utils/EmbeddedKafkaCluster.java (accessed August 27, 2021).

[14]   W. P. Bejeck Jr. *Kafka Streams in Action*. Shelter Island, NY, USA: Manning, 2018.

[15]   "cleanup.policy." Confluent documentation (n.d.). https://docs.confluent.io/ platform/current/installation/configuration/topic-configs.html#topicconfigs_cleanup. policy (accessed November 22, 2020).

[16]   "Log Compaction Basics." Confluent documentation (n.d.). https://docs.confluent. io/platform/current/kafka/design.html#log-compaction-basics (accessed August 20, 2021).

08

카프카 스토리지

지금까지 짧은 시간 동안 데이터가 카프카 내부와 외부로 이동하는 것에 관해 살펴봤다. 고려해야 할 또 다른 부분은 데이터가 장기적으로 유지돼야 하는 위치다. MySQL 또는 몽고DB^MongoDB 같은 데이터베이스를 사용할 때, 데이터가 만료되는지 또는 어떻게 만료되는지 항상 생각하지는 않을 것이다. 오히려 데이터가 애플리케이션 전체 수명의 대부분 동안 존재할 것임을 알고 있다. 이에 비해, 카프카의 스토리지는 논리적으로 데이터베이스의 장기 스토리지 솔루션과 메시지 브로커의 임시 스토리지 사이에 위치한다. 다른 메시지 브로커에서와 같이 메시지가 클라이언트에 의해 소비될 때까지 메시지를 보유하는 메시지 브로커를 생각할 때 특히 그렇다. 카프카 환경에서 데이터를 저장하고 이동하기 위한 몇 가지 옵션을 살펴보자.

8.1 데이터 저장기간

현재 카프카 토픽 데이터의 기본 보존기간 제한은 7일이며, 이 제한은 시간이나 데이터 크기로 쉽게 구성할 수 있다[1]. 그런데 카프카는 수년간 데이터 그 자체를 보유할 수 있을까? 실제 사례 중 하나는 『뉴욕타임스』가 카프카를 사용하는 방식이다. 당시 『뉴욕타임스』의 카프카 클러스터에 있는 콘텐츠는 100GB 미만인 파티션 1개에 들어 있었다[2]. 7장의 파티션 논의를 기억한다면 파티션이 브로커 간에 분할되지 않기 때문에 이 모든 데이터가 단일 브로커의 디스크 드라이브에 존재한다는 사실을 알 수 있다(그 디스크 드라이브의 모든 복제본과 마찬가지로). 스토리지는 상대적으로 저렴한 것으로 간주되고 최신 하드 디스크 드라이브의 용량은 수백 기가바이트를 훨씬 넘어서기 때문에 대부분의 회사는 해당 데이터를 보관하는 데 있어 크기 문제는 없다. 하지만 이것이 카프카의 유효한 사용일까? 아니면 의도된 목적과 설계의 남용일까? 향후 사용을 위해 디스크에 계획된 확장을 위한 공간이 있는 한, 특정 워크로드를 처리하기 위한 좋은 패턴을 찾을 수 있다.

브로커에 대한 보존기간을 어떻게 구성할 수 있을까? 주요 고려사항은 로그의 크기와 데이터가 존재하는 시간이다. 표 8.1은 보존에 유용한 일부 브로커 구성 옵션을 보여준다[3].

표 8.1 브로커 보존기간 구성

키	목적
log.retention.bytes	로그 삭제를 위한 최대 크기 임곗값(바이트 단위)
log.retention.ms	로그 삭제 전 유지 시간(밀리초 단위)
log.retention.minutes	로그 삭제 전 유지 시간(분 단위). log.retention.ms가 함께 설정되어 있다면 log.retention.ms가 사용된다.
log.retention.hours	로그 삭제 전 유지 시간(시간 단위) log.retention.ms와 log.retention.minutes 중 어느 하나가 설정되어 있다면, log.retention.ms나 log.retention.minutes가 사용된다.

로그 보존기간 제한을 비활성화하고 영원히 유지하려면 어떻게 하면 될까? log.retention.bytes와 log.retention.ms를 모두 -1로 설정하면 데이터 삭제를 끌 수 있다[4].

고려해야 할 또 다른 사항은 컴팩션된 토픽과 함께 키드keyed 이벤트를 사용해 최신 값에 대해 유사한 보존기간을 얻을 수 있는 방법이다. 컴팩션 정리 중 여전히 데이터를 제거할 수 있지만, 가장 최근의 키드 메시지는 항상 로그에 있다. 이는 키가 현재 값에서 상태를 어떻게 변경했는지에 대한 모든 이벤트(또는 기록)가 필요하지 않은 사용 사례에서 데이터를 유지하는 좋은 방법이다.

잠시 동안만 데이터를 유지하고 싶지만, 브로커에 데이터를 보관할 디스크 공간이 충분하지 않다면? 장기 저장을 위한 또 다른 선택지는 데이터를 카프카 외부로 이동하고 카프카 브로커에는 유지하지 않는 방식이다. 카프카에서 보존기간에 따라 데이터가 제거되기 전에 데이터를 다른 데이터베이스에 저장할 수 있다. HDFSHadoop Distributed File System(하둡 분산 파일시스템) 또는 이벤트 메시지를 클라우드 저장소와 같은 곳에 업로드한다. 이러한 모든 경로는 유효한 선택지이며 컨슈머가 데이터를 처리한 후 데이터를 보유하는 좀 더 비용 효율적인 수단을 제공할 수 있다.

8.2 데이터 이동

받은 데이터를 변환할 필요성은 거의 모든 회사가 갖고 있을 것이다. 경우에 따라 회사 내의 특정 영역 또는 서드파티 인티그레이션third-party integration으로 인해 발생한다. 이 데이터 변환에서 많은 사람이 사용하는 대중적인 용어가 ETL(추출extract, 변환transform, 로드load)이다. 도구나 코드를 사용해 데이터를 원래 형식으로 가져오고 데이터를 변환한 다음 다른 테이블이나 데이터 저장소에 배치할 수 있다. 카프카는 이러한 데이터 파이프라인에서 중요한 역할을 할 수 있다.

8.2.1 원본 이벤트 유지

언급하고 싶은 한 가지는 카프카 내부 이벤트 형식에 대한 선호도다. 논쟁의 여지가 있고 사용 사례 요구사항에 따르더라도 토픽의 원래 형식으로 메시지를 저장하는 것을 선호한다. 원본 메시지를 보관하며 토픽에 배치하기 전에 형식을 지정하지 않는 이유는 무엇일까? 원본 메시지가 있으면 실수로 변환 로직을 엉망으로 만든 경우에도 쉽게 돌아가서 다시 시작해 볼 수 있다. 변형된 데이터에서 실수를 수정하는 방법을 찾는 대신 항상 원래 데이터로 돌아가서 다시 시작할 수 있다. 날짜 형식을 지정하려고 하거나 정규식을 처음 실행할 때 보통 이런 경험을 대부분 해봤을 것이다. 때로는 원하는 방식으로 데이터의 형식을 지정하는 데 여러 번의 시도가 필요하다.

원본 메시지 전체를 얻을 수 있는 경우 또 다른 이점은 현재 사용하지 않는 데이터가 나중에 사용될 수 있다는 점이다. 연도가 1995년이고 공급업체로부터 mobile 필드를 받고 있다고 가정해 보자. 여러분의 비즈니스에는 해당 필드가 필요하지 않았다. 하지만 첫 번째 SMS 마케팅 캠페인을 시작해야 할 때가 오면 원래의 '쓸모없는' 데이터까지 보관했던 과거의 자신에게 감사하게 될지도 모른다.

mobile 필드가 일부에게는 사소한 예일 수도 있지만, 데이터 분석을 위한 사용 측면에서는 이러한 재사용이 흥미로울 것이다. 데이터 분석 모델이 이전에는 중요하지 않다고 생각했던 데이터의 추세를 보기 시작하면 어떻게 되겠는가? 모든 데이터 필드를 유지하면 해당 데이터로 돌아가 예상치 못했던 인사이트를 찾을 수 있다.

8.2.2 배치 사고방식에서 벗어나기

ETL 또는 데이터 파이프라인의 일반적인 주제가 '배치', '마감일', '월간', '연간'과 같은 용어를 떠올리게 하는가? 과거의 데이터 변환 프로세스에서 현재의 변화 중 하나는 지연 없이 데이터를 다양한 시스템으로 지속적으로 스트리밍할 수 있다는 생각이다. 예를 들어, 카프카를 사용하면 거의 실시간으로 파이프라인을 계속 실행할 수 있으며 스트림 처리 플랫폼을 사용해 데이터를 무한한 일련의 이벤트로 처리할 수 있다.

카프카가 데이터에 대한 사고방식의 변화를 가능하게 하는 데 도움이 될 수 있음을 상기시키기 위해 이를 언급했다. 데이터베이스를 실행하고 업데이트하기 위해 야간 작업을 기다릴 필요가 없다. 또한 집약적인 ETL 작업을 수행하기 위해 트래픽

이 적은 야간 시간대를 기다릴 필요가 없다. 시스템으로 스트리밍되고 실시간으로 애플리케이션을 위해 지속적으로 작동하는 파이프라인이 있을 때 이러한 작업을 수행할 수 있다. 향후 파이프라인을 사용하거나 현재 파이프라인을 더 잘 활용하는 데 도움이 될 수 있는 도구를 살펴보자.

8.3 도구

데이터 이동은 카프카를 비롯한 많은 시스템의 핵심이다. 3장에서 논의한 커넥트 Connect 같은 오픈소스 카프카 및 컨플루언트 제품 내부에 머물 수도 있지만, 인프라에 적합하거나 이미 도구 모음으로 사용할 수 있는 다른 도구들도 있다. 특정 데이터 소스 또는 싱크에 따라 이번 절에서 언급할 선택지가 목표를 달성하는 데 도움이 될 수 있다. 이번 절에서 살펴볼 일부 도구에는 샘플 구성과 명령이 포함되어 있지만, 로컬 시스템에서 이러한 명령을 실행하려면 더 많은 설정(따로 언급하지는 않는다)이 필요할 수 있다. 이 절이 여러분의 관심을 불러일으키고 스스로 탐색을 시작할 수 있도록 충분한 계기가 되기를 기대한다.

8.3.1 아파치 플룸

빅데이터 작업을 통해 카프카를 처음 접했다면 클러스터와 관련하여 플룸Flume을 사용했을 가능성이 크다. 'Flafka'라는 용어를 들어본 적이 있다면 이 카프카와 플룸 통합을 확실히 사용해 본 적이 있을 것이다. 플룸은 데이터를 클러스터로 가져오는 더 쉬운 경로를 제공할 수 있으며 커스텀 코드보다 구성에 더 의존한다. 예를 들어, 하둡 클러스터로 데이터를 수집하고 이러한 다양한 부분에 대한 공급업체vendor 지원을 이미 받고 있는 경우 플룸은 카프카 클러스터로 데이터를 가져올 수 있는 확실한 선택지다.

그림 8.1은 플룸 에이전트가 자체 프로세스로 노드에서 실행되는 방법의 예를 보여준다. 해당 서버의 로컬 파일을 감시한 다음 사용자가 제공한 에이전트에 대한 구성을 사용해 데이터를 싱크로 보낸다.

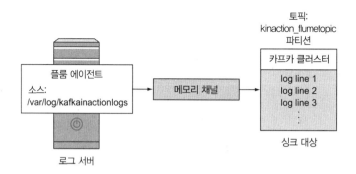

그림 8.1 플룸 에이전트

플룸 에이전트를 사용해 로그 파일(데이터 소스)을 카프카 토픽(데이터 싱크)에 통합하는 방식을 다시 살펴보자. 리스트 8.1은 디렉터리에서 변경사항을 감시하도록 로컬 플룸 에이전트를 설정하는 데 사용할 수 있는 샘플 구성 파일을 보여준다[5]. 변경사항은 kinaction_flumetopic 카프카 토픽에 배치된다. 이 예시는 cat 명령을 디렉터리의 파일에 사용해 파일을 읽고 결과를 특정 카프카 토픽으로 보내는 것과 같다.

```
ag.sources = logdir          ◁─── 소스, 싱크, 채널에 대한
ag.sinks = kafkasink              커스텀 이름을 정의한다.
ag.channels = c1

                                       spooldir 소스를 통해 플룸은
#Configure the source directory to watch   로그 항목을 감시할 디렉터리를
ag.sources.logdir.type = spooldir  ◁──  알 수 있다.
ag.sources.logdir.spoolDir = /var/log/kafkainactionlogs
...
ag.sinks.kafkasink.channel = c1                          ◁──  이 섹션에서는
ag.sinks.kafkasink.type = org.apache.flume.sink.kafka.KafkaSink   데이터가 도착하기를
ag.sinks.kafkasink.kafka.topic = kinaction_flumetopic    원하는 토픽과
...                                                      카프카 클러스터
# Bind both the sink and source to the same channel       정보를 정의한다.
ag.sources.logdir.channels = c1      ◁──  정의된 채널로 소스를
ag.sinks.kafkasink.channel = c1            싱크에 연결한다.
```

리스트 8.1은 서버에서 실행되는 플룸 에이전트를 구성하는 방법을 보여준다. 싱크 구성은 이전에 자바 클라이언트 프로듀서 코드에서 사용한 속성과 매우 유사하다.

플룸이 카프카를 소스나 싱크뿐만 아니라 채널로 사용할 수 있다는 점도 흥미롭다. 카프카는 좀 더 안정적인 이벤트 채널로 간주되기 때문에 플룸은 카프카를 사용

해 다양한 소스와 싱크 간에 메시지를 전달할 수 있다.

여러분이 플룸 구성을 검토하며 카프카가 언급된 것을 보고 있다면, 실제로 사용되는 위치와 방법을 확인하자. 다음 리스트는 플룸이 지원하는 다양한 소스와 싱크 간에 안정적인 채널을 제공하는 데 사용할 수 있는 플룸 에이전트 구성을 보여준다[5].

리스트 8.2 플룸 카프카 채널 구성

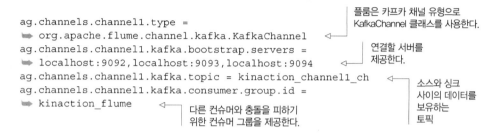

```
ag.channels.channel1.type =
➥ org.apache.flume.channel.kafka.KafkaChannel
ag.channels.channel1.kafka.bootstrap.servers =
➥ localhost:9092,localhost:9093,localhost:9094
ag.channels.channel1.kafka.topic = kinaction_channel1_ch
ag.channels.channel1.kafka.consumer.group.id =
➥ kinaction_flume
```

플룸은 카프카 채널 유형으로 KafkaChannel 클래스를 사용한다.

연결할 서버를 제공한다.

소스와 싱크 사이의 데이터를 보유하는 토픽

다른 컨슈머와 충돌을 피하기 위한 컨슈머 그룹을 제공한다.

8.3.2 레드햇 데베지움

데베지움Debezium(https://debezium.io)은 데이터베이스를 이벤트 스트림으로 전환하는 데 도움이 되는 분산 플랫폼이라고 설명되어 있다. 즉, 데이터베이스 업데이트를 이벤트로 처리할 수 있다! 데이터베이스 배경지식이 있거나 또는 없더라도 **변경 데이터 캡처**CDC, change data capture라는 용어는 들어본 적이 있을지도 모르겠다. 이름에서 알 수 있듯이 데이터 변경사항을 추적하고 해당 변경사항에 대응하기 위해 사용할 수 있다. 이 장을 작성할 당시 데베지움은 MySQL, 몽고DB, PostgreSQL, 마이크로소프트 SQL 서버, 오라클Oracle, IBM Db2를 지원하고 있었다. Cassandra와 Vitess도 인큐베이팅 상태다[6]. 웹사이트(https://debezium.io/documentation/reference/connectors/)에서 현재 커넥터 목록을 참고하자.

데베지움은 애플리케이션이 카프카에서 일반 클라이언트가 소비하는 이벤트를 기록하기 위해 카프카 커넥트와 커넥터를 사용한다. 그림 8.2는 카프카 커넥트에 대해 데베지움을 커넥터로 등록한 경우의 예시다.

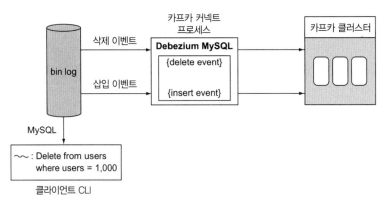

그림 8.2 MySQL 데이터베이스와 함께 사용되는 카프카 커넥트 및 데베지움

이 시나리오에서 개발자는 CLI^command line interface, 명령줄 인터페이스를 사용하고 변경사항을 모니터링 중인 MySQL 데이터베이스 인스턴스에 대해 사용자를 삭제한다. 데베지움은 데이터베이스의 내부 로그에 기록된 이벤트를 캡처하고 해당 이벤트는 커넥터 서비스를 통해 카프카로 전달된다. 새 사용자 등록과 같은 두 번째 이벤트가 데이터베이스에 삽입되면 새 이벤트가 캡처된다.

추가로, 카프카와 직접적인 관련은 없으나 CDC 같은 기술을 사용해 데이터의 이벤트 및 변경사항을 즉시 제공하여 데베지움의 전반적인 목표와 유사한 방식으로 도움을 줄 수 있는 다른 예도 있다.

8.3.3 보안

Secor(https://github.com/pinterest/secor)는 2014년부터 진행된 핀터레스트^Pinterest의 흥미로운 프로젝트다. 카프카 로그 데이터를 S3 및 구글 클라우드 스토리지^Google Cloud Storage를 포함한 다양한 스토리지 옵션에 유지하도록 돕는 것을 목표로 한다[7]. 시퀀스^sequence 파일, 아파치 오크^Apache ORC 파일, 아파치 파케이^Apache Parquet 파일 및 기타 형식을 포함하여 출력 옵션도 다양하다. 항상 그렇듯이 공개 저장소에 소스 코드가 있는 프로젝트의 주요 이점 중 하나는 우리와 유사한 요구사항을 다른 팀이 어떻게 구현했는지 볼 수 있다는 점이다.

그림 8.3은 Secor가 다른 애플리케이션과 마찬가지로 카프카 클러스터의 컨슈머 역할을 하는 방식을 보여준다. 데이터 백업을 위해 클러스터에 컨슈머를 추가하는 것은 큰 문제가 아니다. 이는 카프카가 항상 이벤트의 여러 리더reader를 처리하는 방식을 활용한다.

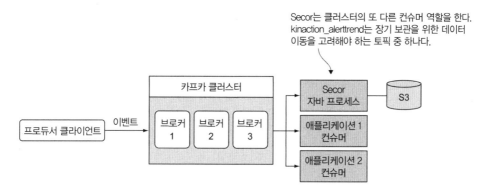

그림 8.3 Secor는 컨슈머 역할을 하고 데이터를 스토리지에 저장한다.

Secor는 자바 프로세스로 실행되며 특정 구성을 제공할 수 있다. 사실상 S3 버킷 같은 특정 대상에 도달할 데이터를 수집하기 위해 기존 토픽에 대한 또 다른 컨슈머 역할을 한다. Secor는 다른 컨슈머를 방해하지 않으며 카프카 보존기간이 로그에서 데이터를 제거한 후에도 손실되지 않도록 이벤트 사본을 가질 수 있다.

Secor 호출은 자바 환경에서 JAR로 작업하는 데 익숙한 사용자에게 친숙하다. –D 표준 매개변수가 있는 인수를 Secor 애플리케이션에 전달할 수 있다. 이 경우 업데이트해야 할 가장 중요한 파일은 구성 옵션이 있는 속성 파일이다. 이 파일을 사용하면 예를 들어 특정 클라우드 저장소 버킷에 대한 세부 정보를 채울 수 있다.

8.3.4 데이터 저장을 위한 사용 사례의 예

저장을 위해 카프카 밖으로 데이터를 이동하는 것이 나중에 어떻게 사용될 수 있는지 예를 들어 살펴보자. 먼저 명확히 하기 위해, 같은 데이터를 2개의 서로 다른 영역으로 나눌 것이다. 한 영역은 데이터가 카프카에 들어올 때 운영 용도로 그 데이터를 사용하는 것이다.

운영 데이터operational data는 일상적인 작업에서 생성되는 이벤트다. 예를 들어, 웹사이트에서 상품을 주문하는 이벤트를 생각할 수 있다. 구매 이벤트는 애플리케이션을 액션으로 트리거하고 대기 시간이 짧은 방식으로 작동한다. 실시간 애플리케이션에 대한 이 데이터의 가치는 주문이 완료되고 우편으로 발송될 때까지 며칠 동안 데이터를 유지하는 것을 보증할 수 있다는 점이다. 이 기간이 지나면 분석 시스템에서 이벤트가 더 중요해질 수도 있다.

분석 데이터analytical data는 동일한 운영 데이터를 기반으로 하지만 일반적으로 비즈니스 결정을 내리는 데 더 많이 사용된다. 기존 시스템에서는 데이터 웨어하우스, 온라인 분석 처리OLAP, OnLine Analytical Processing 시스템, 하둡과 같은 프로세스가 빛을 발한다. 예를 들어, 판매 데이터에 대한 통찰력을 얻기 위해 다양한 시나리오에서 이벤트의 다양한 필드 조합을 사용해 해당 이벤트 데이터를 마이닝할 수 있다. 휴일 전에 항상 청소용품 판매가 급증한다는 사실을 발견했다면, 해당 데이터를 사용해 향후 비즈니스를 위한 더 나은 판매 옵션을 만들 수 있다.

8.4 카프카로 데이터를 다시 가져오기

주목해야 할 가장 중요한 사항 중 하나는 데이터가 카프카를 떠났다고 해서 데이터를 다시 넣을 수 없다는 뜻은 아니라는 점이다. 그림 8.4는 카프카에서 정상적인 수명을 유지하고 S3와 같은 클라우드 스토리지에 보관된 데이터의 예를 보여준다. 새로운 애플리케이션 로직 변경으로 인해 이전 데이터를 다시 처리해야 하는 경우 S3와 카프카 모두에서 읽기 위해 클라이언트를 생성할 필요가 없었다. 오히려 카프카 커넥트와 같은 도구를 사용해 S3에서 카프카로 해당 데이터를 다시 로드할 수 있다! 인터페이스는 애플리케이션의 관점에서 동일하게 유지된다. 언뜻 보기에는 왜 그런 일을 하려는지 명확하지 않을 수 있지만, 데이터를 처리하고 보존기간이 지난 후에 다시 카프카로 데이터를 이동하는 것이 가치가 있다고 생각하는 상황을 생각해 보자.

수년간 이벤트를 처리하면서 수집한 데이터에서 패턴을 찾으려고 시도하는 팀을 상상해 보자. 이 예에서는 테라바이트의 데이터가 있다. 실시간 운영 데이터 수집을 제공하기 위해 컨슈머가 실시간으로 메시지를 처리한 후 이 데이터를 카프카에서 HDFS로 이동했다. 이제 애플리케이션 로직이 HDFS에서 직접 가져와야 할까? 그렇지 않고 카프카로 다시 가져온다면 애플리케이션이 이전처럼 데이터를 처리할 수 있다. 데이터를 카프카에 다시 로드하는 것은 시스템에서 오래되었을 수 있는 데이터를 재처리하는 유효한 방법이다. 그림 8.4는 데이터를 다시 카프카로 옮길 수 있는 방법의 또 다른 예를 보여준다.

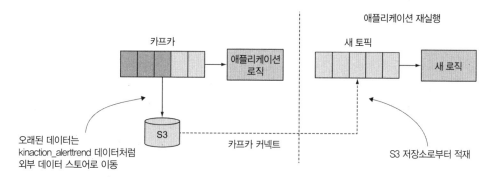

그림 8.4 데이터를 카프카로 다시 이동하기

일정 시간이 지나면 카프카 내의 데이터 보존기간 구성data retention configuration으로 인해 이벤트를 애플리케이션에서 사용할 수 없다. 그러나 S3 버킷에는 모든 이전 이벤트 사본이 있다. 이전 애플리케이션의 새 버전이 있고 이전 애플리케이션에서와 같이 모든 이전 데이터 이벤트를 처리해야 한다고 가정해 보자. 그러나 해당 이벤트가 카프카에 없기 때문에 지금 S3에서 가져와야 하는가? 애플리케이션 로직이 다양한 소스에서 가져오기를 원하는가? 아니면 하나의 인터페이스(카프카)만 갖기를 원하는가? 기존 카프카 클러스터에서 새 토픽을 만들고 카프카 커넥트를 사용해 S3에서 데이터를 로드하여 데이터를 새 카프카 토픽에 배치할 수 있다. 그러면 애플리케이션이 카프카에 대해 실행되어 처리 로직을 변경하지 않고도 이벤트를 처리할 수 있다.

이 사고의 과정은 실제로 카프카를 애플리케이션의 인터페이스로 유지하고 데이터를 처리하기 위한 여러 방법을 만들 필요가 없도록 하는 것이다. 커넥트와 같은 기존 도구를 사용해 카프카로부터 또는 카프카로 데이터를 이동할 수 있는데 왜 다른 위치에서 가져올 커스텀 코드를 만들고 유지해야 할까? 하나의 인터페이스에 데이터가 있으면 동일하게 처리할 수 있다.

> **NOTE**
>
> 이 기술은 카프카에서 제거된 데이터에만 적용된다. 필요한 전체 데이터 타임라인이 여전히 카프카에 있는 경우에는 언제나 예전 오프셋으로 원하는 데이터를 찾을 수 있다.

8.4.1 계층화된 스토리지

컨플루언트 플랫폼 6.0.0 버전에는 계층화된 스토리지Tiered Storage[1]라는 최신 선택지가 있다. 이 모델에서 로컬 저장소는 여전히 브로커 그 자체이며, 원격 저장소는 오래되고(원격 위치에 저장됨) 시간 구성(`confluent.tier.local.hotset.ms`)에 의해 제어되는 데이터가 유지된다[8].

8.5 카프카를 사용한 아키텍처

MVCModel-View-Controller, P2PPeer-to-Peer, SOAService-Oriented Architecture와 같이 제품을 구축할 때 데이터를 이벤트로 보는 다양한 아키텍처 패턴이 있으며, 카프카는 전체 아키텍처 설계에 대한 우리의 생각을 바꿀 수 있다. 카프카(및 공정하게 말하면 다른 스트리밍 플랫폼)로 구동될 수 있는 몇 가지 아키텍처를 살펴보자. 이를 통해 고객을 위한 시스템을 설계하는 방법에 대해 다른 관점을 얻을 수 있을 것이다.

　　빅데이터big data라는 용어는 이러한 토론 중 일부와 관련하여 사용된다. 데이터의

1　최근 카프카 3.6.0 버전에 계층화된 스토리지 기능이 프리뷰 수준으로 포함되었다. – 옮긴이

양과 해당 데이터를 적시에 처리해야 하는 필요성이 이러한 시스템 설계 중 일부로 이어진 원동력이라는 점을 유의해야 한다. 그러나 이러한 아키텍처는 빠른 데이터 또는 빅데이터 애플리케이션에만 국한되지 않는다. 기존 데이터베이스 기술이 한계에 도달함으로써 데이터에 대한 새로운 관점이 발전했다. 이번 절에서 그중 두 가지를 살펴보자.

8.5.1 람다 아키텍처

배치 처리 및 운영 워크로드에 대한 요구사항이 모두 포함된 데이터 애플리케이션을 조사하거나 작업한 적이 있다면 람다 아키텍처에 대한 레퍼런스를 보았을 것이다. 이 아키텍처의 구현은 카프카에서도 시작할 수는 있지만 좀 더 복잡하다.

데이터의 실시간 뷰는 히스토리 뷰와 결합되어 최종 사용자에게 서비스를 제공한다. 이 두 데이터 뷰를 병합하는 복잡성을 무시해서는 안 된다. 저자[2]에게는 서빙 테이블을 다시 구축하는 것이 하나의 도전이었다. 두 시스템의 결과로 작업할 때 데이터에 대해 서로 다른 인터페이스를 유지해야 할 가능성도 높다.

나단 마즈Nathan Marz가 제임스 워렌James Warren과 함께 쓴 『Big Data』라는 책에서는 람다 아키텍처에 대해 그리고 배치, 서빙, 스피드 레이어에 대해 자세히 설명한다 [9]. 그림 8.5는 고객 주문 접수를 배치 및 실시간 방식으로 생각할 수 있는 방법의

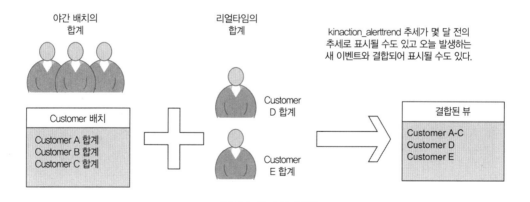

그림 8.5 람다 아키텍처

---

2 람다 아키텍처가 설명된 『Big Data』를 쓴 저자 – 옮긴이

예를 보여준다. 전날의 고객 총계는 하루 동안 발생하는 주문과 통합되어 최종 사용자에게 결합된 데이터 뷰로 제공될 수 있다.

그림 8.5의 개념을 취하고 이 아키텍처에 대한 느낌을 얻기 위해 높은 수준에서 각 레이어를 살펴보자. 이러한 레이어는 마즈의『Big Data』에 기술되어 있다.

- **배치**batch: 이 레이어는 하둡과 같은 시스템에서 맵리듀스MapReduce를 사용한 배치 처리 방식과 유사하다. 새 데이터가 데이터 저장소에 추가되면 배치 처리 계층은 이미 시스템에 있는 데이터 뷰를 계속해서 미리 계산precompute해둔다.

- **속도**speed: 이 레이어는 최근 데이터에서 뷰를 생성한다는 점을 제외하면 배치 레이어와 개념이 유사하다.

- **서빙**serving: 이 레이어는 배치 뷰를 업데이트할 때마다 소비자에게 보내는 뷰를 업데이트한다.

최종 사용자의 경우 람다 아키텍처는 서비스 레이어와 스피드 레이어의 데이터를 통합하여 모든 최근 및 과거 데이터의 전체 뷰로 요청에 응답한다. 이 실시간 스트리밍 레이어는 카프카가 역할을 수행할 수 있는 가장 확실한 위치이지만 배치 레이어를 공급하는 데도 사용할 수 있다.

8.5.2 카파 아키텍처

카프카의 기능을 활용할 수 있는 또 다른 아키텍처 패턴은 카파kappa 아키텍처다. 이 아키텍처는 카프카의 공동 개발자인 제이 크렙스Jay Kreps가 제안했다[10]. 중단 없이 사용자에게 영향을 미치는 시스템을 유지하려는 경우를 생각해 보자. 이를 수행하는 한 가지 방법은 람다에서처럼 업데이트된 뷰를 전환하는 것이다. 이를 수행하는 또 다른 방법은 현재 시스템을 새 시스템과 병렬로 실행하고 새 버전이 트래픽을 처리할 준비가 되면 기존 버전을 중단하고 새 버전으로 전환하는 방식이다. 이 컷오버의 일부는 물론 이전 버전에서 제공되는 데이터가 최신 버전에 올바르게 반영되도록 하는 것이다.

필요할 때만 사용자 대면 데이터user-facing data를 재생성한다. 이전 데이터와 새 데이터를 병합할 필요가 없다. 이는 일부 람다 구현에서도 진행되는 프로세스다. 연속 작업일 필요는 없지만, 애플리케이션 로직 변경이 필요할 때 호출된다. 또한 데이터에 대한 인터페이스를 변경할 필요가 없다. 카프카는 새 애플리케이션 코드와 이전 애플리케이션 코드 모두에서 동시에 사용할 수 있다. 그림 8.6은 배치 레이어를 사용하지 않고 뷰를 생성하기 위해 고객 이벤트를 사용하는 방법을 보여준다.

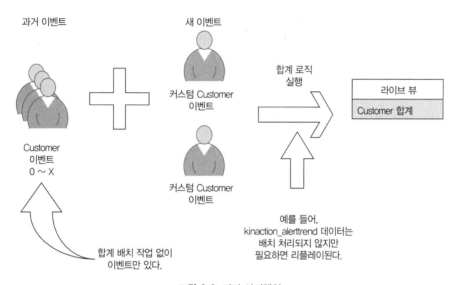

그림 8.6 카파 아키텍처

그림 8.6은 과거와 현재의 고객 이벤트가 뷰를 만드는 데 직접 사용되는 것을 보여준다. 이벤트가 카프카에서 소싱된 다음 카프카 스트림즈 또는 ksqlDB를 사용해 거의 실시간으로 모든 이벤트를 읽고 최종 사용자를 위한 뷰를 생성한다고 상상해보자. 고객 이벤트 처리 방식을 변경해야 하는 경우 이전과 동일한 데이터 소스(카프카)를 사용해 다른 로직(예를 들어, 새 ksqlDB 쿼리)으로 두 번째 애플리케이션을 생성할 수 있다. 최종 사용자 뷰를 만드는 데 사용되는 스트리밍 로직만 있기 때문에 배치 레이어를 따로 관리할 필요가 없다.

8.6 다중 클러스터 설정

지금까지 대부분의 주제와 논의는 하나의 클러스터에 있는 데이터의 관점에서 이뤄졌다. 그러나 카프카는 확장을 잘 지원하므로 단일 클러스터에 대해 수백 개의 브로커에 도달하는 것은 전례가 없지는 않다. 그러나 단일 규모의 클러스터가 모든 인프라에 적합한 것은 아니다. 클러스터 스토리지에 대해 이야기할 때 직면하는 문제 중 하나는 최종 사용자 클라이언트와 관련하여 데이터를 제공하는 위치다. 이번 절에서는 브로커만 추가하는 대신 클러스터를 추가하여 확장하는 방법을 설명한다.

8.6.1 클러스터 추가를 통한 확장

일반적으로 확장할 첫 번째 항목은 기존 클러스터 내부의 리소스인데, 브로커 수는 성장에 직접적인 영향을 주는 첫 번째 옵션이다. 하지만 넷플릭스^{Netflix}의 멀티클러스터 전략은 카프카 클러스터를 확장하는 새로운 방식에 대한 매력적인 제안이다[11]. 브로커 수만 추가하여 클러스터를 확장하는 방식 대신 클러스터 자체를 추가하여 확장할 수 있다는 사실을 발견했다!

이 설계는 CQRS^{Command Query Responsibility Segregation}라는 아이디어를 떠올리게 한다. CQRS에 대한 자세한 내용은 마틴 파울러^{Martin Fowler}의 사이트(https://martinfowler.com/bliki/CQRS.html)를 참고한다. 특히 데이터 읽기 부하와 데이터 쓰기 부하를 분리하는 아이디어를 확인하자[12]. 각 작업은 다른 작업을 제한하지 않고 독립적인 방식으로 확장할 수 있다. CQRS는 시스템에 복잡성을 더할 수 있는 패턴이지만, 이 특정 예가 카프카로 데이터를 보내는 프로듀서의 부하를 때로 훨씬 더 큰 컨슈머가 데이터를 읽는 부하와 분리하여 대규모 클러스터의 성능을 관리하는 데 어떻게 도움이 되는지 주목했던 점이 흥미롭다.

8.7 클라우드 및 컨테이너 기반 스토리지 옵션

6장에서 카프카 로그 디렉터리에 대해 이야기하면서 더 짧은 수명의 스토리지를 제공하는 환경에서 사용할 인스턴스 유형은 다루지 않았다. 참고로, 컨플루언트는 AWS 환경에서 배포^{deployment}에 관한 연구를 공유하며 스토리지 유형별 트레이드오프를 살펴봤다[13].

또 다른 선택지는 컨플루언트 클라우드(https://www.confluent.io/confluent-cloud/)를 살펴보는 것이다. 이 선택지를 사용하면 클라우드 공급자 간에 사용되는 기본 스토리지와 관리 방법에 대해 걱정을 덜 수 있다. 항상 그렇듯이 카프카 자체는 계속 진화하고 사용자가 일상적인 문제로 직면하는 요구사항에 대응한다는 점을 기억하자. 책을 쓰는 당시 승인된 KIP-392는 데이터 센터에 걸쳐 있는 카프카 클러스터 문제를 해결하는 데 도움이 되는 아이템을 보여준다. KIP의 제목은 '소비자가 가장 가까운 레플리카에서 가져올 수 있도록 허용^{Allow consumers to fetch from the closest replica}'이다 [14]. 최신 KIP^{Kafka Improvement Proposal, 카프카 개선 제안}를 수시로 확인하여, 카프카가 어떻게 흥미로운 방식으로 진화하는지 확인하자.

8.7.1 쿠버네티스 클러스터

컨테이너화된 환경을 다룰 때 클라우드에서와 유사한 문제에 직면할 수 있다. 브로커에서 잘못 구성된 메모리 제한에 도달하여 데이터가 올바르게 기록되지 않으면 완전히 새로운 노드로 이동될 수 있다. 데이터 손실을 허용하는 샌드박스 환경에 있지 않은 경우 재시작, 실패, 이동하더라도 데이터가 유지되도록 브로커가 퍼시스턴트 볼륨 클레임^{persistent volume claim}을 필요로 할 수 있다. 브로커 인스턴스 컨테이너가 변경될 수 있지만 기존 영구 볼륨을 다시 요청할 수 있어야 한다.

카프카 애플리케이션은 장애 또는 파드^{pod} 이동 시 각 브로커의 ID를 유지하기 위해 스테이트풀셋^{StatefulSet} API를 사용할 가능성이 높다. 이 정적 ID는 파드가 다운되기 전에 사용된 것과 동일한 퍼시스턴트 볼륨을 요청하는 데도 도움이 된다. 쿠버네티스를 탐색할 때 테스트 설정을 시작하는 데 도움이 되는 헬름^{Helm} 차트(https://github.com/confluentinc/cp-helm-charts)가 이미 있다[15]. 쿠버네티스를 위한 컨플루언트는 쿠버네티스 관리에도 도움이 된다[16].

쿠버네티스의 범위는 여기에서 다루기에 상대적으로 크지만, 환경에 관계없이 주요 관심사다. 우리 브로커는 클러스터에 ID가 있으며 각각이 관련된 데이터에 연결되어 있다. 클러스터를 정상 상태로 유지하려면 이러한 브로커는 실패, 재시작, 업그레이드 작업에서 브로커 관리 로그를 식별할 수 있는 기능이 필요하다.

요약

- 데이터 보존기간은 비즈니스 요구에 따라 결정돼야 한다. 결정에는 스토리지 비용과 시간 경과에 따른 데이터 증가율이 포함된다.
- 크기와 시간은 데이터가 디스크에 보존되는 기간을 정의하기 위한 기본 매개변수다.
- 카프카 외부의 데이터 장기 저장은 장기간 보관해야 하는 데이터를 위한 옵션이다. 나중에 데이터를 클러스터로 생성하여 필요에 따라 데이터를 다시 가져올 수 있다.
- 데이터를 신속하게 처리하고 데이터를 재생하는 카프카의 기능은 람다^{lambda} 및 카파^{kappa} 같은 아키텍처를 활성화할 수 있다.
- 클라우드 및 컨테이너 워크로드에는 종종 수명이 짧은 브로커 인스턴스가 포함된다. 지속돼야 하는 데이터에는 새로 생성되거나 복구된 인스턴스가 모든 인스턴스에서 해당 데이터를 활용할 수 있도록 하기 위한 계획이 필요하다.

참고문헌

[1] "Kafka Broker Configurations." Confluent documentation (n.d.). https://docs.confluent.io/platform/current/installation/configuration/broker-configs.html#brokerconfigs_log.retention.hours (accessed December 14, 2020).

[2] B. Svingen. "Publishing with Apache Kafka at The New York Times." Confluent blog (September 6, 2017). https://www.confluent.io/blog/publishing-apache-kafka-new-york-times/ (accessed September 25, 2018).

[3] "Kafka Broker Configurations." Confluent documentation (n.d.). https://docs.confluent.io/platform/current/installation/configuration/broker-configs.html

(accessed December 14, 2020).

[4]   "Kafka Broker Configurations: log.retention.ms." Confluent documentation (n.d.). https://docs.confluent.io/platform/current/installation/configuration/broker-configs. html#brokerconfigs_log.retention.ms (accessed December 14, 2020).

[5]   "Flume 1.9.0 User Guide: Kafka Sink." Apache Software Foundation (n.d.). https:// flume.apache.org/releases/content/1.9.0 FlumeUserGuide.html#kafka-sink (accessed October 10, 2019).

[6]   "Connectors." Debezium documentation (n.d.). https://debezium.io/documentation/ reference/connectors/ (accessed July 20, 2021).

[7]   "Pinterest Secor." Pinterest. GitHub. https://github.com/pinterest/secor/blob/master/ README.md (accessed June 1, 2020).

[8]   "Tiered Storage." Confluent documentation (n.d.). https://docs.confluent.io/ platform/current/kafka/tiered-storage.html (accessed June 2, 2021).

[9]   N. Marz and J. Warren. *Big Data: Principles and best practices of scalable real-time data systems*. Shelter Island, NY, USA: Manning, 2015.

[10]   J. Kreps. "Questioning the Lambda Architecture." O'Reilly Radar (July 2, 2014). https://www.oreilly.com/radar/questioning-the-lambda-architecture/ (accessed October 11, 2019).

[11]   A. Wang. "Multi-Tenant, Multi-Cluster and Hierarchical Kafka Messaging Service." Presented at Confluent's Kafka Summit, San Francisco, USA, 2017 Presentation [online]. https://www.confluent.io/kafka-summit-sf17/multitenant-multicluster-and-hieracrchical-kafka-messaging-service/.

[12]   M. Fowler. "CQRS" (July 14, 2011). https://martinfowler.com/bliki/CQRS.html (accessed December 11, 2017).

[13]   A. Loddengaard. "Design and Deployment Considerations for Deploying Apache Kafka on AWS." Confluent blog (July 28, 2016). https://www.confluent.io/blog/design-and-deployment-considerations-for-deploying-apache-kafka-on-aws/ (accessed June 11, 2021).

[14]   KIP-392: "Allow consumers to fetch from closest replica." Wiki for Apache Kafka. Apache Software Foundation (November 05, 2019). https://cwiki.apache.org/ confluence/display/KAFKA/KIP-392%3A+Allow+consumers+to+fetch+from+closest +replica (accessed December 10, 2019).

[15]   `cp-helm-charts`. Confluent Inc. GitHub (n.d.). https://github.com/confluentinc/ cp-helm-charts (accessed June 10, 2020).

[16]   "Confluent for Kubernetes." Confluent documentation (n.d.). https://docs.confluent. io/operator/2.0.2/overview.html (accessed August 16, 2021).

09

관리: 도구와 로깅

6장에서 브로커에 대해 깊이 있게 논의했고, 이전 장에서는 클라이언트에 대한 우려 사항을 논의했다. 대부분의 상황에 적용할 수 있는 몇 가지 개발 사례를 살펴봤지만, 특별한 처리가 필요한 환경은 항상 있을 것이다. 클러스터를 계속 움직이게 만드는 가장 좋은 방법은 클러스터를 통해 흐르는 데이터를 이해하고 런타임에 해당 활동을 모니터링하는 것이다. 아파치 카프카를 운영하는 것은 자바 애플리케이션 자체를 작성하고 실행하는 것과 같지 않을 수 있지만, 여전히 로그 파일[1]을 모니터링하고 워크로드에서 발생하는 상황을 인식해야 한다.

9.1 관리 클라이언트

지금까지 카프카와 함께 제공되는 명령줄 도구를 사용해 대부분의 클러스터 관리 작업을 수행했다. 그리고 일반적으로 카프카를 설정하고 설치하려면 셸 환경에 익숙해야 한다. 하지만 이렇게 제공된 스크립트에서 확장하여 사용 가능한 몇 가지 유용한 선택지도 있다.

9.1.1 AdminClient를 사용한 코드 관리

살펴볼 유용한 도구 중 하나는 `AdminClient` 클래스다[1]. 카프카 셸 스크립트는 빠른 접근이나 일회성 작업을 위해 가까이에 두고 사용하는 데 좋지만, 자바 `AdminClient`가 실제로 빛을 발하는 자동화와 같은 상황도 있다. `AdminClient`는 프로듀서 및 컨슈머 클라이언트를 위해 사용했던 것과 동일한 kafka-clients.jar 안에 있다. 메이븐 프로젝트(2장의 pom.xml 참고)로 가져오거나 카프카 설치의 share/ 또는 libs/ 디렉터리에서도 찾을 수 있다.

이전에 새 토픽을 만들기 위해 사용했던 명령을 이번에는 `AdminClient`를 사용해 실행하는 방법을 살펴보자. 다음 리스트는 2장의 명령줄에서 이를 실행했던 방법을 보여준다.

리스트 9.1 명령줄에서 kinaction_selfserviceTopic 토픽 생성

```
bin/kafka-topics.sh
  --create --topic kinaction_selfserviceTopic \          kafka-topic.sh 스크립트를
  --bootstrap-server localhost:9094 \                    사용해 새 토픽을 생성한다.
  --partitions 2 \                    토픽에 대한 파티션과 레플리카 수에 대한
  --replication-factor 2              커스텀 정숫값을 포함한다.
```

---

1 카프카 애플리케이션 로그를 의미한다. - 옮긴이

이 명령줄 예제는 비록 잘 작동하지만, 누군가가 새 토픽을 필요로 할 때마다 호출되기를 원하지는 않는다. 대신 다른 개발자가 개발 클러스터에서 새 토픽을 만드는 데 사용할 수 있는 셀프 서비스 포털을 만들 것이다. 애플리케이션의 양식은 토픽 이름과 파티션 수 및 복제본 수를 사용한다. 그림 9.1은 최종 사용자를 위해 이 애플리케이션을 설정하는 방법의 예를 보여준다. 사용자가 웹 양식을 제출하면 `AdminClient` 자바 코드가 실행되어 새 토픽이 생성된다.

이 예에서는 새 토픽에 대한 명명 규칙이 특정 패턴에 맞는지 확인하는 로직을 추가할 수 있다(이러한 비즈니스 요구사항이 있는 경우). 이는 명령줄 도구에서 작업하는 사용자보다 클러스터에 대한 더 많은 제어를 유지하는 방법이다. 시작하려면 `NewTopic` 클래스를 만들어야 한다. 이 클래스의 생성자는 세 가지 인수를 사용한다.

- 토픽 이름
- 파티션 수
- 복제본 수

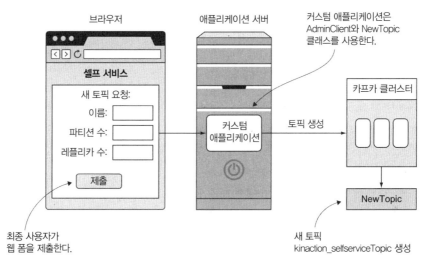

그림 9.1 셀프 서비스 카프카 웹 애플리케이션

이 정보가 있으면 `AdminClient` 객체를 사용해 작업을 완료할 수 있다. `AdminClient`는 `bootstrap.servers` 및 `client.id`와 같은 클라이언트에서 사용한 것과 동일한 속

성을 포함하는 `Properties` 객체를 사용한다. `AdminClientConfig` 클래스(http://mng. bz/8065)는 해당 이름에 대한 도우미^{helper}로 `BOOTSTRAP_SERVERS_CONFIG`와 같은 구성 값에 대한 상수를 갖고 있다. 그런 다음 클라이언트에서 `createTopics` 메서드를 호출한다. 결과인 `topicResult`는 `Future` 객체다. 다음 리스트는 `AdminClient` 클래스를 사용해 `kinaction_selfserviceTopic`이라는 새 토픽을 생성하는 방법을 보여준다.

리스트 9.2 토픽을 생성하기 위한 `AdminClient` 사용

```
NewTopic requestedTopic =
  new NewTopic("kinaction_selfserviceTopic", 2,(short) 2);
```
토픽 이름, 파티션 2개, 레플리카 2개를 사용해 NewTopic 객체를 생성한다.

```
AdminClient client =
  AdminClient.create(kaProperties);
```
클러스터에 대한 클라이언트 인터페이스인 AdminClient를 생성한다.

```
CreateTopicsResult topicResult =
client.createTopics(
  List.of(requestedTopic));
```
클라이언트에서 createTopics를 호출하여 Future 객체를 반환한다.

```
  topicResult.values().
    get("kinaction_selfserviceTopic").get();
```
kinaction_selfserviceTopic 토픽에 대한 Future를 가져오는 방법을 보여준다.

현재 동기식 API는 없으나, `get()` 메서드를 사용해 동기식 호출을 할 수 있다. 이는 `topicResult` 변수로 시작하여 특정 토픽에 대해 반환된 `Future` 객체를 평가하는 것을 의미한다. 이 API는 계속 발전하고 있기 때문에 다음과 같은 클라이언트 관리 작업 목록은 `AdminClient` 작성 시점에 사용할 수 있는 몇 가지 일반적인 기능만 나열한다[1].

- 구성 변경
- 접근 제어 목록^{ACL, Access Control List}의 생성/삭제/조회
- 파티션 생성
- 토픽 생성/삭제/조회
- 컨슈머 그룹 설명/조회
- 클러스터 설명

AdminClient는 일반적으로 카프카 셸 스크립트가 필요하지 않거나 사용하기를 원하지 않는 사람들을 위해 사용자 대면 애플리케이션을 구축하기 위한 훌륭한 도구다. 또한 클러스터에서 수행되는 작업을 제어하고 모니터링하는 방법도 제공한다.

9.1.2 kcat

kcat(https://github.com/edenhill/kcat)은 특히 클러스터에 원격으로 연결할 때 워크스테이션에서 사용할 수 있는 편리한 도구다. 현재는 클러스터에 대한 메타데이터도 제공할 수 있는 프로듀서 및 컨슈머 클라이언트가 되는 데 중점을 두고 있다. 토픽에 대해 빠르게 작업하고 싶지만 현재 컴퓨터에 전체 카프카 도구 집합을 다운로드하지 않은 경우 이 실행 파일을 사용하면 해당 셸 또는 bat 스크립트가 필요하지 않다.

다음 리스트는 kcat을 사용해 데이터를 토픽으로 빠르게 가져오는 방법을 보여준다[2]. 2장에서 사용한 kafka-console-producer 스크립트와 비교해 보자.

리스트 9.3 kcat 프로듀서 사용

```
kcat -P -b localhost:9094 \
  -t kinaction_selfserviceTopic         ←── 클러스터에 브로커와 토픽
                                             이름을 전달하여 토픽에
                                             메시지를 쓴다.

// 이전에 사용했던 셸 스크립트와 비교
bin/kafka-console-producer.sh --bootstrap-server localhost:9094 \
  --topic kinaction_selfserviceTopic    ←── 동일한 기능의 콘솔 프로듀서
                                             명령과 비교
```

리스트 9.3에서 클러스터에 메시지를 보내는 데 도움이 되는 프로듀서 모드를 활성화하기 위해 -P 인수가 kcat에 전달됐음을 알 수 있다. 브로커 목록을 전달하기 위해 -b 플래그를 사용하고, 토픽 이름을 전달하기 위해 -t 플래그를 전달한다. 이러한 메시지의 소비를 테스트할 수도 있으므로 kcat을 컨슈머로 사용하는 방법을 살펴보자(리스트 9.4). 이전과 마찬가지로, 리스트 9.4는 kcat 명령과 kafka-console-consumer 명령의 실행을 비교해 준다. 또한 -C 플래그가 컨슈머 모드를 활성화하더라도 브로커 정보는 프로듀서 모드에서와 동일한 매개변수로 전송된다[2].

```
kcat -C -b localhost:9094 \
 -t kinaction_selfserviceTopic
```
클러스터에서 브로커와 토픽
이름을 전달하여 토픽의
메시지를 읽는다.

```
// 이전에 사용했던 셸 스크립트와 비교
bin/kafka-console-consumer.sh --bootstrap-server localhost:9094 \
  --topic kinaction_selfserviceTopic
```
동일한 기능의 콘솔 컨슈머
명령과 비교

빠르게 토픽을 테스트하고 클러스터에서 메타데이터를 수집하려면 자신의 도구
상자에 이 작은 유틸리티를 추가하는 게 좋을 것이다. 하지만 명령줄 인터페이스 외
에, 다른 도구도 사용할 수 있다는 반가운 소식이 있다. REST를 좋아하는 사람들을
위해 컨플루언트의 REST 프록시가 있다.

9.1.3 컨플루언트 REST 프록시 API

경우에 따라 우리 클러스터의 사용자는 선호도나 사용 편의성으로 인해 애플리케이
션 간에 작업하는 일반적인 방밥인 RESTful API 방식을 선호할 수도 있다. 또한 포
트에 대한 엄격한 방화벽 규칙을 가진 일부 회사는 지금까지 브로커 연결에 사용했
던 포트(예: 9094)처럼 더 많은 포트를 여는 데 주의를 기울일 수 있다[3]. 한 가지 좋
은 선택지는 컨플루언트 REST 프록시 API를 사용하는 것이다(그림 9.2). 이 프록시
는 프로덕션 사용을 위해 자체 서버에서 호스팅될 수 있는 카프카와는 독립된 애플
리케이션이며, 그 기능은 방금 논의한 kcat 유틸리티와 유사하다.

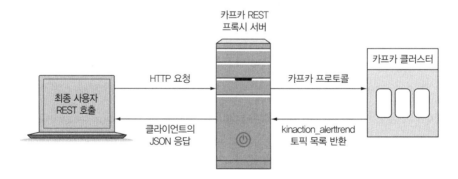

그림 9.2 컨플루언트 REST 프록시는 토픽을 조회한다.

이 글을 쓰는 시점에서 관리 기능은 클러스터 상태를 쿼리하는 것으로 제한된다. 하지만 컨플루언트 설명서에는 향후 지원되는 기능으로 관리 옵션은 나열되어 있다[4]. REST 프록시를 사용하고 테스트하기 위해 다음 리스트와 같이 시작해 보자. 이것이 작동하려면 프록시를 시작하기 전에 주키퍼 및 카프카 인스턴스가 이미 실행 중이어야 한다.

리스트 9.5 REST 프록시 시작하기

```
bin/kafka-rest-start.sh \
    etc/kafka-rest/kafka-rest.properties
```
설치된 카프카 폴더에서 이 명령을 실행하여 REST 엔드포인트를 시작한다.

토픽 목록 조회가 이미 익숙하기 때문에 다음 리스트에서와 같이 curl과 같은 명령을 사용해 HTTP 엔드포인트에 도달하는 REST 프록시로 수행할 수 있는 방법을 살펴보자[5]. 이는 GET 요청이기 때문에, http://localhost:8082/topics를 브라우저에 복사하고 결과를 볼 수도 있다.

리스트 9.6 토픽 목록 REST 프록시에 대한 cURL 호출

```
curl -X GET \
 -H "Accept: application/vnd.kafka.v2+json" \
 localhost:8082/topics
// Output:
["__confluent.support.metrics","_confluent-metrics",
  "_schemas","kinaction_alert"]
```
형식과 버전을 지정한다.

/topics 엔드포인트는 우리가 만든 토픽과 카프카 내부 토픽을 나열한다.

curl 명령의 출력 샘플

curl과 같은 도구를 사용하면 요청과 함께 보내는 헤더를 제어할 수 있다. 리스트 9.6에서 Accept를 사용하면 카프카 클러스터에 사용 중인 형식과 버전을 알릴 수 있는데, v2를 API 버전으로 지정하고 메타데이터 요청과 관련된 JSON 형식을 지정할 수 있다.

> **NOTE**
>
> 이 API는 발전하고 있으므로 웹사이트(http://mng.bz/q5Nw)에서 'Confluent REST Proxy API Reference'를 계속 확인하자.

9.2 카프카를 systemd 서비스로 실행하기

카프카 실행과 관련하여 결정해야 할 한 가지는 브로커 시작 및 재시작을 수행하는 방법이다. Puppet(https://puppet.com/)과 같은 도구를 사용해 서버를 리눅스 기반 서비스로 관리하는 데 익숙한 사용자는 서비스 유닛 파일unit file 설치에 익숙할 수 있으며, 해당 지식을 사용해 systemd로 실행 중인 인스턴스를 만들 수 있다. 익숙하지 않은 독자를 위해 systemd에 관해 설명하자면, systemd는 시스템 전반에 걸쳐 구성 요소를 초기화하고 유지 관리하는 역할을 담당한다[6]. 주키퍼와 카프카를 정의하는 일반적인 방법 중 하나는 systemd에서 사용하는 유닛 파일이다.

리스트 9.7은 서버가 시작될 때 주키퍼 서비스를 시작하는 예제 서비스 유닛 파일의 일부를 보여준다. 또한 비정상적으로 종료하면 주키퍼를 다시 시작한다. 실제로 이는 kill -9 프로세스 재시작을 트리거하는 프로세스 ID[PID]에 대한 명령과 같은 것을 의미한다. 설정 중에 컨플루언트의 tar를 설치한 경우(필요한 경우 부록 A 참고) lib/systemd/system/confluent-zookeeper.service 경로에 예제 서비스 파일이 있다. 웹 사이트(http://mng.bz/7lG9)에 있는 'Using Confluent Platform systemd Service Unit Files' 문서에서 이러한 파일 사용에 대한 자세한 내용을 제공한다. 그 유닛 파일은 예제에서 지금까지 주키퍼를 시작한 방법과 유사할 것이다.

리스트 9.7 주키퍼 유닛 파일

```
...
[Service]
...
ExecStart=/opt/kafkainaction/bin/zookeeper-server-start.sh
➡ /opt/kafkainaction/config/zookeeper.properties

ExecStop=
  /opt/kafkainaction/bin/zookeeper-server-stop.sh
Restart=on-abnormal
...
```

주키퍼를 실행하기 위한 시작 명령
(주키퍼를 시작하기 위해 수동으로
실행하는 것과 유사하다.)

오류 조건으로 실패가 발생하는
경우 ExecStart를 실행한다.

주키퍼 인스턴스를
종료한다.

컨플루언트의 tar에는 lib/systemd/system/confluent-kafka.service 경로의 카프카 서비스에 대한 예제 파일도 있다. 다음 리스트는 유닛 파일이 정의됐기 때문에 이제 systemctl 명령으로 서비스를 관리할 수 있음을 보여준다[6].

```
sudo systemctl start zookeeper
sudo systemctl start kafka
```

컨플루언트 번들 다운로드 시 제공된 예제 파일을 사용하는 경우 폴더의 압축을
푼 후 루트 폴더인 ../lib/systemd/system을 확인하여 다른 서비스에서 사용할 수
있는 서비스 파일의 예제를 확인하자. 여기에는 커넥트, 스키마 레지스트리, REST
API 등이 포함된다.

9.3 로깅

이벤트 데이터를 보관하는 카프카의 이벤트 로그 외에도 기억해야 할 다른 항목은
카프카가 실행 중인 프로그램의 일부로 생성하는 애플리케이션 로그다. 이 절에서
다루는 로그는 카프카 서버의 이벤트와 메시지가 아니라 카프카 자체 작업의 출력을
말한다. 그리고 주키퍼 로그도 잊지 말자!

9.3.1 카프카 애플리케이션 로그

전체 애플리케이션에 대한 하나의 로그 파일에 익숙하겠지만, 카프카에는 관심이
있거나 문제 해결을 위해 접근해야 할 수 있는 여러 로그 파일이 있다. 여러 파일로
인해 작업에 필요한 뷰를 유지하기 위해 다른 Log4j 어펜더appender를 수정해야 할
수도 있다.

> **어느 것이 카프카 어펜더일까?**
>
> kafkaAppender는 KafkaAppender 자체와 동일하지는 않다(http://mng.bz/5ZpB).[1]
> KafkaLog4jAppender를 어펜더로 사용하려면 다음 줄을 업데이트하고 org.apache.log4j.

---

2 소문자로 시작하는 전자는 카프카 배포본에 포함된 log4j.properties 구성의 우리가 확인하려고 하는 그 카프카 어펜더이지만,
　대문자로 시작하는 후자는 log4j가 카프카로 애플리케이션 로그를 전달하는 기능을 의미한다. – 옮긴이

ConsoleAppender 클래스 값 대신 동일한 버전의 클라이언트 및 어펜더 JAR에 대한 종속성을 포함해야 한다.

```
log4j.appender.kafkaAppender=
    org.apache.kafka.log4jappender.KafkaLog4jAppender

<dependency>
    <groupId>org.apache.kafka</groupId>
    <artifactId>kafka-log4j-appender</artifactId>
    <version>2.7.1</version>
</dependency>
```

이는 로그 파일을 카프카에 직접 넣는 흥미로운 방법이다. 일부 솔루션은 로그 파일 자체를 구문 분석한 다음 카프카로 보낸다.

기본적으로 서버 로그는 새 로그가 생성될 때 디렉터리에 계속 추가되며, 로그는 제거되지 않으므로 이러한 파일이 감사 또는 문제 해결에 필요한 경우 선호되는 동작일 수 있다. 숫자와 크기를 제어하려는 경우 가장 쉬운 방법은 브로커 서버를 시작하기 전에 log4j.properties 파일을 다음과 같이 작성하자. 다음 리스트는 KafkaAppender: MaxFileSize 및 MaxBackupIndex에 대한 두 가지 중요한 속성을 설정한다[7].

리스트 9.9 카프카 서버 로그 보존

```
log4j.appender.kafkaAppender.MaxFileSize=500KB       ◁ 새 로그 파일을 생성할 시기를 결정하기
log4j.appender.kafkaAppender.MaxBackupIndex=10         위해 파일 크기를 정의한다.
                                                     ◁ 보관할 과거 파일 개수를 설정하며, 이는
                                                       문제 해결을 위해 현재 로그보다 더 많은
                                                       로그가 필요한 경우 도움이 된다.
```

kafkaAppender를 수정하면 server.log 파일이 처리되는 방식만 변경된다. 다양한 카프카 관련 파일에 대해 다른 파일 크기와 백업 파일 번호를 적용하려는 경우 어펜더를 사용해 업데이트할 어펜더를 결정하기 위해 파일 이름 테이블을 기록할 수 있다. 표 9.1에서 왼쪽 열의 어펜더 이름은 로깅 키로, 이것이 오른쪽의 로그 파일이 브로커에 저장되는 방식에 영향을 미친다[8].

표 9.1 로그 어펜더의 패턴

어펜더 이름	로그 파일 이름
kafkaAppender	server.log
stateChangeAppender	state-change.log
requestAppender	kafka-request.log
cleanerAppender	log-cleaner.log
controllerAppender	controller.log
authorizerAppender	kafka-authorizer.log

log4j.properties 파일을 변경하려면 브로커를 다시 시작해야 하므로 가능한 경우 브로커를 처음 시작하기 전에 로깅 요구사항을 결정하는 것이 가장 좋다. JMX를 사용해 값을 변경할 수도 있지만 이 값은 브로커를 다시 시작해도 지속되지 않는다.

이 절에서는 카프카 로그에 중점을 두었지만 주키퍼 로그도 처리해야 한다. 주키퍼는 브로커와 마찬가지로 데이터를 실행하고 기록하기 때문에 해당 서버에 대한 로깅 출력도 염두에 두어야 한다.

9.3.2 주키퍼 로그

주키퍼를 설치하고 관리하기로 선택한 방법에 따라 로그 보존 관련 구성을 수정해야 할 수도 있다. 주키퍼의 기본 구성은 로그 파일[3]을 제거하지 않지만 카프카 설치가 해당 기능을 추가했을 수 있다. 부록 A에서 로컬 주키퍼 노드 설정을 따랐다면 이 값은 config/zookeeper.properties 파일에서 설정할 수 있다. 어느 쪽이든 주키퍼 로그의 보존 설정은 다음 구성값에 의해 제어된다.

- autopurge.purgeInterval: 제거 작업이 트리거되는 간격(시간). 클린업이 발생하려면 0보다 높게 설정해야 한다[9].

- autopurge.snapRetainCount: 최근 스냅샷의 수와 dataDir 및 dataLogDir 위

---

3 카프카와 마찬가지로 주키퍼도 로그의 의미가 다르게 쓰인다. 주키퍼에서는 로그라는 단어가 애플리케이션 로그가 아니라 트랜잭션 로그를 의미한다. – 옮긴이

치의 관련 트랜잭션 로그가 포함된다[9]. 숫자를 초과하면 이전 로그 파일이 삭제된다. 필요에 따라 더 많거나 적게 유지하기를 원할 수 있다.

- **snapCount**: 주키퍼는 트랜잭션을 트랜잭션 로그에 기록한다. 이 값을 설정하면 하나의 파일에 기록되는 트랜잭션의 양이 결정된다. 총 파일 크기에 문제가 있는 경우 이 숫자를 기본값(100,000)보다 작게 설정해야 할 수 있다[10].

주키퍼 애플리케이션 로그의 경우, 고려할 수 있는 로그 로테이트 빛 클린업에 대한 다른 솔루션이 있다. 예를 들어, logrotate는 로그 로테이트 및 로그 파일 압축과 같은 옵션을 활성화하는 유용한 도구다.

로그 파일 유지 관리는 중요한 관리 의무다. 그러나 새로운 카프카 클러스터를 오픈하면서 고려해야 할 다른 작업이 있다. 이러한 작업 중 하나는 클라이언트가 브로커에 연결할 수 있는지 확인하는 것이다.

9.4 방화벽

네트워크 구성에 따라 네트워크 내부에 있는 클라이언트 또는 카프카 브로커가 설정된 네트워크 외부에 있는 클라이언트에 서비스를 제공해야 할 수도 있다[3]. 카프카 브로커는 여러 포트에서 수신을 대기할 수 있다. 예를 들어, 플레인 텍스트plain text 포트의 기본값은 9092이다. 9093의 SSL 포트도 동일한 호스트에 설정할 수 있다. 클라이언트가 브로커에 연결하는 방법에 따라 이 두 포트를 모두 열어야 할 수 있다.

또한 주키퍼에는 클라이언트 연결을 위한 포트 2181이 포함되어 있다. 포트 2888은 팔로워 주키퍼 노드가 리더 주키퍼 노드에 연결하는 데 사용되며, 포트 3888은 주키퍼 노드 간에 통신을 위해 사용된다[11]. JMX 또는 기타 카프카 서비스(예: REST 프록시)에 대해 원격으로 연결하는 경우 해당 포트가 다른 환경이나 사용자에게 노출되는 것을 고려해야 한다. 일반적으로 주키퍼 또는 카프카 서버의 호스트 이름 끝에 포트가 필요한 명령줄 도구를 사용하는 경우, 특히 방화벽이 있는 경우 이러한 포트에 연결할 수 있는지 확인해야 한다.

9.4.1 애드버타이즈드 리스너

방화벽 문제처럼 자주 나타나는 연결 시 한 가지 오류는 `listeners` 및 `advertised.listeners` 속성을 사용하는 것이다. 클라이언트는 주어진 경우 올바른 호스트 이름을 사용해 연결해야 하므로, 그 설정에 따라 어떤 경우에도 도달 가능한 호스트 이름이어야 한다. 예를 들어, `listeners`와 `advertised.listeners` 값이 동일하지 않을 수도 있다.

브로커에 연결하고 있고 클라이언트가 시작될 때 연결을 얻을 수 있지만, 메시지 소비를 시도할 때는 연결할 수 없다고 상상해 보자. 일관성이 없어 보이는 이 행동이 어떻게 발생 가능할까? 클라이언트가 시작되면 연결할 브로커에 대한 메타데이터를 가져오기 위해 어느 한 브로커에 연결한다는 것을 기억하자. 클라이언트의 초기 연결은 카프카의 `listeners` 구성에 있는 정보를 사용한다. 다음에 연결하기 위해 클라이언트에게 돌려주는 것은 카프카 `advertised.listeners`의 데이터다[12]. 이렇게 하면 클라이언트가 작업을 수행하기 위해 다른 호스트에 연결할 수 있다.

그림 9.3은 클라이언트가 첫 번째 연결 시도에 하나의 호스트 이름을 사용한 다음 두 번째 연결에 다른 호스트 이름을 사용하는 사례를 보여준다. 이 두 번째 호스트 이름은 연결할 새 위치로 초기 호출에서 클라이언트에 제공됐다.

살펴볼 중요한 설정은 브로커가 클러스터를 통해 서로 연결하는 방법을 결정하는 `inter.broker.listener.name`이다[12]. 브로커가 서로 연결할 수 없으면 레플리카가 실패하고 클러스터가 정상 상태가 되지 않는다. 애드버타이즈드 리스너에 대한 탁월한 설명은 로빈 모팻^{Robin Moffatt}의 글 'Kafka Listeners – Explained'를 참고하자[12]. 그림 9.3은 해당 사이트에 있는 로빈 모팻의 다이어그램에서도 영감을 받았다[12].

9.5 메트릭

6장에서는 애플리케이션에서 일부 JMX 메트릭을 보는 방법을 설정하는 예를 살펴봤다. 이러한 메트릭을 볼 수 있는 기능이 애플리케이션의 문제를 파악하기 위한 첫 번째 단계다. 우려되는 부분을 찾기 위한 몇 가지 방법을 더 알아보자.

시나리오 1: 애드버타이즈드 리스너가 없다. 프로듀서 클라이언트가 시작하고
부트스트랩 서버에서 메타데이터를 요청한다.

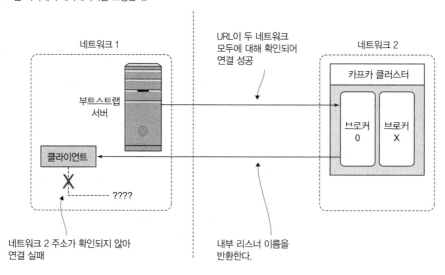

시나리오 2: 두 네트워크 모두에서 확인된(resolved) URL이 있는
애드버타이즈드 리스너. 프로듀서 클라이언트가 메타데이터를 요청한다.

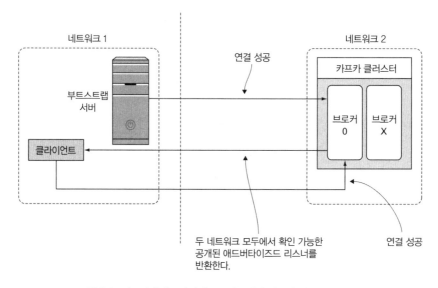

그림 9.3 카프카의 애드버타이즈드 리스너와 리스너 비교

9.5.1 JMX 콘솔

GUI를 사용해 노출된 메트릭을 탐색하고 사용 가능한 메트릭에 대한 아이디어를 얻을 수 있다. VisualVM(https://visualvm.github.io/)이 하나의 예다. 사용 가능한 JMX 메트릭을 보면 얼럿을 추가하도록 선택할 수 있는 관심 지점을 찾는 데 도움이 될 수 있다. VisualVM을 설치할 때 MBeans 브라우저를 설치하는 추가 단계를 반드시 거쳐야 한다.

6장에서 언급했듯이 연결하려는 각 브로커에 대해 정의된 `JMX_PORT`가 있어야 한다. 이는 다음과 같이 터미널의 환경 변수로 수행할 수 있다. `export JMX_PORT=49999`[13]. 각 브로커와 각 주키퍼 노드에 대해 구분되도록 올바르게 범위를 지정해야 한다.

`KAFKA_JMX_OPTS`는 카프카 브로커에 원격으로 연결하기 위해 살펴볼 또 다른 옵션이다. 올바른 포트와 호스트 이름을 기록해 두자. 리스트 9.10은 다양한 인수로 `KAFKA_JMX_OPTS`를 설정하는 예를 보여준다[13]. 포트 49999와 localhost를 호스트 이름으로 사용한다. 리스트에서 다른 매개변수를 사용하면 SSL 없이 연결할 수 있으며 인증할 필요가 없다.

리스트 9.10 카프카 JMX 옵션 나열

```
KAFKA_JMX_OPTS="-Djava.rmi.server.hostname=127.0.0.1      ← 로컬호스트 RMI 서버의
    -Dcom.sun.management.jmxremote.local.only=false         호스트 이름을 설정
    -Dcom.sun.management.jmxremote.rmi.port=49999       ← 원격 연결을 허용
    -Dcom.sun.management.jmxremote.authenticate=false   인증 및 SSL 검사를
    -Dcom.sun.management.jmxremote.ssl=false"            비활성화
```

JMX를 위해 이 포트를 노출

`UnderReplicatedPartitions` 값을 확인하기 위해 MBeans 표현을 사용하는 방법을 보여주는 그림 9.4를 참고하여 주요 브로커 메트릭과 필요한 값을 찾는 방법을 살펴보자.

다음처럼 `name`을 사용해 `kafka.server`로 시작하는 폴더 구조처럼 보이는 것을 자세히 살펴볼 수 있다.

```
kafka.server:type=ReplicaManager,name=UnderReplicatedPartitions
```

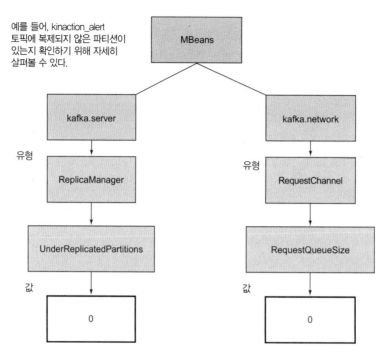

예를 들어, kinaction_alert
토픽에 복제되지 않은 파티션이
있는지 확인하기 위해 자세히
살펴볼 수 있다.

그림 9.4 UnderReplicatedPartitions 및 RequestQueueSize 위치

계속해서 이름 속성이 UnderReplicatedPartitions인 ReplicaManager 유형을 찾을 수 있다. RequestQueueSize는 값을 찾는 또 다른 예로 그림 9.4에도 나와 있다 [14]. 이제 특정 값을 찾아보는 방법을 알았으니 서버에서 살펴봐야 할 가장 중요한 몇 가지 사항을 자세히 살펴보자.

컨플루언트 컨트롤 센터Confluent Control Center 또는 컨플루언트 클라우드Confluent Cloud를 사용하는 경우 이러한 메트릭의 대부분은 기본 제공 모니터링으로 제공된다. 컨플루언트 플랫폼은 UnderMinIsrPartitionCount, UnderReplicatedPartitions, UnderMinIsr과 같은 상위 3개 값에 대한 얼럿 설정을 제안한다[14].

다음 절에서 인터셉터를 활용하는 방법을 살펴보면서 다른 모니터링 옵션을 자세히 살펴보자.

9.6 추적 옵션

지금까지 살펴본 내장 메트릭은 현재 상태에 대한 훌륭한 스냅샷을 제공할 수 있지만, 시스템을 통해 단일 메시지를 추적하려면 어떻게 해야 할까? 생산된 메시지와 소비된 상태를 보기 위해 무엇을 사용할 수 있을까? 이 요구사항에 적합할 수 있는 단순하지만 간단한 모델에 대해 이야기해 보자.

각 이벤트에 고유한 ID가 있는 프로듀서가 있다고 가정해 보자. 각 메시지가 중요하기 때문에 이러한 이벤트를 놓치고 싶지 않다. 하나의 클라이언트에서 비즈니스 로직은 정상적으로 실행되고 토픽의 메시지를 사용한다. 이 경우 처리된 이벤트의 ID를 데이터베이스 또는 플랫 파일에 기록하는 것이 좋다. 별도의 컨슈머(이 경우 감사 컨슈머라고 하자)는 동일한 토픽에서 데이터를 가져오고 첫 번째 애플리케이션의 처리된 항목에서 누락된 ID가 없는지 확인한다. 이 프로세스는 잘 작동할 수 있지만 애플리케이션에 로직을 추가해야 하므로 최선의 선택이 아닐 수 있다.

그림 9.5는 카프카 인터셉터를 사용하는 또 다른 접근 방식을 보여준다. 실제로 우리가 정의하는 인터셉터는 클라이언트의 정상적인 흐름에 연결하고, 레코드를 가로채고, 정상적인 경로를 따라 이동하기 전에 커스텀 데이터를 추가하여 프로듀서, 컨슈머 또는 둘 다에 로직을 추가하는 방법이다. 클라이언트에 대한 변경사항은 구성 중심configuration-driven이며 대부분의 경우 클라이언트에서 특정 로직을 유지하는 데 도움이 된다.

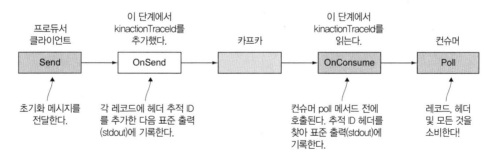

그림 9.5 추적을 위한 인터셉터

프로듀서 인터셉터가 메시지에 대해 무엇을 할 수 있는지 소개할 때 4장에서 간략하게 다룬 인터셉터의 개념을 다시 살펴보자. 우리가 사용하는 프로듀서 클라이언트와 컨슈머 클라이언트 모두에 인터셉터를 추가하면 애플리케이션 로직에서 모니터링 로직을 분리할 수 있다. 이러한 접근 방식을 통해 모니터링의 횡단 관심사 cross-cutting concern를 더 쉽게 캡슐화할 수 있기를 기대한다.

9.6.1 프로듀서 로직

하나 이상의 인터셉터를 가질 수 있으므로 하나의 클래스에 모든 로직을 포함할 필요가 없다는 점도 흥미롭다. 나중에 다른 항목을 추가하고 제거할 수 있다. 클래스를 나열하는 순서는 로직이 실행되는 순서이므로 중요하다. 첫 번째 인터셉터는 프로듀서 클라이언트로부터 레코드를 가져온다. 인터셉터가 레코드를 수정하면 변경 후 체인의 다른 인터셉터는 첫 번째 인터셉터가 수신한 것과 정확히 동일한 레코드를 볼 수 없다[15].

ProducerInterceptor 자바 인터페이스부터 살펴보자. 이 새로운 인터셉터를 4장에서 사용한 얼럿 프로듀서에 추가할 것이다. 리스트 9.11처럼 생성되는 얼럿에 대한 로직을 추가하기 위해 AlertProducerMetricsInterceptor라는 새 클래스를 만들 것이다. ProducerInterceptor 인터페이스를 구현하면 프로듀서의 인터셉터 수명 주기에 연결할 수 있다. onSend 메소드의 로직은 지금까지 사용한 일반 프로듀서 클라이언트의 send() 메소드에 의해 호출된다[15]. 목록에서 kinactionTraceId라는 헤더도 추가한다. 고유 ID를 사용하면 이 단계의 시작 부분에서 생성된 수명 주기의 끝에서 동일한 메시지가 표시되고 있음을 소비 측면에서 확인하는 데 도움이 된다.

리스트 9.11 AlertProducerMetricsInterceptor 예제

```
public class AlertProducerMetricsInterceptor
  implements ProducerInterceptor<Alert, String> {        ◁── ProducerInterceptor를
                                                              구현하여 인터셉터
                                                              수명 주기에 연결한다.
  final static Logger log =
    LoggerFactory.getLogger(AlertProducerMetricsInterceptor.class);

  public ProducerRecord<Alert, String>                   ◁── 프로듀서 클라이언트 send
    onSend(ProducerRecord<Alert, String> record) {          메서드는 onSend를 호출한다.
```

```
    Headers headers = record.headers();
    String kinactionTraceId = UUID.randomUUID().toString();
    headers.add("kinactionTraceId",
                kinactionTraceId.getBytes());
    log.info("kinaction_info Created kinactionTraceId: {}", kinactionTraceId);
    return record;
  }

  public void onAcknowledgement(
    RecordMetadata metadata, Exception exception)
  {
    if (exception != null) {
      log.info("kinaction_error " + exception.getMessage());
    } else {
      log.info("kinaction_info topic = {}, offset = {}",
               metadata.topic(), metadata.offset());
    }
  }

    // 나머지 코드는 생략
}
```

카프카에서 생성된 ID를 전달하기 위해 레코드에 커스텀 헤더를 추가한다.

새 헤더를 포함하는 수정된 레코드를 반환한다.

레코드가 수신확인되거나 오류가 발생하면 onAcknowledgement를 호출한다.

또한 새 인터셉터를 등록하려면 기존 `AlertProducer` 클래스를 수정해야 한다. 새 클래스의 전체 패키지 이름인 `AlertProducerMetricsInterceptor` 값을 가진 프로듀서 구성에 `interceptor.classes` 속성을 추가해야 한다. 명확하게 하기 위해 속성 이름을 사용했지만 `ProducerConfig` 클래스에서 제공하는 상수를 사용할 수 있음을 기억하자. 이 경우 `ProducerConfig.INTERCEPTOR_CLASSES_CONFIG`를 사용한다[15]. 다음 리스트는 이 필수 수정사항을 보여준다.

리스트 9.12 인터셉터 구성을 가진 `AlertProducer`

```
Properties kaProperties = new Properties();
...
kaProperties.put("interceptor.classes",
  AlertProducerMetricsInterceptor.class.getName());

Producer<Alert, String> producer =
  new KafkaProducer<Alert, String>(kaProperties);
```

인터셉터를 지정(이 값은 1개 또는 쉼표로 구분한 목록이 될 수 있다.)

전반적으로 이 예제에는 생성된 각 메시지에 대해 고유 ID를 기록하는 하나의 인터셉터가 있다. 컨슈머가 이 메시지를 가져올 때 컨슈머 인터셉터가 처리한 ID를 기록하도록 레코드에 이 ID를 헤더로 추가한다. 목표는 카프카 외부에 있는 자체 종단 간 모니터링을 제공하는 것이다. 애플리케이션 로그를 구문 분석하면,

`AlertProducerMetricsInterceptor` 클래스에서 가져온 다음 리스트와 같은 메시지가 표시된다.

```
kinaction_info Created kinactionTraceId:
  603a8922-9fb5-442a-a1fa-403f2a6a875d
kinaction_info topic = kinaction_alert, offset = 1
```
◁── 프로듀서 인터셉터는
기록된 값을 추가한다.

9.6.2 컨슈머 로직

이제 메시지 전송을 위한 인터셉터 설정을 완료했으므로 시스템의 컨슈머 쪽에서 유사한 로직을 구현하는 방법을 확인해야 한다. 소비 작업 마지막에 컨슈머 인터셉터로 추가한 것과 동일한 헤더값을 볼 수 있는지 확인하려고 한다. 다음 리스트는 이 헤더를 검색하는 데 도움이 되는 `ConsumerInterceptor`의 구현을 보여준다[16].

```
public class AlertConsumerMetricsInterceptor
  implements ConsumerInterceptor<Alert, String> {          ◁── 컨슈머 인터셉터를
                                                               구현하여 카프카가
  public ConsumerRecords<Alert, String>                      인터셉터를 인식한다.
    onConsume(ConsumerRecords<Alert, String> records) {
      if (records.isEmpty()) {
        return records;
      } else {
        for (ConsumerRecord<Alert, String> record : records) {
          Headers headers = record.headers();            ◁── 각 레코드의 헤더를 통해
          for (Header header : headers) {                    반복한다.
            if ("kinactionTraceId".equals(
                header.key())) {
              log.info("KinactionTraceId is: " + new String(header.value()));
            }
          }
        }
      }
      return records;          ◁── 인터셉터에서 호출자를 사용해
    }                             계속할 레코드를 반환한다.
}
```

커스텀 헤더를 표준 출력으로 기록한다.

프로듀서와 유사한 방식으로, 이 리스트에서는 컨슈머 특정 인터페이스인 Consumer

Interceptor를 사용해 새로운 인터셉터를 만들었다. 모든 레코드와 헤더를 반복하여 커스텀 `kinactionTraceId`를 키로 갖는 레코드를 찾아 표준 출력으로 보냈다. 또한 기존 `AlertConsumer` 클래스를 수정하여 새로운 인터셉터를 등록했다. 속성 이름 `interceptor.classes`는 새 클래스인 `AlertConsumerMetricsInterceptor`의 전체 패키지 이름 값과 함께 소비자 구성에 추가돼야 한다. 다음 리스트는 이 필수 단계를 보여준다.

리스트 9.15 인터셉터 구성을 가진 `AlertConsumer`

```
public class AlertConsumer {

Properties kaProperties = new Properties();          새 group.id를 사용해 현재
...                                                  오프셋으로 시작하도록 한다
kaProperties.put("group.id",                         (이전 group.id의 오프셋이
                "kinaction_alertinterceptor");  ◀    아니다).
kaProperties.put("interceptor.classes",       ◀
  AlertConsumerMetricsInterceptor.class.getName());  커스텀 인터셉터와 클래스
                                                     값을 추가하는 데 속성
...                                                  이름이 필요하다.
}
```

사용해야 하는 클래스가 둘 이상인 경우 쉼표로 구분된 목록을 포함할 수 있다 [16]. 명확하게 하기 위해 속성 이름을 사용했지만, `ConsumerConfig` 클래스에서 제공하는 상수를 사용할 수 있음을 기억하자. 이 경우 `ConsumerConfig.INTERCEPTOR_CLASSES_CONFIG`를 사용한다[16]. 흐름의 양쪽 끝에서 인터셉터 사용을 볼 수 있지만, 클라이언트 코드에 기능을 추가하는 다른 방법(클라이언트 재정의)도 있다.

9.6.3 클라이언트 재정의

다른 개발자가 사용할 클라이언트의 소스 코드를 제어하는 경우 기존 클라이언트를 하위 클래스로 분류하거나 카프카 프로듀서/컨슈머 인터페이스를 구현하는 자체 클라이언트를 만들 수도 있다. 이 글을 쓰는 지금, Brave 프로젝트(https://github.com/openzipkin/brave)에는 추적 데이터로 작동하는 클라이언트의 예제가 있다.

Brave에 익숙하지 않은 사용자를 위해 설명하자면, Brave는 분산 추적을 위한 도

구를 추가하는 데 도움이 되는 라이브러리다. 예를 들어, 이 데이터의 수집 및 검색을 처리할 수 있는 집킨^{Zipkin} 서버(https://zipkin.io/) 같은 것으로 이 데이터를 보낼 수 있다. 관심이 있는 경우 카프카를 사용해 클라이언트에 기능을 추가하는 실제 예를 보려면 `TracingConsumer` 클래스(http://mng.bz/6mAo)를 살펴보자.

프로듀서 클라이언트와 컨슈머 클라이언트를 모두 데코레이트하여 추적(또는 커스텀 로직)을 활성화할 수 있지만, 다음 스텁^{stub} 예제에서는 컨슈머 클라이언트에 중점을 둘 것이다. 리스트 9.16의 코드는 일반^{normal} 카프카 컨슈머 흐름에 커스텀 로직을 추가하는 의사코드 섹션이다. 커스텀 로직으로 메시지를 사용하려는 개발자는 `KInActionCustomConsumer`의 인스턴스를 사용할 수 있다. 이 인스턴스에는 `normalKafkaConsumer`라는 일반 컨슈머 클라이언트에 대한 참조가 포함되어 있다(커스텀 컨슈머 클라이언트 자체에 있음). 기존 클라이언트와 계속 상호 작용하면서 필요한 동작을 제공하기 위해 커스텀 로직이 추가됐다. 개발자는 뒤에서 일반 클라이언트를 처리하는 컨슈머와 함께 작업한다.

리스트 9.16 커스텀 컨슈머 클라이언트

```
final class KInActionCustomConsumer<K, V> implements Consumer<K, V> {
...
  final Consumer<K, V> normalKafkaConsumer;          // 커스텀 컨슈머에서 일반 카프카
                                                     //   컨슈머 클라이언트를 사용한다.

  @Override
  public ConsumerRecords<K, V> poll(                 // 컨슈머는 여전히 익숙한
    final Duration timeout)                           //   인터페이스 메서드를 호출한다.
  {
    // 커스텀 로직은 여기에 작성                      // 필요한 곳에 커스텀
    // 일반 카프카 컨슈머를 기존처럼 사용              //   로직을 추가한다.
    return normalKafkaConsumer.poll(timeout);        // 일반적인 카프카 컨슈머 클라이언트를
                                                     //   사용해 정상적인 업무를 제공한다.
  }
...
}
```

이 리스트는 사용자가 일반 클라이언트 메서드를 사용하지 않아도 되도록 추상화되어 있으며, 중복 데이터 제출 확인 또는 헤더에서 추적 데이터 기록 같은 커스텀 코드를 계속 실행하면서 일반 클라이언트와 동일한 기능을 수행할 수 있도록 한다. 참고로, 추가된 동작이 일반 클라이언트를 방해하지는 않는다.

9.7 일반 모니터링 도구

카프카는 스칼라^{Scala} 애플리케이션이므로 JMX 및 야머 메트릭스^{Yammer Metrics} 라이브러리를 사용할 수 있다[17]. 이 라이브러리는 애플리케이션의 다양한 부분에서 JMX 메트릭을 제공하는 데 사용되며, 평가할 수 있는 몇 가지 옵션을 이미 살펴봤다. 그러나 카프카 사용이 확대됨에 따라 JMX 메트릭뿐만 아니라 관리 관련 명령 및 관리하기 쉬운 클러스터를 제공하는 다양한 기술을 활용하는 몇 가지 도구가 있다. 물론 여기서 전체 옵션을 살펴보진 않을 것이며, 나열된 항목의 기능은 시간이 지남에 따라 변경될 수 있다. 그렇기는 하지만, 탐색할 수 있는 몇 가지 옵션을 살펴보자.

한때 카프카 매니저^{Kafka Manager}로 알려졌던 아파치 카프카용 클러스터 관리자 Cluster Manager for Apache Kafka, 즉 CMAK(https://github.com/yahoo/CMAK)⁴는 카프카를 관리하고 다양한 관리 활동을 위한 UI가 되는 데 중점을 둔 흥미로운 프로젝트이며, 야후^{Yahoo}가 공개했다! 주요 기능 중 하나는 여러 클러스터를 관리하는 기능이다. 그 밖의 기능으로는 전체 클러스터 상태 검사와 파티션 재할당 생성 및 실행 기능이 있다. 이 도구는 또한 LDAP로 사용자 인증을 처리할 수 있으며, 이는 프로젝트의 제품 요구사항에 따라 도움이 될 수 있다[18].

크루즈 컨트롤^{Cruise Control}(https://github.com/linkedin/cruise-control)은 링크드인 LinkedIn의 개발자가 만들었다. 클러스터 전체에 수천 개의 브로커가 있는 카프카 클러스터를 실행한 경험이 있으며 수년 동안 카프카의 일부 문제를 체계화하고 자동화하는 데 도움을 주었다. REST API는 UI를 사용하는 옵션뿐만 아니라 사용할 수 있으므로 이 도구와 상호 작용할 수 있는 몇 가지 방법이 있다. 가장 흥미로운 기능 중 일부는 크루즈 컨트롤이 클러스터를 감시하고 워크로드를 기반으로 리밸런싱 rebalancing에 대한 제안을 생성할 수 있는 방식이다[19].

컨플루언트 컨트롤 센터(https://docs.confluent.io/current/control-center/index.html)는 클러스터를 모니터링하고 관리하는 데 도움이 되는 또 다른 웹 기반 도구다. 그러나

---

4 CMAK는 토픽과 컨슈머 그룹을 관리하는 대표적인 웹 기반 카프카 도구로 현업에서 자주 애용되지만, 최신 카프카 특히 KRaft 방식 카프카 지원은 이 책을 번역하는 시점까지 이렇다 할 진행이 없다. 최신 카프카를 사용하고 있다면 다른 도구를 찾아보는 것을 추천한다. CMAK를 사용하고 있고 카프카 2.8 이상을 사용하고 있다면 https://github.com/apache/kafka/pull/13111을 읽어보기를 권장한다. 특히, CMAK에서 토픽을 생성하거나 파티션을 추가하면 브로커가 아닌 주키퍼를 통해 작업되기 때문에 파티션마다 Topic ID가 달라져서 복제나 데이터 입출력이 실패할 수 있다. – 옮긴이

주목해야 할 한 가지 항목은 현재 프로덕션 설정을 위해 엔터프라이즈 라이선스가 필요한 상용 기능이라는 것이다. 이미 컨플루언트 플랫폼을 구독 중이라면 사용하지 않을 이유가 없다. 이 도구는 대시보드를 제공하며 메시지 오류, 네트워크 대기 시간, 기타 외부 커넥터를 식별하는 데 도움이 될 수 있다.

전반적으로 카프카는 클러스터를 관리할 뿐만 아니라 모니터링할 수 있는 많은 옵션을 제공한다. 분산 시스템은 어렵기 때문에 더 많은 경험이 쌓일수록 모니터링 기술과 프랙티스가 개선된다.

요약

- 카프카와 함께 제공되는 셸 스크립트 외에도 토픽 생성과 같은 중요한 작업에 대한 API 접근을 제공하는 관리 클라이언트도 있다.

- kcat이나 컨플루언트 REST 프록시 API와 같은 도구를 사용하면 개발자가 클러스터와 상호 작용할 수 있다.

- 카프카는 핵심에서 클라이언트 데이터에 대한 로그를 사용하기도 하지만, 여전히 유지 관리해야 하는 브로커 작업과 관련된 다양한 로그가 있다. 필요한 경우 문제 해결을 위한 세부 정보를 제공하기 위해 이러한 로그(및 주키퍼 로그) 관리 문제를 해결해야 한다.

- 애드버타이즈드 리스너를 이해하면 처음에는 클라이언트 연결에 대해 일관되지 않은 것처럼 보이는 동작을 설명하는 데 도움이 될 수 있다.

- 카프카는 메트릭에 JMX를 사용한다. 브로커뿐만 아니라 클라이언트(프로듀서 및 컨슈머) 메트릭도 볼 수 있다.

- 프로듀서 및 컨슈머 인터셉터를 사용해 횡단 문제를 구현할 수 있다. 이러한 예 중 하나는 메시지 배달을 모니터링하기 위해 추적 ID를 추가하는 것이다.

참고문헌

[1]   "Class AdminClient." Confluent documentation (n.d.). https://docs.confluent.io/
       5.3.1/clients/javadocs/index.html?org/apache/kafka/clients/admin/AdminClient.
       html (accessed November 17, 2020).

[2]   "kcat." GitHub. https://github.com/edenhill/kcat/#readme (accessed August 25,
       2021).

[3]   "Kafka Security & the Confluent Platform." Confluent documentation (n.d.). https://
       docs.confluent.io/2.0.1/kafka/platform-security.html#kafka-security-the-confluent-
       platform (accessed August 25, 2021).

[4]   "Confluent REST APIs: Overview: Features." Confluent documentation (n.d.).
       https://docs.confluent.io/platform/current/kafka-rest/index.html#features (accessed
       February 20, 2019).

[5]   "REST Proxy Quick Start." Confluent documentation (n.d.). https://docs.confluent.
       io/platform/current/kafka-rest/quickstart.html (accessed February 22, 2019).

[6]   "Using Confluent Platform systemd Service Unit Files." Confluent documentation
       (n.d.). https://docs.confluent.io/platform/current/installation/scripted-install.html#
       overview (accessed January 15, 2021).

[7]   "Class RollingFileAppender." Apache Software Foundation (n.d.). https://logging.
       apache.org/log4j/1.2/apidocs/org/apache/log4j/RollingFileAppender.html (accessed
       April 22, 2020).

[8]   log4j.properties. Apache Kafka GitHub (March 26, 2020). https://github.com/
       apache/kafka/blob/99b9b3e84f4e98c3f07714e1de6a139a004cbc5b/config/log4j.
       properties (accessed June 17, 2020).

[9]   "Running ZooKeeper in Production." Confluent documentation (n.d.). https://docs.
       confluent.io/platform/current/zookeeper/deployment.html#running-zk-in-production
       (accessed July 23, 2021).

[10]   "ZooKeeper Administrator's Guide." Apache Software Foundation (n.d.). https://
       zookeeper.apache.org/doc/r3.4.5/zookeeperAdmin.html (accessed June 10, 2020).

[11]   "ZooKeeper Getting Started Guide." Apache Software Foundation (n.d.). https://
       zookeeper.apache.org/doc/r3.1.2/zookeeperStarted.html (accessed August 19, 2020).

[12]   R. Moffatt. "Kafka Listeners – Explained." Confluent blog (July 1, 2019). https://
       www.confluent.io/blog/kafka-listeners-explained/ (accessed June 11, 2020).

[13]   "Kafka Monitoring and Metrics Using JMX." Confluent documentation (n.d.). https://
       docs.confluent.io/platform/current/installation/docker/operations/monitoring.html
       (accessed June 12, 2020).

[14]   "Monitoring Kafka: Broker Metrics." Confluent documentation (n.d.). https://docs.
       confluent.io/5.4.0/kafka/monitoring.html#broker-metrics (accessed May 1, 2020).

[15] "Interface ProducerInterceptor." Apache Software Foundation (n.d.). https://kafka. apache.org/27/javadoc/org/apache/kafka/clients/producer/ProducerInterceptor.html (accessed June 1, 2020).

[16] "Interface ConsumerInterceptor." Apache Software Foundation (n.d.). https://kafka. apache.org/27/javadoc/org/apache/kafka/clients/consumer/ConsumerInterceptor. html (accessed June 1, 2020).

[17] "Monitoring." Apache Software Foundation (n.d.). https://kafka.apache.org/ documentation/#monitoring (accessed May 1, 2020).

[18] Yahoo CMAK README.md. GitHub (March 5, 2020). https://github.com/yahoo/ CMAK/blob/master/README.md (accessed July 20, 2021).

[19] README.md. LinkedIn Cruise Control for Apache Kafka GitHub (June 30, 2021). https://github.com/linkedin/cruise-control/blob/migrate_to_kafka_2_4/README. md (acces-sed July 21, 2021).

3부

더 나아가기

3부에서는 2부에서 카프카의 핵심으로 다뤘던 내용을 넘어 카프카 활용을 높이는 방법을 집중적으로 다룬다. 3부에서는 단순히 데이터를 읽고 쓸 수 있는 카프카 클러스터를 구축하는 것에서 더 나아간다. 보안, 데이터 스키마를 더 추가하고 그 밖의 카프카 제품도 살펴본다.

- 10장은 SSL과 ACL, 그리고 할당량과 같은 옵션을 사용해 카프카 클러스터를 강화하는 방법을 살펴본다.
- 11장은 스키마 레지스트리Schema Registry를 살펴보고 데이터가 호환 가능한 방식으로 발전하도록 돕는 데 어떻게 사용되는지 살펴본다.
- 12장은 카프카 스트림즈와 ksqlDB를 살펴본다.

3부의 내용은 전부 카프카 생태계의 일부이며, 2부에서 학습한 핵심 주제를 기반으로 한 더 높은 수준의 추상화다. 3부를 마치고 나면 더 수준 높은 카프카 주제를 스스로 파헤칠 준비가 될 것이며, 일상적인 워크플로에서 카프카를 사용할 수 있을 것이다.

10

카프카 보호

이번 장은 데이터를 읽거나 써야 하는 사람만 접근할 수 있도록 데이터 보안을 유지하는 데 중점을 둔다. 보안은 다뤄야 할 영역이 넓기 때문에 이 장에서는 카프카에서 사용할 수 있는 옵션에 대한 일반적인 배경지식을 얻을 수 있는 기본 개념을 설명한다. 이 장의 목표는 보안을 설정하는 것이 아니라 향후 연구에 대해 보안 팀과 이야기하고 개념에 익숙해질 수 있는 몇 가지 옵션을 배우는 것이다. 이는 일반적인 보안에 대한 완전한 가이드는 아니지만 여러분을 위한 출발점을 설정한다. 자체 설정에서 수행할 수 있는 실제 조치에 대해 논의하고 클러스터를 좀 더 안전하게 만들기 위해 클라이언트, 브로커, 주키퍼에 미치는 영향을 살펴본다.

여러분이 가진 데이터에는 여기서 논의하는 보호^{protection}가 필요하지 않을 수도 있지만, 접근 관리의 트레이드 오프가 필요한지 여부를 결정하기 위해서는 그 데이터에 관해 알아야 한다. 생년월일이나 신용카드번호와 같은 개인 정보 및 금융 데이터와 관련된 것을 처리하는 경우 이 장에서 설명하는 대부분의 보안 옵션을 살펴보고 싶을 것이다. 그러나 마케팅 캠페인과 같은 일반 정보만 처리하거나 보안 특성을 추적하지 않는 경우에는 이 보호가 필요하지 않을 수 있다. 이 경우 클러스터는 SSL과 같은 기능을 도입할 필요가 없다. 보호하고자 하는 가상의 데이터 예부터 시작한다.

보물 찾기에 참여하여 상품의 위치를 찾는 목표가 있다고 상상해 보자. 대회 전반에 걸친 시합을 통해 두 팀이 남아 있으며, 다른 팀이 우리 팀의 작업에 접근하는 것을 원하지 않는다. 처음에는 각 팀이 자신의 토픽 이름을 선택하고 그 이름을 팀원들과만 공유한다(어떤 토픽 이름에 쓰고 읽는지 모르면 데이터가 다른 팀의 시야에서 벗어난다). 각 팀은 자신의 '개인' 토픽이라고 가정하는 것에 대한 단서를 보내는 것으로 시작한다. 시간이 지남에 따라 팀 구성원은 다른 팀의 진행 상황과 다른 팀이 갖고 있지 않은 단서가 있는지 궁금해하기 시작할 수 있다. 문제는 여기서 시작된다. 그림 10.1은 클루풀 팀$^{Team\ Clueful}$과 클루리스 팀$^{Team\ Clueless}$의 토픽 설정을 보여준다.

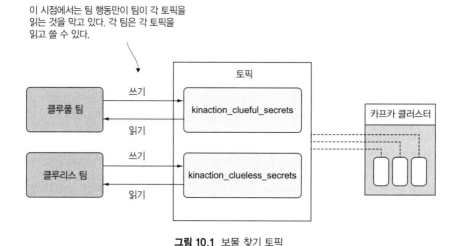

그림 10.1 보물 찾기 토픽

이전에 카프카를 사용해 본 경험이 있는, 기술에 정통한 한 경쟁자는 토픽(다른 팀과 자신의 팀)을 찾기 위해 명령줄 도구에 손을 뻗는다. 토픽 목록을 얻은 후 경쟁자는 이제 경쟁자의 토픽을 알게 된다. 클루리스 팀의 팀원이 클루풀 팀의 토픽 --topic kinaction_clueful_secrets를 본다고 가정해 보자. 클루풀 팀이 지금까지 경쟁에서 작업한 모든 데이터를 출력하는 컨슈머 콘솔 명령만 있으면 된다! 그러나 이 악당은 거기서 멈추지 않는다.

클루풀 팀을 떨쳐버리기 위해 이 악당은 채널에 잘못된 정보도 쓴다. 이제 클루풀 팀은 토픽에 잘못된 데이터가 있어 단서 해결 과정을 방해받고 있다! 토픽에 대한 메시지를 실제로 작성한 사람이 누구인지 확실하지 않기 때문에 클루풀 팀은 이제 어떤 것이 거짓 메시지인지 확인해야 하며, 그렇게 함으로써 보물 찾기 위치를 파악하는 데 사용할 수 있는 귀중한 시간을 잃게 된다.

클루풀 팀이 처한 상황을 어떻게 피할 수 있을까? 권한이 있는 클라이언트만 토픽을 읽거나 쓸 수 있는 방법이 있을까? 솔루션에는 두 가지의 파트가 있다. 첫 번째 파트는 데이터를 암호화하는 방법이다. 그다음 파트는 우리 시스템에 있는 사람이 누구인지 알아내는 방법으로, 그들이 누구인지뿐만 아니라 사용자가 주장한 신원이 검증됐는지도 확인한다. 사용자를 확인한 후에는 시스템에서 허용된 작업을 알아야 한다. 카프카와 함께 제공되는 몇 가지 솔루션을 살펴보면서 이러한 주제를 자세히 알아볼 것이다.

10.1 보안 기본 사항

컴퓨터 애플리케이션 보안과 관련하여 작업을 하다 보면 어떤 시점에서 암호화, 인증, 권한을 접하게 될 것이다. 이 용어를 자세히 살펴보자(해당 용어에 대한 자세한 내용이 필요할 경우 http://mng.bz/o802를 참고하자).

암호화encryption는 다른 사람이 여러분의 메시지를 볼 수 없다는 뜻은 아니지만, 볼 수 있는 경우 여러분이 보호하고 있는 원본 콘텐츠를 추론할 수 없다는 의미다. 많은 사람이 와이파이 네트워크에서 온라인 쇼핑을 위해 안전한 사이트(HTTPS)를 사용하도록 권장하는 방식을 떠올릴 것이다. 나중에 우리는 웹사이트와 컴퓨터 사이가 아니라 클라이언트와 브로커 사이의 통신을 위해 SSL^{Secure Sockets Layer}을 활성화할 것이다! 일반적으로 TLS가 최신 프로토콜 버전이지만, 이 장을 진행하면서 'SSL' 레이블은 예제와 설명에서 볼 수 있는 속성 이름이다[1].

계속해서 **인증**^{authentication}에 대해 이야기해 보자. 사용자 또는 애플리케이션의 신원을 확인하려면 해당 사용자를 인증할 방법이 필요하다. 인증은 사용자 또는 애플리케이션이 실제로 주장하는 사람임을 증명하는 프로세스다. 예를 들어, 도서관 카드를 신청하려는 경우 도서관에서 사용자가 누구인지 확인하지 않고 누구에게나 카드를 발급하는가? 대부분의 경우 도서관은 정부에서 발급한 ID 및 공과금 청구서 같은 것으로 사람의 이름과 주소를 확인한다. 이 프로세스는 누군가가 자신의 목적을 위해 사용할 다른 ID를 쉽게 요구할 수 없도록 하기 위한 것이다. 누군가가 당신의 신분을 주장하며 책을 빌린 후 돌려주지 않아 당신 앞으로 벌금이 나오는 경우를 생각해 보면, 사용자의 주장을 확인하지 않았을 때의 문제점을 쉽게 알 수 있다.

반면 **권한**^{authorization}은 사용자가 수행할 수 있는 작업에 중점을 둔다. 도서관 예를 계속 살펴보면, 성인에게 발급된 카드는 어린이로 간주되는 사용자에게 발급된 경우와 다른 권한을 제공할 수 있다. 그리고 온라인 간행물은 각 카드 소지자가 도서관 내부의 단말기로만 접근 가능하도록 제한할 수 있다.

10.1.1 SSL을 사용한 암호화

지금까지 이 책의 모든 브로커는 플레인 텍스트^{plaintext}를 지원했다[1]. 사실상 네트워크를 통한 인증이나 암호화가 없었다. 이를 알게 됐다면 이제 브로커 서버 구성값 중 하나를 검토하는 것이 좋다. 현재 server.properties 파일(예를 들어, config/server0.properties 파일의 설정 위치는 부록 A 참고)을 보면, listeners = PLAINTEXT:localhost//:9092와 같은 항목을 찾을 수 있다. 그 리스너는 실제로 브로커의 특정 포트에 대한 프로토콜 매핑을 제공한다. 브로커는 여러 포트를 지원하기 때문에 이 항목을 사용하면 PLAINTEXT 포트를 계속 가동하고 실행할 수 있으므로 다른 포트에서 SSL 또는 기타 프로토콜 추가를 테스트할 수 있다. 2개의 포트가 있으면 플레인 텍스트에서 SSL로 전환할 때 원활하게 전환하는 데 도움이 된다[2]. 그림 10.2는 플레인 텍스트와 SSL을 사용하는 예를 보여준다.

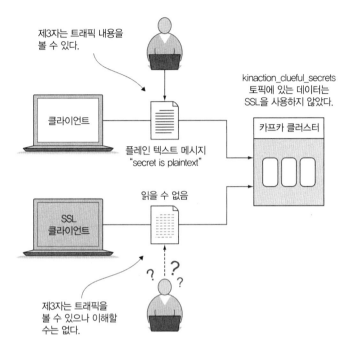

그림 10.2 플레인 텍스트와 SSL 비교

이 시점에서는 보안이 적용되지 않은 클러스터로 시작한다(운 좋게도 다른 팀과 비교하여 클러스터를 강화하면서 클러스터에 다양한 부분을 추가할 수 있다). 클러스터의 브로커와 클라이언트 사이에 SSL을 설정하는 작업을 모두 한 곳에서 시작할 수 있다[1]. 추가 서버나 디렉터리가 필요하지 않다. 변경사항은 구성 기반이므로 클라이언트 코딩 변경이 필요하지 않다.

보안 도구를 사용해 동일한 와이파이 네트워크에서 트래픽을 수신하는 다른 어떤 사용자가 어느 정도 수준인지 모르기 때문에, 브로커가 클라이언트에게 일반 텍스트를 보내는 것은 원하지 않을 것이다. 카프카 보안을 위해 다음 절의 설정이 필요하지만, 과거에 SSL 또는 HTTPS(특히 자바)를 설정한 독자는 이 접근 방식이 다른 클라이언트/서버의 신뢰 장치와 유사하다는 사실을 알게 될 것이다.

10.1.2 브로커와 클라이언트 간의 SSL

클라이언트를 작성하고 카프카에 연결하는 이전 예제에서는 SSL을 연결에 사용하지 않았다. 그러나 이제 SSL로 네트워크 트래픽을 암호화하기 위해 클라이언트와 클러스터 간의 통신을 켜는 방법을 살펴볼 것이다. 프로세스를 살펴보고 이 기능으로 클러스터를 업데이트하기 위해 수행해야 할 작업을 살펴보자.

> **NOTE**
>
> 이 장의 명령은 특정 환경에서만 적합하며 수정 없이는 모든 운영체제에서(또는 브로커 설정을 위해 나열된 다른 서버 도메인 이름에서도) 동일하게 작동하지 않는다. 중요한 것은 일반적인 개념을 따라가는 것이다. 또한 그 밖의 도구(예: OpenSSL)는 대체할 수 있으므로 설정 및 명령이 다를 수 있다. 그러나 개념을 파악한 후에는 컨플루언트 사이트(http://mng.bz/nrza)로 이동하여 더 많은 리소스와 가이드를 확인해 보자. 예제에 대한 지침을 제공한 컨플루언트의 문서는 이 장 전체에서 참조되며, 각 개념을 소개하기 위해 상위 수준에서만 다뤘던 주제를 실제로 구현하는 데 도움이 될 것이다.

> **WARNING**
>
> 자신의 환경을 설정하는 올바른 방법은 보안 전문가와 상의해야 한다. 우리의 명령은 프로덕션 수준의 보안이 아니라 익숙해지고 배우기 위한 지침으로 사용된다. 이는 완전한 가이드가 아니다. 사용은 자기 책임이다!

첫 번째 단계 중 하나는 브로커를 위한 키와 인증서를 생성하는 것이다[3]. 컴퓨터에 이미 자바가 있어야 하므로 한 가지 옵션은 자바 설치의 일부인 keytool 유틸리티를 사용하는 것이다. keytool 애플리케이션은 키와 신뢰할 수 있는 인증서의 키 저장소를 관리한다[4]. 주목해야 할 중요한 부분은 **스토리지**storage다. 이 장에서 broker0

이라는 용어는 모든 브로커를 의미하는 것이 아니라 하나의 특정 브로커를 식별하기 위해 일부 파일 이름에 포함된다. 키 저장소를 JVM 프로그램이 필요할 때 프로세스에 대한 이 정보를 조회할 수 있는 데이터베이스로 생각하는 편이 좋을 수 있다[4]. 이 시점에서는 다음 리스트와 같이 브로커를 위한 키도 생성할 것이다[3]. 다음 리스트에서 manning.com이 예로 사용되고 있으나, 독자가 따라 사용해 볼 용도는 아니다.

리스트 10.1 브로커를 위한 SSL 키 생성

```
keytool -genkey -noprompt \
  -alias localhost \
  -dname "CN=ka.manning.com,OU=TEST,O=TREASURE,L=Bend,S=Or,C=US" \
  -keystore kafka.broker0.keystore.jks \        ⟵ 새로 생성된 키를 보유하는
  -keyalg RSA \                                     keystore의 이름을 지정한다.
  -storepass changeTreasure \       ⟵ 패스워드가 없으면 이 store를
  -keypass changeTreasure \            사용할 수 없도록 패스워드를
  -validity 999                        사용한다.
```

이 명령을 실행하면 새 키가 생성되어 키 저장소 파일 kafka.broker0.keystore.jks에 저장된다. 브로커를 (어느 정도) 식별하는 키가 있기 때문에 임의의 사용자가 발급한 인증서가 없다는 신호를 보낼 무언가가 필요하다. 인증서를 확인하는 한 가지 방법은 CA^{Certificate Authority, 인증 기관}로 서명하는 것이다. Let's Encrypt(https://letsencrypt.org/) 또는 GoDaddy(https://www.godaddy.com/) 등에서 제공하는 CA에 대해 들어봤을 것이다. CA는 공개 키의 소유권과 ID를 인증하는 신뢰할 수 있는 기관의 역할을 한다[3]. 그러나 이 예에서는 제3자가 신원을 확인할 필요가 없도록 자체 CA가 될 것이다. 다음 단계는 리스트 10.2와 같이 자체 CA를 만드는 것이다[3].

리스트 10.2 자체 CA 만들기

```
openssl req -new -x509 \
  -keyout cakey.crt -out ca.crt \        ⟵ 새 CA를 만든 다음 키와
  -days 999 \                               인증서 파일을 생성한다.
  -subj '/CN=localhost/OU=TEST/O=TREASURE/L=Bend/S=Or/C=US' \
  -passin pass:changeTreasure -passout pass:changeTreasure
```

이 생성된 CA는 이제 클라이언트가 신뢰하기를 원할 것이다. 'keystore'라는 용어

와 유사하게 이 새로운 정보를 보관하기 위해 truststore를 사용할 것이다[3].

리스트 10.2에서 CA를 생성했기 때문에 이를 사용해 이미 만든 브로커의 인증서에 서명할 수 있다. 먼저 keystore에서 각 브로커에 대해 리스트 10.2에서 생성한 인증서를 내보내고 새 CA로 서명한 다음 CA 인증서와 서명된 인증서를 다시 keystore로 가져온다[3]. 컨플루언트는 유사한 명령을 자동화하는 데 사용할 수 있는 셸 스크립트도 제공한다(http://mng.bz/v497 참고)[3]. 이 절에 있는 책의 소스 코드에서 나머지 명령을 확인하자.

> **NOTE**
>
> 이러한 리스트에 있는 명령을 실행하는 동안 운영체제 또는 도구 버전에 따라 전달된 것과 다른 프롬프트가 표시될 수 있다. 명령을 실행한 후 사용자 프롬프트가 나타날 수 있다. 이 예는 이러한 프롬프트를 피하려고 한다.

변경사항의 일부로 다음 리스트와 같이 각 브로커의 server.properties 구성 파일도 업데이트해야 한다[3]. 이 리스트에는 broker0와 해당 파일의 일부만 표시된다.

리스트 10.3 브로커 서버 속성 변경사항

```
...
listeners=PLAINTEXT://localhost:9092,          SSL 브로커 포트를 추가하고
➥ SSL://localhost:9093                         기존 PLAINTEXT 포트는 유지
ssl.truststore.location=
➥ /opt/kafkainaction/private/kafka             브로커에 대한 truststore
➥ .broker0.truststore.jks                      위치와 패스워드를 제공
ssl.truststore.password=changeTreasure
ssl.keystore.location=                          브로커에 대한 keystore
➥ /opt/kafkainaction/kafka.broker0.keystore.jks   위치와 패스워드를 제공
ssl.keystore.password=changeTreasure
ssl.key.password=changeTreasure
...
```

클라이언트에서도 변경해야 한다. 예를 들어, custom-ssl.properties라는 파일에서 security.protocol=SSL과 truststore 위치 및 패스워드를 설정한다. 이는 SSL에 사용되는 프로토콜을 설정하고 truststore를 가리키는 데 도움이 된다[3].

이러한 변경사항을 테스트하는 동안 브로커에 대해 여러 리스너를 설정할 수도 있

다. 또한 클라이언트에 대한 이전 `PLAINTEXT` 포트를 삭제하기 전에 두 포트 모두 트래픽을 처리할 수 있으므로 시간이 지남에 따라 클라이언트가 마이그레이션되는 데 도움이 된다[3]. kinaction-ssl.properties 파일은 고객이 현재 보안이 강화되고 있는 브로커와 상호 작용하는 데 필요한 정보를 제공하는 데 도움이 된다!

리스트 10.4 명령줄 클라이언트에 SSL 구성 사용

```
bin/kafka-console-producer.sh --bootstrap-server localhost:9093 \      프로듀서에게
  --topic kinaction_test_ssl \                                          SSL 세부 정보를
  --producer.config kinaction-ssl.properties                            알려준다.
bin/kafka-console-consumer.sh --bootstrap-server localhost:9093 \
  --topic kinaction_test_ssl \
  --consumer.config kinaction-ssl.properties                            컨슈머에 대한 SSL
                                                                         구성을 사용한다.
```

가장 좋은 기능 중 하나는 프로듀서와 컨슈머 모두에 대해 동일한 구성을 사용할 수 있다는 것이다. 이 구성 파일의 내용을 볼 때 머리에 떠오르는 한 가지 이슈는 이 파일에서 패스워드를 사용하는 것이다. 가장 간단한 옵션은 이 파일에 대한 권한을 알고 있는지 확인하는 것이다. 이 구성을 파일시스템에 배치하기 전에 파일 소유권뿐만 아니라 읽기 권한을 제한하는 것도 중요하다. 항상 그렇듯이 보안 전문가에게 사용자 환경에서 사용할 수 있는 더 나은 옵션을 문의하자.

10.1.3 브로커 간 SSL

브로커가 서로 대화하고 있기 때문에 연구해야 할 또 다른 세부 사항은 이러한 상호 작용에 SSL을 사용해야 하는지 여부를 결정할 수 있다는 것이다. 브로커 간 통신에 플레인 텍스트를 계속 사용하지 않고 포트 변경도 고려하는 경우 서버 속성에서 `security.inter.broker.protocol = SSL`을 사용할 수 있다. 자세한 내용은 웹사이트 (http://mng.bz/4KBw)에서 확인할 수 있다[5].

10.2 커버로스 및 SASL

이미 커버로스Kerberos 서버가 있는 보안 팀이 있다면, 도움을 요청할 보안 전문가가 있을 수 있다. 카프카로 처음 작업을 시작했을 때 카프카는 주로 커버로스를 사용하는 빅데이터 도구 제품군의 일부였다. 커버로스는 종종 조직에서 안전한 SSOSingle Sign-On를 제공한다.

커버로스 서버가 이미 설정되어 있는 경우 해당 커버로스 환경에 접근할 수 있는 사용자와 협력하여 각 브로커와 클러스터에 접근할 각 사용자(또는 애플리케이션 ID)에 대한 프린시펄principal을 만들어야 한다. 이 설정은 로컬 테스트에 너무 복잡할 수 있으므로, 이 설명을 따라 브로커 및 클라이언트의 공통 파일 유형인 JAASJava Authentication and Authorization Service 파일의 형식을 확인하자. 자세한 내용을 보고 싶다면 훌륭한 리소스(http://mng.bz/QqxG)를 참고하자[6].

keytab 파일 정보가 포함된 JAAS 파일은 카프카에 우리가 사용할 보안 프린시펄 및 자격 증명credential을 제공하는 데 도움이 된다. keytab은 프린시펄과 암호화된 키가 있는 별도의 파일일 수 있다. 이 파일을 사용해 패스워드를 요구하지 않고 카프카 브로커를 인증할 수 있다[7]. 그러나 keytab 파일을 자격 증명과 동일한 보안 및 보호 대상으로 취급해야 한다는 점에 유의해야 한다.

브로커를 설정하려면 필요한 서버 속성 변경과 JAAS 구성 예를 살펴보자. 시작하려면 각 브로커에 자체 keytab 파일이 필요하다. JAAS 파일은 브로커가 서버에서 keytab의 위치를 찾고 사용할 프린시펄을 선언하는 데 도움이 된다[7]. 다음 리스트는 시작 시 JAAS 파일 브로커가 사용하는 예제를 보여준다.

리스트 10.5 브로커 SASL JAAS 파일

```
KafkaServer {
...
    keyTab="/opt/kafkainaction/kafka_server0.keytab"          카프카 브로커 JAAS
    principal="kafka/kafka0.ka.manning.com@MANNING.COM";      파일을 셋업
};
```

이전 포트를 제거하기 전에 SASL_SSL을 테스트하기 위해 다른 포트를 추가할 예정이다[7]. 다음 리스트는 이 변경사항을 보여준다. 브로커에 연결하는 데 사용한 포

트에 따라 프로토콜은 이 예에서 `PLAINTEXT`, `SSL`, `SASL_SSL`이다.

```
listeners=PLAINTEXT://localhost:9092,SSL://localhost:9093,
➡ SASL_SSL://localhost:9094
```
⟵ SASL_SSL 브로커 포트를 추가하고
이전 포트는 그대로 둔다.

클라이언트 설정은 비슷하다[7]. 다음 리스트와 같이 JAAS 파일이 필요하다.

```
KafkaClient {
...
    keyTab="/opt/kafkainaction/kafkaclient.keytab"
    principal="kafkaclient@MANNING.COM";
};
```
⟵ 클라이언트 SASL JAAS
파일 항목을 추가한다.

또한 SASL 값에 대한 클라이언트 구성을 업데이트해야 한다[3]. 클라이언트 파일은 이전에 사용된 kinaction-ssl.properties 파일과 유사하지만, 이 파일은 `SASL_SSL` 프로토콜을 정의한다. 포트 9092 또는 9093에서 문제가 없는지 테스트한 후 새 `SASL_SSL` 프로토콜을 사용할 때 이전과 동일한 결과를 확인하여 새 구성을 사용할 수 있다.

10.3 카프카에서의 권한 부여

이제 카프카에서 인증을 사용하는 방법을 살펴봤으므로, 해당 정보를 사용해 사용자 접근을 활성화하는 방법을 살펴보자. 이번 논의에서는 접근 제어 목록부터 시작할 것이다.

10.3.1 접근 제어 목록(ACL)

빠르게 상기해 보면, 권한은 사용자가 수행할 수 있는 작업을 제어하는 프로세스다. 권한을 활성화하는 한 가지 방법은 접근 제어 목록[ACL]을 사용하는 것이다. 대부분의 리눅스 사용자는 명령(예: 읽기, 쓰기, 실행)으로 제어할 수 있는 파일에 대한 권한에 익숙하지만, chmod의 한 가지 단점은 권한이 우리의 요구에 충분히 유연하지 않을 수 있다는 것이다. ACL은 여러 개인 및 그룹에 대한 권한뿐만 아니라 더 많은 유형의 권한을 제공할 수 있으며, 공유 폴더에 대해 각기 다른 수준의 접근이 필요할 때 자주 사용된다[8]. 한 가지 예는 사용자가 파일을 편집할 수는 있지만 동일한 사용자가 파일을 삭제할 수는 없도록 하는 권한이다(삭제 권한은 완전히 별개의 권한이다). 그림 10.3은 보물 찾기를 위한 가상 팀의 리소스에 대한 Franz의 접근을 보여준다.

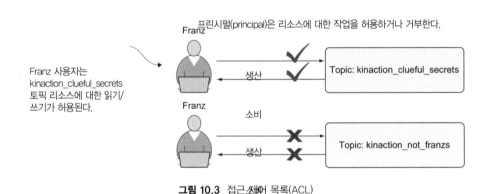

프린시펄(principal)은 리소스에 대한 작업을 허용하거나 거부한다.

Franz 사용자는 kinaction_clueful_secrets 토픽 리소스에 대한 읽기/쓰기가 허용된다.

그림 10.3 접근 제어 목록(ACL)

카프카는 권한 부여자를 플러그인 가능하게 설계하여 사용자가 원하는 경우 자체 로직을 만들 수 있게 한다[8]. 카프카에는 예제에서 사용할 SimpleAclAuthorizer 클래스가 있다.

리스트 10.8은 ACL을 사용하기 위해 브로커의 server.properties 파일에 권한 부여자 클래스와 슈퍼유저 Franz를 추가하는 것을 보여준다. 주목해야 할 중요한 점은 권한 부여자를 구성하면 ACL을 설정해야 하며, 그렇지 않으면 슈퍼유저로 간주되는 사람만 모든 리소스에 접근할 수 있다는 것이다[8].

리스트 10.8 ACL 권한 부여자 및 슈퍼유저

```
authorizer.class.name=
    kafka.security.auth.SimpleAclAuthorizer
super.users=User:Franz
```

모든 브로커 구성에는 SimpleAclAuthorizer가 포함돼야 한다.

ACL을 사용하거나 사용하지 않고 모든 리소스에 접근할 수 있는 슈퍼유저를 추가한다.

해당 팀만 자체 토픽인 kinaction_clueful_secrets에서 생산하고 소비하도록 클루풀 팀에게 접근 권한을 부여하는 방법을 살펴보자. 간결함을 위해 예제 팀에서는 Franz와 Hemingway라는 두 명의 사용자를 사용한다. 이미 사용자를 위한 keytab을 만들었기 때문에 필요한 기본 정보를 알고 있다. 다음 리스트에서 알 수 있듯이 읽기 (Read) 작업을 통해 컨슈머는 토픽에서 데이터를 가져올 수 있다[8]. 두 번째 작업인 쓰기(Write)는 동일한 프린시펄이 토픽에 데이터를 생성하도록 허용한다.

리스트 10.9 토픽을 읽고 쓰기 위한 카프카 ACL

```
bin/kafka-acls.sh --authorizer-properties \
  --bootstrap-server localhost:9094 --add \
  --allow-principal User:Franz \                    퍼미션을 부여한
  --allow-principal User:Hemingway \                두 사용자 식별
  --operation Read --operation Write \              명명된 이 프린시펄이 특정 토픽에서
  --topic kinaction_clueful_secrets                 읽고 쓸 수 있도록 허용한다.
```

kafka-acls.sh CLI 도구는 설치 시 다른 카프카 스크립트에 포함되어 있으며 현재 ACL을 추가, 삭제, 조회할 수 있다[8].

10.3.2 역할 기반 접근 제어(RBAC)

역할 기반 접근 제어RBAC, Role-Based Access Control는 컨플루언트 플랫폼이 지원하는 옵션이다. RBAC는 역할에 따라 접근을 제어하는 방법이다[9]. 사용자는 필요에 따라 역할에 할당된다(예를 들어, 직무에 따라서). 모든 사용자 권한을 부여하는 대신 RBAC를 사용해 미리 정의된 역할에 할당된 권한을 관리한다[9]. 그림 10.4는 역할에 사용자를 추가하면 어떻게 새로운 권한이 부여되는지 보여준다.

보물 찾기 팀의 경우 팀별로 특정 역할을 지정하는 것이 합리적일 수 있다. 이는 마케팅 팀과 회계 팀이 역할을 맡는 방식을 반영할 수 있다. 일부 사용자가 부서를 변경하면 개별 권한이 아닌 역할이 재할당된다. 이는 성숙도에 따라 변경될 수 있고 컨플루언트 플랫폼 환경에 맞춰 개발된 새로운 옵션이며, 이해를 위해 언급했을 뿐 여기서 더 이상 다루지는 않을 것이다.

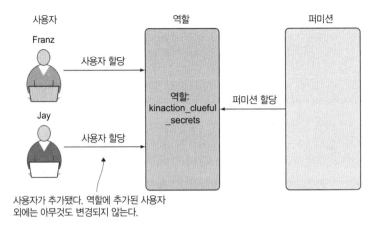

그림 10.4 역할 기반 접근 제어(RBAC)

10.4 주키퍼

카프카 보안의 일부로 주키퍼를 포함하여 클러스터의 모든 부분을 보호할 수 있는 방법을 고려해야 한다. 브로커만 보호하고 보안 관련 데이터를 보유하고 있는 시스템은 보호하지 않는다면, 관련 지식이 있는 사람의 경우 큰 노력 없이도 보호돼야 하는 값을 자의적으로 업데이트할 수도 있다. 이러한 메타데이터를 보호하려면, 다음 리스트처럼 브로커별로 zookeeper.set.acl 값을 true로 설정해야 한다.

리스트 10.10 주키퍼 ACL

```
zookeeper.set.acl=true
```
◁─── 모든 브로커 구성은
이 주키퍼 값을 포함한다.

10.4.1 커버로스 설정

주키퍼가 커버로스와 함께 작동하는지 확인하려면 다양한 구성 변경이 필요하다. 우선, zookeeper.properties 구성 파일에서 주키퍼가 클라이언트에 SASL을 사용해야 하고 사용할 공급자를 알려주는 값을 추가하려고 한다. 자세한 내용은 웹사이트

(http://mng.bz/Xr0v)를 참고하라[10]. 지금까지 이 장에서 다른 설정 옵션을 살펴보느라 바빴지만, 보물 찾기 시스템의 일부 사용자는 여전히 좋지 않았다. 이를 돕기 위해 할당량quota이라는 주제를 살펴보자.

10.5 할당량

웹 애플리케이션의 일부 사용자가 반복적으로 데이터를 요청하는 데 문제가 없다고 가정해 보자. 진행 상황이 제한되지 않고 원하는 만큼 서비스를 사용하려는 최종 사용자에게는 이것이 좋은 일이지만, 클러스터는 이를 유리하게 이용하려는 사용자로부터 어느 정도 보호가 필요할 수 있다. 이 예에서는 우리 팀 구성원만 데이터에 접근할 수 있도록 만들었기 때문에 상대 팀의 일부 사용자는 우리 팀 구성원이 성공적으로 작업하지 못하게 하는 새로운 방법을 생각해냈다. 실제로 그들은 우리 시스템에 대해 분산 서비스 거부DDoS, Distributed Denial-of-Service 공격을 시도하고 있다[11]!

클러스터에 대한 표적 공격은 브로커와 주변 인프라를 압도할 수 있다. 실제로 다른 팀은 데이터를 요청할 때마다 토픽의 시작 부분부터 읽는 동안 계속해서 토픽 읽기를 요청하고 있다. 할당량을 사용해 이러한 동작을 방지할 수 있다. 알아야 할 중요한 세부 사항 중 하나는 할당량이 브로커별로 정의된다는 것이다[11]. 클러스터는 합계를 계산하기 위해 각 브로커를 살펴보지 않으므로 브로커당 정의가 필요하다. 그림 10.5는 요청 백분율 할당량을 사용하는 예를 보여준다.

커스텀 할당량을 설정하려면 제한할 '사용자'와 설정하려는 '제한'을 식별하는 방법을 알아야 한다. 보안이 있는지 여부는 제한 대상을 정의하는 옵션에 영향을 미친다. 보안이 비활성화된 상태에서는 client.id를 사용할 수 있다. 보안을 활성화하면, user, 모든 user, client.id 조합으로 추가할 수 있다[11]. 클라이언트에 대해 정의할 수 있는 두 가지 유형의 할당량인 네트워크 대역폭과 요청 속도 할당량이 있다. 먼저 네트워크 대역폭 옵션을 살펴보자.

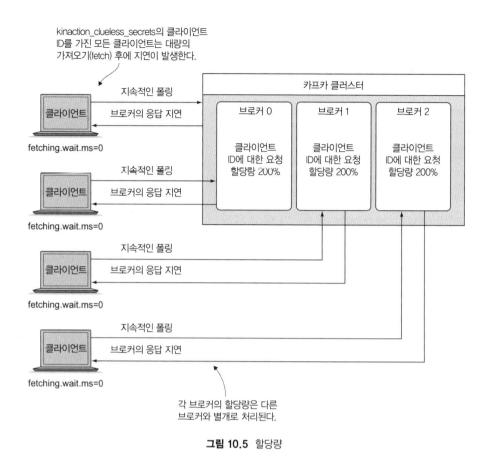

그림 10.5 할당량

10.5.1 네트워크 대역폭 할당량

네트워크 대역폭network bandwidth은 초당 바이트 수로 측정된다[12]. 이 예에서는 각
클라이언트가 네트워크 정책에 따라 다른 사람이 네트워크를 사용하지 못할 정도로
과도하게 전송flooding하지 않는지 확인하려고 한다. 경쟁하고 있는 각 사용자는 클라
이언트의 프로듀서 또는 컨슈머 요청에 대해 팀 고유의 클라이언트 ID를 사용한다.
다음 리스트에서는 producer_byte_rate 및 consumer_byte_rate를 설정하여 클라이
언트 ID kinaction_clueful을 사용하는 클라이언트를 제한한다.

```
bin/kafka-configs.sh  --bootstrap-server localhost:9094 --alter \
  --add-config 'producer_byte_rate=1048576,
➡ consumer_byte_rate=5242880' \
  --entity-type clients --entity-name kinaction_clueful
```

client.id가 kinaction_clueful인 클라이언트에
대한 엔티티 이름을 지정한다.

프로듀서는 초당
1MB, 컨슈머는
초당 5MB로
제한한다.

add-config 매개변수를 사용해 프로듀서와 컨슈머 비율을 모두 설정했다. entity-name은 특정 kinaction_clueful 클라이언트에 규칙을 적용한다. 종종 그렇듯이 현재 할당량을 나열하고 더 이상 필요하지 않은 경우 삭제해야 할 수도 있다. 이러한 모든 명령은 다음 리스트와 같이 kafka-configs.sh 스크립트에 다른 인수를 전달하여 실행할 수 있다[13].

```
bin/kafka-configs.sh  --bootstrap-server localhost:9094 \
  --describe \
  --entity-type clients --entity-name kinaction_clueful
```

client.id의 기존 구성을
나열한다.

```
bin/kafka-configs.sh  --bootstrap-server localhost:9094 --alter \
  --delete-config
➡ 'producer_byte_rate,consumer_byte_rate' \
  --entity-type clients --entity-name kinaction_clueful
```

방금 추가한 것을 제거하기
위해 delete-config를 사용한다.

이 --describe 명령은 기존 구성을 살펴보는 데 도움이 된다. 그런 다음 해당 정보를 사용해 delete-config 매개변수로 구성을 수정하거나 삭제해야 하는지 여부를 결정할 수 있다.

할당량을 추가하기 시작하면 클라이언트에 둘 이상의 할당량이 적용될 수 있다. 다양한 할당량이 적용되는 우선순위를 알고 있어야 한다. 가장 제한적인 설정(허용되는 가장 낮은 바이트)이 할당량에 대해 우선순위가 가장 높은 것처럼 보일 수 있지만, 항상 그런 것은 아니다. 다음은 상단에 나열된 가장 높은 우선순위로 할당량이 적용되는 순서다[14].

- 사용자 기반 및 client.id 기반 할당량
- 사용자 기반 할당량

- `client.id` 기반 할당량

예를 들어 Franz라는 사용자의 사용자 기반 할당량 제한이 10MB이고 `client.id` 기반 제한이 1MB인 경우, 사용자 기반 할당량이 더 높기 때문에 그가 사용하는 소비자는 초당 10MB가 허용된다.

10.5.2 요청 속도 할당량

알아볼 다른 할당량은 **요청 속도**request rate 할당량이다. 요청 속도 할당량이 필요한 이유는 무엇일까? DDoS 공격은 종종 네트워크 문제로 생각되지만, 연결을 많이 만드는 클라이언트는 여전히 CPU 집약적인 요청을 만들어 브로커를 압도할 수 있다. `fetch.max.wait.ms=0` 설정으로 지속적으로 폴링하는 컨슈머 클라이언트도 그림 10.5와 같이 요청 속도 할당량으로 해결할 수 있는 문제다[15].

이 할당량을 설정하기 위해 여타 할당량과 마찬가지로 동일한 엔티티 유형 및 `add-config` 옵션을 사용한다[13]. 가장 큰 차이점은 `request_percentage`에 대한 구성을 설정하는 것이다. 웹사이트(http://mng.bz/J6Yz)에서 I/O 스레드 수와 네트워크 스레드 수를 사용하는 공식[1]을 찾을 수 있다[16]. 다음 리스트에서는 예제에 대한 요청 비율을 100으로 설정했다[13].

리스트 10.13 kinaction_clueful 클라이언트에 대한 네트워크 대역폭 할당량 만들기

```
bin/kafka-configs.sh  --bootstrap-server localhost:9094 --alter \
  --add-config 'request_percentage=100' \
  --entity-type clients --entity-name kinaction_clueful
```

프로듀서에게 100%의 요청 속도 할당량을 허용한다.

client.id의 엔티티 이름을 kinaction_clueful로 지정한다.

할당량을 사용하는 것은 클러스터를 보호하는 좋은 방법이다. 더 좋은 점은 갑자기 브로커에게 부담을 줄 수 있는 클라이언트에 대응할 수 있다는 것이다.

---

1 ((num.io.threads + num.network.threads) * 100)% – 옮긴이

10.6 저장된 데이터

고려해야 할 또 다른 사항은 카프카가 디스크에 쓸 데이터를 암호화해야 하는지 여부다. 기본적으로 카프카는 로그에 추가하는 이벤트를 암호화하지 않는다. 이 기능을 살펴본 카프카 개선 제안서KIP, Kafka Improvement Proposal가 2개 있었지만, 릴리스 시점에는 여전히 요구사항을 충족하는 전략이 있는지 확인해야 한다. 비즈니스 요구사항에 따라 특정 토픽만 암호화하거나 고유한 키로 특정 토픽을 암호화하고 싶을 수도 있다.

10.6.1 관리형 옵션

클러스터에 대해 관리형 옵션을 사용하는 경우 서비스가 제공하는 기능을 확인하는 것이 가장 좋다. 아마존Amazon의 아파치 카프카용 관리형 스트리밍Managed Streaming (https://aws.amazon.com/msk/)은 일부 보안 부분을 포함하여 클러스터 관리의 많은 부분을 처리하는 클라우드 공급자의 한 예다. 브로커와 주키퍼 노드가 자동으로 배포되는 하드웨어 패치 및 관련 업그레이드로 업데이트되면, 문제를 방지하는 주요 방법 중 하나가 해결된다. 이러한 업데이트의 다른 이점은 더 많은 개발자에게 클러스터에 대한 접근을 제공하지 않는다는 것이다. 아마존 MSK는 또한 카프카의 다양한 구성 요소 간에 TLS를 사용해 데이터에 대한 암호화를 제공한다[17].

이 장의 예제에서 다뤘던 추가 관리 기능에는 클라이언트와 클러스터 및 ACL 간에 SSL을 사용하는 기능이 포함됐다. 컨플루언트 클라우드(https://www.confluent.io/confluent-cloud/)도 다양한 퍼블릭 클라우드에 배포할 수 있는 선택지다. 실제 공급자를 선택할 때 ACL 지원뿐만 아니라 유휴 및 이동 데이터 암호화에 대한 지원과 같은 보안 요구사항을 알고 있어야 한다.

컨플루언트 스택과 함께 컨플루언트 플랫폼Confluent Platform 5.3에는 시크릿 프로텍션Secret Protection(http://mng.bz/yJYB)이라는 상용 기능이 있다. 이전에 SSL 구성 파일을 살펴봤을 때 특정 파일에 일반 텍스트 패스워드를 저장했다. 그러나 이 시크릿 프로텍션의 경우, 암호화 키를 사용해 파일에서 민감한 정보만 추출해 암호화하고 파일에서 제외시켜 해당 문제를 해결한다[18]. 이는 상업적인 제안이기 때문에 작동방식을 자세히 설명하지 않지만, 사용 가능한 옵션이 있다는 점에 유의하자.

요약

- 플레인 텍스트는 프로토타입에 적합하지만 프로덕션 사용 전에 검토해야 한다.

- SSL^{Secure Sockets Layer}은 클라이언트와 브로커 간, 심지어 브로커 간에도 데이터를 보호할 수 있다.

- 커버로스를 사용해 보안 프린시펄 ID를 제공하여 인프라에 이미 존재하는 커버로스 환경을 사용할 수 있다.

- ACL(접근 제어 목록)은 특정 작업이 부여된 사용자를 정의하는 데 도움이 된다. RBAC(역할 기반 접근 제어)도 컨플루언트 플랫폼이 지원하는 옵션이다. RBAC는 역할에 따라 접근을 제어하는 방법이다.

- 네트워크 대역폭 및 요청 속도 제한으로 할당량을 사용해 클러스터의 사용 가능한 리소스를 보호할 수 있다. 이러한 할당량은 시간이 지남에 따라 일반 워크로드 및 피크 수요를 허용하도록 변경 및 미세 조정할 수 있다.

참고문헌

[1]   "Encryption and Authentication with SSL." Confluent documentation (n.d.). https://docs.confluent.io/platform/current/kafka/authentication_ssl.html (accessed June 10, 2020).

[2]   "Adding security to a running cluster." Confluent documentation (n.d.). https://docs.confluent.io/platform/current/kafka/incremental-security-upgrade.html#adding-security-to-a-running-cluster (accessed August 20, 2021).

[3]   "Security Tutorial." Confluent documentation (n.d.). https://docs.confluent.io/platform/current/security/security_tutorial.html (accessed June 10, 2020).

[4]   keytool. Oracle Java documentation (n.d.). https://docs.oracle.com/javase/8/docs/

technotes/tools/unix/keytool.html (accessed August 20, 2021).

[5] "Documentation: Incorporating Security Features in a Running Cluster." Apache Software Foundation (n.d.). http://kafka.apache.org/24/documentation.html#security_rolling_upgrade (accessed June 1, 2020).

[6] V. A. Brennen. "An Overview of a Kerberos Infrastructure." Kerberos Infrastructure HOWTO. https://tldp.org/HOWTO/Kerberos-Infrastructure-HOWTO/overview.html (accessed July, 22, 2021).

[7] "Configuring GSSAP." Confluent documentation (n.d.). https://docs.confluent.io/platform/current/kafka/authentication_sasl/authentication_sasl_gssapi.html (accessed June 10, 2020).

[8] "Authorization using ACLs." Confluent documentation (n.d.). https://docs.confluent.io/platform/current/kafka/authorization.html (accessed June 10, 2020).

[9] "Authorization using Role-Based Access." Confluent documentation (n.d.). https://docs.confluent.io/platform/current/security/rbac/index.html (accessed June 10, 2020).

[10] "ZooKeeper Security." Confluent documentation (n.d.). https://docs.confluent.io/platform/current/security/zk-security.html (accessed June 10, 2020).

[11] "Quotas." Confluent documentation (n.d.). https://docs.confluent.io/platform/current/kafka/design.html#quotas (accessed August 21, 2021).

[12] "Network Bandwidth Quotas." Confluent documentation (n.d.). https://docs.confluent.io/platform/current/kafka/design.html#network-bandwidth-quotas (accessed August 21, 2021).

[13] "Setting quotas." Apache Software Foundation (n.d.). https://kafka.apache.org/documentation/#quotas (accessed June 15, 2020).

[14] "Quota Configuration." Confluent documentation (n.d.). https://docs.confluent.io/platform/current/kafka/design.html#quota-configuration (accessed August 21, 2021).

[15] KIP-124 "Request rate quotas." Wiki for Apache Kafka. Apache Software Foundation (March 30, 2017). https://cwiki.apache.org/confluence/display/KAFKA/KIP-124+-+Request+rate+quotas (accessed June 1, 2020).

[16] "Request Rate Quotas." Confluent documentation (n.d.). https://docs.confluent.io/platform/current/kafka/design.html#request-rate-quotas (accessed August 21, 2021).

[17] "Amazon MSK features." Amazon Managed Streaming for Apache Kafka (n.d). https://aws.amazon.com/msk/features/ (accessed July 23, 2021).

[18] "Secrets Management." Confluent documentation (n.d.). https://docs.confluent.io/platform/current/security/secrets.html (accessed August 21, 2021).

11

스키마 레지스트리

11장에서 다루는 내용

- 제안된 카프카 성숙도 모델 개발
- 값 스키마는 데이터가 변경될 때 데이터에 제공할 수 있다.
- 에이브로(Avro) 및 데이터 직렬화 검토
- 시간 경과에 따른 스키마 변경에 대한 호환성 규칙

아파치 카프카를 사용하는 다양한 방법을 발견했던 것처럼 카프카를 사용할수록 카프카를 어떻게 보는지 생각해 보는 것도 흥미로운 실험이 될 것이다. 기업이(또는 도구조차도) 성장함에 따라 때로는 **성숙도 레벨**maturity level로 모델링할 수 있다. 마틴 파울러Martin Fowler는 웹사이트(https://martinfowler.com/bliki/MaturityModel.html)에서 이에 대한 훌륭한 설명을 제공한다[1]. 파울러는 또한 REST에 관한 리처드슨의 성숙도 모델Richardson Maturity Model을 설명하는 좋은 예를 갖고 있다[2]. 추가적인 참조를 위해 레너드 리처드슨Leonard Richardson의 'Justice Will Take Us Millions Of Intricate Moves:

Act Three: The Maturity Heuristic' 강연 원본은 웹사이트(https://www.crummy.com/writing/speaking/2008-QCon/act3.html)[1]에서 볼 수 있다.

11.1 제안된 카프카 성숙도 모델

이빈 절에서는 카프카의 성숙도 레벨에 대한 논의에 초점을 둔다. 비교를 위해 'Five Stages to Streaming Platform Adoption(스트리밍 플랫폼 채택의 5단계)'이라는 제목의 컨플루언트 백서를 확인하자. 이 백서는 각 단계에 대한 고유한 기준으로 스트리밍 성숙도 모델의 5단계를 포괄하는 다른 관점을 제시한다[3]. 첫 번째 레벨을 살펴보자(프로그래머로서 당연하게도 우리는 레벨 0에서 시작한다).

이 연습을 성숙도 모델과 함께 사용해 카프카가 어떻게 하나의 애플리케이션을 위한 강력한 도구가 될 수 있는지 또는 단순한 메시지 브로커가 아니라 기업의 모든 애플리케이션을 위한 기반으로 발전할 수 있는지 생각해 볼 수 있다. 다음 레벨들은 단계별 필수 경로가 아니라 카프카를 어떻게 시작하고 진행할지를 생각해 보는 방법이다. 물론 이러한 단계는 논쟁의 여지가 있으나, 여기서는 단순히 예제 경로를 제공할 뿐이다.

11.1.1 레벨 0

이 레벨에서는 카프카를 엔터프라이즈 서비스 버스ESB, Enterprise Service Bus 또는 발행/구독pub/sub 시스템으로 사용한다. 래빗MQRabbitMQ 같은 메시지 브로커로 교체하든 이 패턴으로 시작하든 관계없이 이벤트는 애플리케이션 간에 비동기 통신을 제공한다.

한 가지 사용 사례는 사용자가 PDF로 변환할 텍스트 문서를 제출하는 것이다. 사용자가 문서를 제출하면 애플리케이션은 문서를 저장한 다음 메시지를 카프카 토픽으로 보낸다. 그런 다음 카프카 컨슈머는 메시지를 읽고 어떤 문서를 PDF로 변환해

---

1 act3.html 웹사이트 텍스트는 Creative Commons 라이선스(https://creativecommons.org/licenses/by-sa/2.0/legalcode)를 따른다.

야 하는지 결정한다. 이 예에서는 즉시 응답을 보내지 않을 것임을 사용자가 알고 있는 백엔드 시스템과 함께 작동하도록 처리를 떠넘길 수 있다. 그림 11.1은 작동 중인 이 메시지 버스를 보여준다.

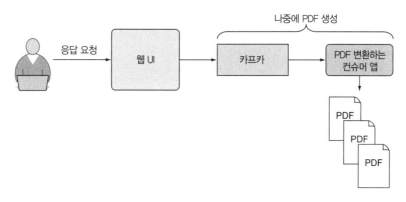

그림 11.1 레벨 0 예시

이 레벨만으로도 프론트엔드 텍스트 제출 시스템의 오류가 백엔드 시스템에 영향을 미치지 않도록 시스템을 분리할 수 있다는 이점이 있다. 또한 성공적인 동시 작업을 유지하기 위해 둘 다에 의존할 필요가 없다.

11.1.2 레벨 1

배치 처리는 여전히 우리 기업 영역에 존재할 수 있지만, 생성된 대부분의 데이터는 이제 카프카에서 가져온다. ETL(추출, 변환, 로드) 또는 CDC(변경 데이터 캡처) 프로세스를 사용해 카프카는 기업의 점점 더 많은 시스템에서 이벤트를 수집하기 시작한다. 레벨 1을 사용하면 실시간 데이터 흐름을 운영할 수 있으며 데이터를 분석 시스템에 빠르게 공급할 수 있다.

예를 들어, 고객 정보를 보유하고 있는 공급업체 데이터베이스를 들 수 있다. 우리는 마케팅 담당자가 생산 트래픽을 늦출 수 있는 복잡한 쿼리를 실행하는 것을 원하지 않는다. 이 경우 카프카 커넥트를 사용해 데이터베이스 테이블의 데이터를 우리의 조건에 맞게 카프카 토픽에 쓸 수 있다. 그림 11.2는 카프카 커넥트가 관계형 데이터베이스에서 데이터를 캡처하고 해당 데이터를 카프카 토픽으로 이동하는 것을 보여준다.

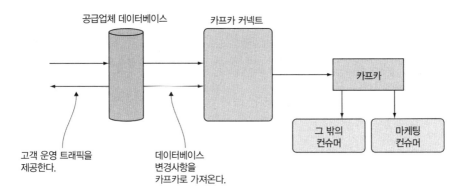

그림 11.2 레벨 1 예시

11.1.3 레벨 2

데이터는 시간이 지남에 따라 변경되고 스키마가 필요하다는 사실을 우리는 알고 있다. 프로듀서와 컨슈머가 분리될 수 있지만, 여전히 데이터 자체를 이해할 방법이 필요하다. 이를 위해 스키마와 스키마 레지스트리를 활용한다. 그리고 스키마로 시작하는 것이 이상적이라 하더라도 실제로는 이러한 요구가 초기 배포 후 나중에 몇 가지 애플리케이션 변경으로 인해 종종 나타난다.

이 수준의 한 가지 예는 데이터 처리 시스템에서 주문을 받기 위해 이벤트의 데이터 구조를 변경하는 것이다. 새 데이터가 추가되지만, 새 필드는 선택사항이며 스키마 레지스트리가 이전 버전과의 호환성을 지원하도록 구성되어 있으므로 잘 작동한다. 그림 11.3은 스키마에 대한 소비자의 요구를 보여준다. 이번 장을 진행하면서 이러한 세부 사항을 자세히 살펴볼 것이다.

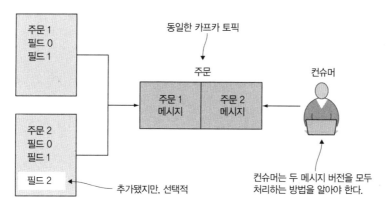

그림 11.3 레벨 2 예시

11.1.4 레벨 3

모든 것은 무한(결코 끝나지 않는) 이벤트 스트림이다. 카프카는 이벤트 기반 애플리케이션을 위한 엔터프라이즈 시스템이다. 즉, 야간 배치 처리 실행으로 생성됐던 추천 보고서나 상태 보고서를 기다리는 고객은 없다. 고객은 이벤트가 발생할 때 계정 변경사항에 대해 몇 분이 아니라 밀리초 단위로 알림을 받는다. 애플리케이션은 다른 데이터 소스에서 데이터를 가져오는 대신 클러스터에서 직접 데이터를 가져온다. 사용자 대면 애플리케이션은 핵심 카프카 인프라의 요구사항에 따라 고객에게 상태 및 구체화된 뷰materialized view를 제공할 수 있다.

11.2 스키마 레지스트리

이 장에서는 작업의 일부로 레벨 2에 초점을 두고 시간이 지남에 따라 데이터가 변경되도록 계획할 수 있는 방법을 살펴본다. 이제 우리는 카프카 안팎으로 데이터를 보내는 데 능숙해졌지만, 3장에서 스키마에 대한 약간의 언급에도 불구하고 몇 가지 중요한 세부 사항을 빠뜨렸다. 컨플루언트 스키마 레지스트리Confluent Schema Registry 가 제공하는 기능을 자세히 살펴보자.

컨플루언트 스키마 레지스트리는 명명된 스키마를 저장하고 여러 버전을 유지할 수 있게 한다[4]. 이는 도커 이미지를 저장하고 배포하는 도커 레지스트리^{Docker} Registry와 다소 유사하다. 이 저장소가 필요한 이유는 무엇일까? 프로듀서와 컨슈머는 서로 연결되어 있지 않지만, 여전히 모든 클라이언트의 데이터와 관련된 스키마를 검색할 방법이 필요하다. 또한 원격으로 호스팅되는 레지스트리를 사용하면, 사용자가 로컬에서 복사본을 실행하거나 스키마 목록을 기반으로 자체 빌드를 시도할 필요가 없다.

스키마는 애플리케이션을 위한 일종의 인터페이스를 제공할 수 있으며, 이를 사용해 주요 변경을 방지할 수도 있다[4]. 시스템을 통해 빠르게 이동하는 데이터에 관심을 가져야 하는 이유는 무엇일까? 카프카의 스토리지와 보존 기능을 통해 소비자는 이전 메시지를 다시 처리할 수 있다. 이러한 메시지는 몇 달 전(또는 그 이상) 것일 수 있으며, 컨슈머는 이러한 다양한 데이터 버전을 처리해야 한다.

카프카의 경우 컨플루언트 스키마 레지스트리를 사용할 수 있다. 컨플루언트는 스키마를 활용하는 방법을 살펴볼 때 고려할 수 있는 훌륭한 옵션을 제공한다. 이 장 이전에 컨플루언트 플랫폼을 통해 카프카를 설치했다면, 추가 탐색에 사용할 수 있는 모든 도구가 있어야 한다. 그렇지 않은 경우라면, 이어지는 절에서 이 레지스트리 설치 및 설정에 대해 설명한다.

11.2.1 컨플루언트 스키마 레지스트리 설치

컨플루언트 스키마 레지스트리는 컨플루언트 플랫폼의 일부로 제공되는 커뮤니티 소프트웨어다[5]. 스키마 레지스트리는 카프카 브로커 외부에 있지만, 토픽 이름이 _schemas인 스토리지 계층으로 자체적으로 카프카를 사용한다[6]. 이 토픽을 실수로 삭제해서는 안 된다!

프로덕션 사용에 대해 생각할 때 스키마 레지스트리는 그림 11.4와 같이 브로커와 별도의 서버에서 호스팅돼야 한다[6]. 우리는 분산 시스템을 다루고 실패를 예상하는 법을 배웠으므로 다수의 레지스트리 인스턴스를 제공할 수 있다. 그리고 모든 노드가 클라이언트의 조회 요청을 처리하고 쓰기 요청을 기본 노드로 라우팅할 수 있기 때문에 레지스트리의 클라이언트는 특정 노드 목록을 유지할 필요가 없다.

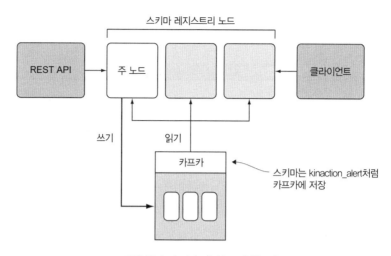

그림 11.4 스키마 레지스트리 인프라

11.2.2 레지스트리 구성

카프카의 다른 구성 요소와 마찬가지로 파일에서 여러 구성 매개변수를 설정할 수 있다. 카프카를 설치한 경우 etc/schema-registry/schema-registry.properties 파일에 있는 기본값을 볼 수 있다. 스키마 레지스트리를 잘 사용하려면, 스키마를 저장할 토픽과 특정 카프카 클러스터로 작업하는 방법을 알아야 한다.

리스트 11.1에서 주키퍼를 사용해 프라이머리 노드primary node 선택을 완료한다. 프라이머리 노드만 카프카 토픽에 쓰기 때문에 주의해야 한다. 팀이 주키퍼 종속성에서 벗어나려는 경우, (kafkastore.bootstrap.servers 구성을 사용해) 카프카 기반 프라이머리 선출primary election을 사용할 수도 있다[7].

리스트 11.1 스키마 레지스트리 구성

```
listeners=http://localhost:8081
kafkastore.connection.url=localhost:2181
kafkastore.topic=_schemas
debug=true
```

8081 포트로 레지스트리를 제공한다.

주키퍼 서버를 가리킨다.

스키마 레지스트리에 기본 토픽을 사용하지만, 필요하다면 변경할 수 있다.

이 디버그 플래그를 변경하여 추가적인 오류 정보를 가져오거나 제외할 수 있다.

계속해서 스키마 레지스트리를 시작해 보자. 예제를 위해 주키퍼 및 카프카 브로커가 이미 시작됐는지 확인해야 한다. 실행 중인지 확인한 후 명령줄을 사용해 다음리스트와 같이 레지스트리에 대한 시작 스크립트를 실행할 수 있다[8].

리스트 11.2 스키마 레지스트리 시작하기

```
bin/schema-registry-start.sh \          ← bin 디렉터리에 설치된
                                           시작 스크립트를 실행한다.
  ./etc/schema-registry/schema-registry.properties   ← 수정 가능한 속성
                                                        파일에서 가져온다.
```

브로커나 주키퍼와 마찬가지로 자바 애플리케이션이기 때문에 프로세스가 여전히 실행 중인지 확인하거나 또는 **jps**를 사용해 이를 확인할 수 있다. 이제 레지스트리를 실행했으므로, 시스템 구성 요소를 사용하는 방법을 살펴봐야 한다. 이제 데이터 형식을 레지스트리에 저장할 수 있으므로 3장에서 사용한 스키마를 다시 살펴보자.

11.3 스키마 기능

컨플루언트 스키마 레지스트리에는 다음과 같은 중요한 구성 요소가 포함되어 있다. 하나는 스키마를 저장하고 가져오기 위한 REST API(및 기본 애플리케이션)이다. 두 번째는 로컬 스키마를 검색하고 관리하기 위한 클라이언트 라이브러리다. 이번절에서는 REST API부터 시작하여 이 두 구성 요소 각각에 대해 좀 더 자세히 살펴볼 것이다.

11.3.1 REST API

REST API는 **스키마**schema, **서브젝트**subject, **호환성**compatibility, **구성**config과 같은 리소스를 관리하는 데 도움이 된다[9]. 이러한 리소스 중 '서브젝트'에 대한 설명이 필요할 수 있다. REST API로 버전과 서브젝트 자체를 생성, 검색, 삭제할 수 있다. kinaction_schematest라는 토픽을 사용해 애플리케이션에 대한 토픽과 관련 서브

젝트를 살펴보자.

스키마 레지스트리는 현재 토픽 이름을 기반으로 서브젝트를 만들기 때문에 `kinaction_schematest-value`라는 서브젝트를 갖게 될 것이다. 메시지 키에 대한 스키마도 사용하는 경우 `kinaction_schematest-key`라는 서브젝트도 갖게 될 것이다. 키와 값은 다른 서브젝트로 취급된다[10]. 왜 그런 것일까? 키와 값이 별도로 직렬화되기 때문에 스키마를 독립적으로 버전화하고 변경할 수 있다.

레지스트리가 시작되고 작동하는지 확인하려면, curl 같은 도구를 사용해 REST API에 대해 `GET` 요청을 제출해 보자[9]. 다음 리스트에는 호환성 수준과 같은 현재 구성이 나와 있다.

리스트 11.3 스키마 레지스트리 구성 가져오기

```
curl -X GET http://localhost:8081/config
```
◁── REST를 사용해 레지스트리에 있는 모든 구성을 나열한다.

스키마 레지스트리와의 REST 상호 작용을 위해 `Content-Type` 헤더도 추가해야 한다. 리스트 11.7과 같은 이후의 예제에서는 application/vnd.schemaregistry. v1+json을 사용한다[9]. 스키마 자체와 마찬가지로 사용할 API 버전을 선언하여 API 변경을 계획하고 있다. 이렇게 하면 클라이언트가 의도한 버전을 사용하고 있는지 확인할 수 있다.

REST API는 서브젝트 및 스키마 관리자에게 유용하지만, 클라이언트 라이브러리는 대부분의 개발자가 레지스트리와 상호 작용하는 데 시간을 보내는 곳이다.

11.3.2 클라이언트 라이브러리

스키마 레지스트리와 프로듀서 클라이언트의 상호 작용을 자세히 살펴보자. 메시지에 에이브로 직렬 변환기를 사용하도록 구성된 프로듀서가 있는 3장의 예를 다시 생각해 보자. 이미 로컬에서 시작된 레지스트리가 있어야 하므로, 이제 이를 사용하도록 프로듀서 클라이언트를 구성해야 한다(리스트 11.4). 3장의 사용 사례를 통해 메시지의 값인 `Alert` 객체에 대한 스키마를 만들었다. 이 경우 `KafkaAvroSerializer`를 사용하려면 value.serializer 속성을 설정해야 한다. 이 클래스는 레지스트리를 사용해 커스텀 객체를 직렬화한다.

리스트 11.4 에이브로 직렬화를 사용하는 프로듀서

```
...
kaProperties.put("key.serializer",
➥  "org.apache.kafka.common.serialization.LongSerializer");
kaProperties.put("value.serializer",                              ◁──── 얼럿을 값으로 전달하고
➥  "io.confluent.kafka.serializers.KafkaAvroSerializer");              KafkaAvroSerializer를 사용한다.
kaProperties.put("schema.registry.url",
➥  "http://localhost:8081");                      ◁──── 스키마 유효성 검사 및 변화에 도움이 되는
                                                         스키마의 버전 기록이 포함된 레지스트리의
                                                         URL을 가리킨다.
Producer<Long, Alert> producer =
  new KafkaProducer<Long, Alert>(kaProperties);
Alert alert = new Alert();
alert.setSensorId(12345L);
alert.setTime(Calendar.getInstance().getTimeInMillis());
alert.setStatus(alert_status.Critical);
log.info("kinaction_info = {}, alert.toString());

ProducerRecord<Long, Alert> producerRecord =
➥  new ProducerRecord<Long, Alert>(
    "kinaction_schematest", alert.getSensorId(), alert
  );

producer.send(producerRecord);
```

> **NOTE**
>
> 기본 TopicNameStrategy를 사용하기 때문에 스키마 레지스트리는 서브젝트 kinaction_schematest-value를 Alert에 대한 스키마에 등록한다. 다른 전략을 사용하기 위해 프로듀서 클라이언트는 value.subject.name.strategy와 key.subject.name.strategy 구성 중 하나를 설정하여 값과 키 전략을 재정의할 수 있다[10]. 이 경우 토픽 이름에 대시와 밑줄이 혼합되지 않도록 밑줄을 사용하는 재정의를 사용할 수 있다.

컨슈머 측에서 클라이언트가 성공적으로 스키마를 찾으면, 이제 읽는 레코드를 이해할 수 있다. 토픽에 대해 생성한 것과 동일한 스키마를 사용해 컨슈머를 통해 검색

하여 다음 리스트와 같이 해당 값을 오류 없이 다시 가져올 수 있는지 살펴보자[11].

```
kaProperties.put("key.deserializer",
➥ "org.apache.kafka.common.serialization.LongDeserializer");
kaProperties.put("value.deserializer",
➥ "io.confluent.kafka.serializers.KafkaAvroDeserializer");    ◁ 컨슈머 구성에 있는
kaProperties.put("schema.registry.url",                          KafkaAvroDeserializer를
➥ "http://localhost:8081");            ◁ 레지스트리 URL을        사용한다.
...                                       가리킨다.

KafkaConsumer<Long, Alert> consumer =
➥ new KafkaConsumer<Long, Alert>(kaProperties);

consumer.subscribe(List.of("kinaction_schematest"));    ◁ 스키마 메시지를
                                                           생성한 동일한
while (keepConsuming) {                                     토픽을 구독한다.
  ConsumerRecords<Long, Alert> records =
➥ consumer.poll(Duration.ofMillis(250));
    for (ConsumerRecord<Long, Alert> record : records) {
      log.info("kinaction_info Alert Content = {},
        ➥ record.value().toString());
    }
}
```

지금까지는 프로듀서 및 컨슈머 클라이언트와 함께 한 가지 버전의 스키마에 대해서만 작업했다. 그러나 데이터 변경을 계획하면 골칫거리를 많이 줄일 수 있다. 다음으로 우리가 만들 수 있는 변경사항과 클라이언트에 미치는 영향을 생각하는 데 도움이 되는 규칙을 살펴볼 것이다.

11.4 호환성 규칙

결정해야 할 한 가지 중요한 사항은 지원하려는 호환성 전략이다. 이 절의 호환성 규칙은 스키마가 시간이 지남에 따라 변경될 때 방향을 지정하는 데 도움이 된다. 사용 가능한 유형이 많은 것처럼 보일 수 있지만, 일반적으로 'transitive'로 표시된 유형은 해당 접미사가 없는 유형과 동일한 규칙을 따른다. 'transitive'가 없는 유형은 스키마의 마지막 버전에 대해서만 확인되는 반면, 'transitive' 유형은 모든 이전 버전에 대해 확인된다[12]. 다음은 컨플루언트가 언급한 유형 목록이다. BACKWARD(기본 유

형), BACKWARD_TRANSITIVE, FORWARD, FORWARD_TRANSITIVE, FULL, FULL_TRANSITIVE, NONE[12].

BACKWARD 유형이 애플리케이션에 대해 의미하는 바를 살펴보자. 이전 버전과 호환되는 변경에는 비필수[non-required] 필드 추가나 필드 제거가 포함될 수 있다[12]. 호환성 유형을 선택할 때 고려해야 할 또 다른 중요한 측면은 클라이언트가 변경되는 순서다. 예를 들어, 컨슈머 클라이언트가 BACKWARD 유형에 대해 먼저 업그레이드하기를 원할 것이다[12]. 컨슈머는 새로운 변형이 생성되기 전에 메시지를 읽는 방법을 알아야 한다.

유형의 반대쪽 끝에는 이전 버전과 호환되는 변경사항이 이전 버전과 반대다. FORWARD 유형을 사용하면 새 필드를 추가할 수 있으며, BACKWARD 유형에 대해 업데이트한 방식과 반대로 프로듀서 클라이언트를 먼저 업데이트할 수 있다[12].

이전 버전과의 호환성을 유지하기 위해 Alert의 스키마를 변경하는 방법을 살펴보자. 다음 리스트는 새 필드에 대한 값을 포함하지 않는 메시지를 처리하기 위해 Analyst recovery needed 기본값을 사용해 새 필드인 recovery_details를 추가한 것을 보여준다.

리스트 11.6 Alert 스키마 변경

```
{"name": "Alert",
...
"fields": [
    {"name": "sensor_id", "type": "long",
     "doc":"The unique id that identifies the sensor"},
...
    {"name": "recovery_details", "type": "string",    ◁──┐ 이 인스턴스에 새 필드
     "default": "Analyst recovery needed"}               │ (recovery_details)를
]                                                         │ 생성
}
```

스키마 버전 1이 포함된 이전 메시지에는 나중에 추가된 필드에 대해 채워진 기본값이 있다. 스키마 레지스트리 버전 2를 사용하는 컨슈머가 이 정보를 읽는다.

11.4.1 스키마 수정 유효성 검사

API 엔드포인트 또는 스웨거^{Swagger}(https://swagger.io/)를 실행하는 테스트가 있는 경우, 스키마에 대한 테스트 변경을 자동화할 수 있는 방법을 생각할 필요가 있다. 스키마 변경사항을 확인하고 검증하기 위한 몇 가지 옵션이 있다.

- REST API 호환성 리소스 엔드포인트 사용
- JVM 기반 애플리케이션에 메이븐 플러그인 사용

스키마 변경에 대한 호환성을 확인하는 데 도움이 되는 예제 REST 호출을 살펴보자. 리스트 11.7은 이것이 어떻게 수행되는지 보여준다[13]. 참고로, 호환성을 확인하기 전에 레지스트리에 이전 스키마의 복사본이 이미 있어야 한다. 존재하지 않아 호출이 실패한다면, 이 책의 소스 코드에서 예제를 확인하자.

리스트 11.7 스키마 레지스트리 REST API와의 호환성 확인

```
curl -X POST -H "Content-Type: application/vnd.schemaregistry.v1+json" \
--data '{ "schema": "{ \"type\": \"record\", \"name\": \"Alert\",
    \"fields\": [{ \"name\": \"notafield\", \"type\": \"long\" } ]}" }'  \
  http://localhost:8081/compatibility/subjects/kinaction_schematest-value/
    versions/latest

{"is_compatible":false}
```

> 명령줄에서 스키마 콘텐츠를 전달

> {"is_compatible":false} ← 호환성에 대한 결과를 부울로 제공

메이븐을 사용할 의향이 있고 이미 JVM 기반 플랫폼을 사용하는 경우 메이븐 플러그인을 사용할 수도 있다[14]. 다음 리스트는 이 접근 방식에 필요한 pom.xml 파일의 일부를 보여주며 전체 파일은 이 장의 소스 코드에서 찾을 수 있다.

리스트 11.8 스키마 레지스트리 메이븐 플러그인과의 호환성 확인

```
<plugin>
    <groupId>io.confluent</groupId>
    <artifactId>
      kafka-schema-registry-maven-plugin
    </artifactId>
    <configuration>
        <schemaRegistryUrls>
            <param>http://localhost:8081</param>
        </schemaRegistryUrls>
```

> 메이븐이 이 플러그인을 다운로드하는 데 필요한 주소

> 스키마 레지스트리 URL

```
        <subjects>
            <kinaction_schematest-value>
             src/main/avro/alert_v2.avsc
            </kinaction_schematest-value>
        </subjects>
        <goals>
            <goal>test-compatibility</goal>
        </goals>

    </configuration>
...
</plugin>
```

제공된 파일 경로에서
스키마 유효성을 검사할
토픽을 나열

mvn schema-registry:test-compatibility
로 이 메이븐 goal을 호출할 수 있다.

실질적으로 이는 파일 경로에 있는 스키마를 가져오고 스키마 레지스트리에 연결하여 이미 저장된 스키마를 확인한다.

11.5 스키마 레지스트리의 대안

모든 프로젝트가 스키마나 데이터 변경을 염두에 두고 시작하는 것은 아니기 때문에 데이터 형식 변경을 해결하기 위해 수행할 수 있는 몇 가지 간단한 단계가 있다. 이러한 옵션 중 하나는 주요 변경사항이 있는 다른 토픽에 대한 데이터를 생성하는 것이다. 컨슈머가 이전 형식을 사용한 후 필요에 따라 업데이트한 다음 다른 토픽에서 읽을 수 있다. 이는 데이터를 재처리할 계획이 없는 경우 잘 작동한다. 그림 11.5는 첫 번째 토픽에서 이전 메시지를 모두 읽은 후 새 토픽으로 전환하는 것을 보여준다. 다이어그램에서 텍스트 u1은 '업데이트 1'을 의미하고 u2는 '업데이트 2'를 의미하여 변경된 로직을 기록한다.

여러 형식에 걸쳐 데이터를 재처리할 계획이라고 가정하자. 이 경우 초기 토픽에 있던 변환된 토픽 메시지를 보유하는 새로운 토픽을 생성할 수도 있고, 업데이트로 인한 모든 새 메시지까지도 유지할 수 있다. 12장에서 논의할 카프카 스트림즈는 이러한 토픽 간 변환에 도움이 될 수 있다.

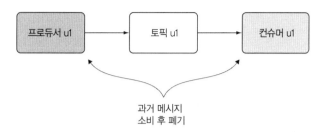

스키마 1: kinaction_alert

스키마 2: 업데이트된 kinaction_alert

그림 11.5 대체 스트림

요약

- 카프카에는 간단한 사용 사례 또는 기업의 주요 시스템이 될 때까지 사용할 수 있는 많은 기능이 있다.
- 스키마는 데이터 변경사항을 관리하는 데 도움이 된다.
- 카프카와 별도로 제공되는 컨플루언트 제품인 스키마 레지스트리는 카프카 관련 스키마로 작업할 수 있는 방법을 제공한다.
- 스키마가 변경되면 변경사항이 하위[backward] 호환, 상위[forward] 호환, 완전 호환인지를 호환성 규칙으로 사용자가 알 수 있다.
- 스키마가 선택지가 아닌 경우라면, 다양한 토픽을 사용해 다양한 버전의 데이터를 처리할 수도 있다.

참고문헌

[1]   M. Fowler. "Maturity Model." (August 26, 2014). https://martinfowler.com/bliki/

MaturityModel.html (accessed June 15, 2021).

[2]   M. Fowler. "Richardson Maturity Model." (March 18, 2010). https://martinfowler. com/articles/richardsonMaturityModel.html (accessed June 15, 2021).

[3]   L. Hedderly. "Five Stages to Streaming Platform Adoption." Confluent whitepaper (2018). https://www.confluent.io/resources/5-stages-streaming-platform-adoption/ (accessed January 15, 2020).

[4]   "Schema Registry Overview." Confluent documentation (n.d.). https://docs.confluent. io/platform/current/schema-registry/index.html (accessed July 15, 2020).

[5]   "Confluent Platform Licenses: Community License." Confluent documentation (n.d.). https://docs.confluent.io/platform/current/installation/license.html#community-license (accessed August 21, 2021).

[6]   "Running Schema Registry in Production." Confluent documentation (n.d.). https:// docs.confluent.io/platform/current/schema-registry/installation/deployment. html#schema-registry-prod (accessed April 25, 2019).

[7]   "Schema Registry Configuration Options." Confluent documentation (n.d.). https:// docs.confluent.io/platform/current/schema-registry/installation/config. html#schemaregistry-config (accessed August 22, 2021).

[8]   "Schema Registry and Confluent Cloud." Confluent documentation (n.d.). https:// docs.confluent.io/cloud/current/cp-component/schema-reg-cloud-config.html (accessed August 22, 2021).

[9]   "Schema Registry API Reference." Confluent documentation (n.d.). https://docs. confluent.io/platform/current/schema-registry/develop/api.html (accessed July 15, 2020).

[10]   "Formats, Serializers, and Deserializers." Confluent documentation (n.d.). https:// docs.confluent.io/platform/current/schema-registry/serdes-develop/index.html (accessed April 25, 2019).

[11]   "On-Premises Schema Registry Tutorial." Confluent documentation (n.d.). https:// docs.confluent.io/platform/current/schema-registry/schema_registry_onprem_ tutorial.html (accessed April 25, 2019).

[12]   "Schema Evolution and Compatibility." Confluent Platform. https://docs.confluent.io/ current/schema-registry/avro.html#compatibility-types (accessed June 1, 2020).

[13]   "Schema Registry API Usage Examples." Confluent documentation (n.d.). https:// docs.confluent.io/platform/current/schema-registry/develop/using.html   (accessed August 22, 2021).

[14]   "Schema Registry Maven Plugin." Confluent documentation (n.d.). https://docs. confluent.io/platform/current/schema-registry/develop/maven-plugin.html (accessed July 16, 2020).

12

카프카 스트림즈와 ksqlDB를
활용한 스트림 처리

지금까지 카프카에 대해 알아보면서 카프카 브로커, 프로듀서 클라이언트 및 컨슈머 클라이언트를 포함하여 완전한 이벤트 스트리밍 플랫폼을 만드는 데 도움이 되는 부분에 중점을 두었다. 이 기반을 통해 도구 세트를 확장하고 카프카 스트림즈 및 ksqlDB를 사용한 스트림 처리라는 카프카 생태계의 다음 계층을 이해할 수 있다. 이러한 기술은 이전 장에서 구축한 토대 위에 추상화, API, DSL^{Domain-Specific Language}(도메인 특화 언어)을 기반으로 제공한다.

이 장에서는 자금이 계좌에 들어오고 나갈 때 자금을 처리하는 간단한 뱅킹 애플리케이션을 소개한다. 이 애플리케이션에서 카프카 스트림즈 토폴로지를 구현하여 transaction-request 토픽에 제출된 트랜잭션 요청을 원자적으로 처리한다.

NOTE

비즈니스 요구사항에 따르면 처리 중인 계정의 잔액을 업데이트하기 전에 수신된 모든 요청에 대해 자금이 충분한지 확인해야 한다. 요구사항에 따라 이 애플리케이션은 동일한 계정에 대해 2개의 트랜잭션을 동시에 처리할 수 없으며, 이는 자금을 인출하기 전에 잔액 확인을 보장할 수 없는 경쟁 상태race condition를 생성할 수 있다.

카프카의 **파티션 간 순서**inter-partition ordering 보장을 사용해 특정 계정에 대한 연속적인(순서가 지정된) 트랜잭션 처리를 구현한다. 이 트랜잭션에 있는 계정 번호와 동일한 키를 사용해 카프카 토픽에 시뮬레이션된 트랜잭션 요청을 쓰는 데이터 생성기 프로그램도 있다. 따라서 동시에 실행 중인 애플리케이션의 수에 관계없이 트랜잭션 서비스의 단일 인스턴스에서 모든 트랜잭션을 처리할 수 있다. 카프카 스트림즈는 트랜잭션 요청을 관리하는 비즈니스 로직을 완료할 때까지 메시지 오프셋을 커밋하지 않는다.

카프카 스트림즈의 변환기transformer 구성 요소를 구현하면서 프로세서 API를 소개한다. 이 유틸리티를 사용하면 임베디드 데이터베이스인 RocksDB의 로컬 인스턴스에서 계정 잔액을 유지하는 데 도움이 되는 카프카 스트림즈의 또 다른 요소인 상태 저장소와 상호 작용하면서 이벤트를 하나씩 처리할 수 있다. 마지막으로, 두 번째 스트림 프로세서를 작성하며 계정 세부 정보가 풍부하고 상세한 트랜잭션 명세서를 생성한다. 다른 카프카 스트림즈 애플리케이션을 생성하는 대신 ksqlDB를 사용해 트랜잭션 데이터를 account 토픽에서 들어오는 참조 데이터로 실시간으로 강화enrich하는 스트림 프로세서를 선언한다.

ksqlDB를 소개하는 절에서는 유사 SQL 쿼리 언어를 사용해 코드를 컴파일 및 실행하지 않고 스트림 프로세서(카프카 스트림즈와 유사한 기능 포함)를 만드는 방법을 보여준다. 스트림 처리 애플리케이션의 개념을 살펴본 후 카프카 스트림즈 API의 세부 정보를 자세히 알아볼 것이다.

12.1 카프카 스트림즈

일반적으로 스트림 처리(또는 **스트리밍**streaming)는 2장에서 설명한 것처럼 중단 없는 데이터 흐름을 처리하고 해당 데이터가 도착하는 즉시 작업을 수행하기 위해 구현된 프로세스 또는 애플리케이션이다. 데이터베이스에 데이터를 쿼리할 수도 있다. 데이터에서 뷰를 생성할 수 있지만 특정 시점 뷰에 국한되지는 않는다. 이제 카프카 스트림즈 세상으로 들어가 보자!

카프카 스트림즈는 독립 실행형 클러스터가 아닌 라이브러리다[1]. 이 설명에는 **라이브러리**library라는 단어가 포함되어 있다. 이 라이브러리만으로도 애플리케이션에 대한 스트림 처리를 생성하는 데 도움이 될 수 있다. 기존 카프카 클러스터를 활용하는 것 외의 인프라는 필요하지 않다[2]. 카프카 스트림즈 라이브러리는 JVM 기반 애플리케이션의 일부다.

추가 구성 요소가 없기 때문에 이 API는 새 애플리케이션을 시작할 때 쉽게 테스트할 수 있다. 다른 프레임워크의 경우 더 많은 클러스터 관리 구성 요소가 필요할 수 있지만, 카프카 스트림즈 애플리케이션은 JVM 기반 애플리케이션을 실행할 수 있는 어떠한 도구나 플랫폼을 사용하더라도 빌드하고 배포할 수 있다.

> **NOTE**
>
> 이 애플리케이션이 카프카 클러스터의 브로커에서 실행되는 것은 아니다. 그 때문에 카프카 클러스터 외부에서 애플리케이션을 실행한다. 이 접근 방식은 카프카 브로커 및 스트림 프로세서에 대한 리소스 관리 문제의 분리를 보장한다.

스트림즈 API는 레코드별 또는 메시지별 처리를 수행한다[3]. 이벤트가 수신되자마자 시스템이 이벤트에 반응하는 기능을 고려하고 있다면, 이를 위해 배치 작업이 형성될 때까지 기다리거나 해당 작업을 지연시키고 싶지는 않을 것이다.

애플리케이션 구현 방법을 고려할 때 가장 먼저 떠오르는 질문 중 하나는 카프카 스트림즈 라이브러리의 프로듀서/컨슈머 클라이언트를 선택하는 것이다. 프로듀서 API는 이벤트를 소비하기 위해 데이터가 카프카 및 컨슈머 API에 도달하는 방식을 정확하게 제어하는 데 탁월하지만, 때로는 스트림 처리 프레임워크의 모든 측면을 직접 구현하고 싶지 않을 수도 있다. 스트림 처리를 위해 하위 수준 API를 사용하는 대신 토픽을 좀 더 효율적으로 작업할 수 있는 추상화 계층을 사용하려고 한다.

카프카 스트림즈는 복잡한 로직으로 데이터를 소비하고 카프카로 다시 생산하는 데이터 변환을 포함하는 요구사항의 경우 완벽한 선택지가 될 수 있다. 스트림즈는 함수형functional DSL과 명령형 프로세서 API 사이에서 선택을 제공한다[2]. 카프카 스트림즈 DSL을 먼저 살펴보자.

> **도메인 특화 언어(DSL)**
>
> DSL은 특정 주제를 다루기 쉽게 해주는 언어를 제공하기 위한 것이다. SQL(데이터베이스와 함께 일반적으로 사용) 및 HTML(웹 페이지 생성에 사용)은 DSL과 함께 사용하는 것을 고려할 언어의 좋은 예다 (https://martinfowler.com/dsl.html 참고). 공식 카프카 스트림즈 문서에서는 상위 수준 카프카 스트림즈 API를 DSL로 언급하지만, 우리는 이를 플루언트 API 또는 마틴 파울러(Martin Fowler)가 설명한 대로 플루언트 인터페이스라고 부른다(https://martinfowler.com/bliki/FluentInterface.html 참고).

12.1.1 KStreams API DSL

우리가 살펴볼 첫 번째 API는 KStreams API이다. 카프카 스트림즈는 순환cycle이 없는 그래프 개념을 중심으로 설계된 데이터 처리 시스템이다[2]. 시작 노드와 종료 노드가 있으며, 데이터는 시작 노드에서 종료 노드로 흐른다. 그 과정에서 노드(또는 프로세서)는 데이터를 처리하고 변환한다. 데이터 처리 프로세스를 그래프로 모델링할 수 있는 시나리오를 살펴보자.

결제 시스템에서 트랜잭션을 가져오는 애플리케이션이 있다. 그래프 시작 부분에는 이 데이터의 소스가 필요하다. 카프카를 데이터 소스로 사용하고 있기 때문에 카프카 토픽이 시작점이 될 것이다. 이 원점origin point은 종종 **소스 프로세서**source processor (또는 **소스 노드**source node)라고 부른다. 그러면 처리가 시작되는데, 여기에는 그 앞에 배치된 프로세서가 없다. 따라서 첫 번째 예제는 외부 결제 시스템에서 트랜잭션을 캡처하고 트랜잭션 요청 이벤트를 토픽에 배치하는 기존 서비스다.

> **NOTE**
>
> 간단한 데이터 생성기 애플리케이션으로 이 동작을 시뮬레이션할 것이다.

특정 계정의 잔액을 업데이트하려면 트랜잭션 요청 이벤트가 필요하다. 트랜잭션 프로세서의 결과는 두 가지 카프카 토픽으로 이동한다. 성공적인 트랜잭션은 transaction-success 토픽에, 실패한 트랜잭션은 transaction-failure 토픽에 도달한다. 이는 우리의 작은 애플리케이션을 위한 길의 끝이기 때문에 성공 또는 실패 토픽에 쓸 한 쌍의 싱크 프로세서(또는 싱크 노드)를 생성할 것이다.

> **NOTE**
>
> 일부 프로세서 노드는 싱크 노드에 연결되지 않을 수 있다. 이 경우 해당 노드는 다른 곳에서 부수 효과(예를 들어, 콘솔에 정보를 인쇄하거나 상태 저장소에 데이터를 쓰는)를 만들며, 데이터를 카프카로 다시 보낼 필요가 없다.

그림 12.1은 데이터가 어떻게 흐르는지 DAGDirected Acyclic Graph(방향성 비순환 그래프) 표현을 보여준다. 그림 12.2는 이 DAG가 카프카 스트림즈 토폴로지에 어떻게 매핑되는지를 보여준다.

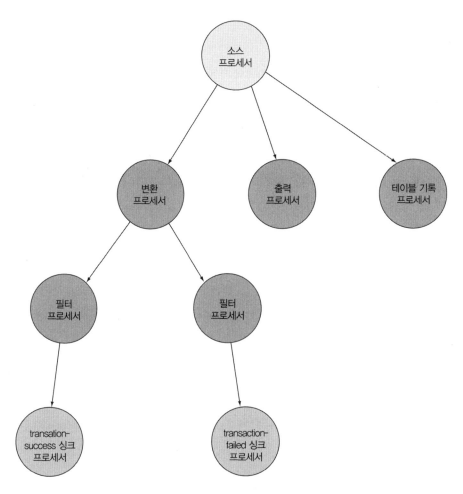

그림 12.1 스트림 처리 애플리케이션의 DAG

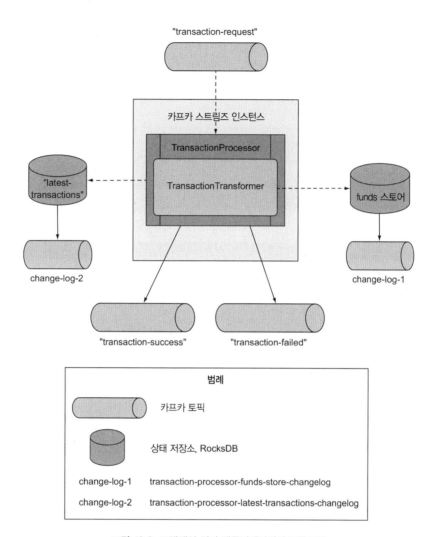

그림 12.2 트랜잭션 처리 애플리케이션의 토폴로지

이제 가이드 지도가 생겼으므로, 이 애플리케이션이 DSL 코드와 함께 어떻게 보이는지 살펴보자. 이전 예제와 달리 이 API를 사용할 때 메시지를 읽기 위해 컨슈머에게 직접 도달할 필요 없이 빌더를 사용해 스트림 생성을 시작할 수 있다. 리스트 12.1은 소스 프로세서의 생성을 보여준다.

이 시점에서 우리는 토폴로지를 **정의**하지만, 아직 처리가 시작되지 않았기 때문에 토폴로지를 호출하지는 않는다.

리스트에서는 transaction-request라는 카프카 토픽으로부터 스트림을 생성하기 위해 StreamsBuilder 객체를 사용한다. 우리의 데이터 소스는 transaction-request 처리를 위한 논리적 출발점이다.

리스트 12.1 소스 토픽 DSL 정의

```
StreamsBuilder builder = new StreamsBuilder()    ◁──  토폴로지 구축의
                                                       시작점
KStream<String, Transaction> transactionStream =              ◁─┐
  builder.stream("transaction-request",                          │
                  Consumed.with(stringSerde, transactionRequestAvroSerde));
```

이 토픽에서 처리를 시작하기 위해 transaction-request에 대한 KStream 객체를 빌드한다.

다음 단계는 소스 프로세서에서 생성한 **KStream**을 사용해 토폴로지에 추가하는 것이다. 다음 리스트는 이 작업을 보여준다.

리스트 12.2 프로세서 및 싱크 토픽 정의

```
final KStream<String, TransactionResult> resultStream =
        transactionStream.transformValues(        ◁─┐
            () -> new TransactionTransformer()
        );

    resultStream
        .filter(TransactionProcessor::success)
        .to(this.transactionSuccessTopicName,
          Produced.with(Serdes.String(), transactionResultAvroSerde));

    resultStream
        .filterNot(TransactionProcessor::success)
        .to(this.transactionFailedTopicName,
          Produced.with(Serdes.String(), transactionResultAvroSerde));
```

이전 소스 프로세서에 생성된 스트림을 사용해 토폴로지를 계속 구축한다.

트랜잭션 성공 기준에 따라 싱크 프로세서는 transaction-success나 transaction-failed 토픽 중 한 곳에 쓴다.

```
KafkaStreams kafkaStreams =
    new KafkaStreams(builder.build(), kaProperties);
kafkaStreams.start();
...
kafkaStreams.close();
```

카프카 스트림즈 객체를
생성하기 위해 토폴로지와
구성을 전달한다.

무한 루프에서 폴링하는 컨슈머 클라이언트가
있는 것과 같은 방식으로 계속 수행하는
스트림 애플리케이션을 시작한다.

처리를 중지하기 위해
스트림을 닫는다.

데이터 읽기 및 쓰기를 포함하지 않는 프로세싱 노드가 하나만 있지만, 경로에서
여러 노드를 연결하는 방법을 쉽게 알 수 있다. 리스트 12.2의 코드를 살펴보면 다
음을 직접 사용하지 않는 것을 알 수 있다.

- 5장에서와 같이 소스 토픽에서 읽을 컨슈머 클라이언트
- 4장에서와 같이 흐름이 끝날 때 메시지를 보내는 프로듀서 클라이언트

이 추상화 계층을 통해 세부 사항이 아닌 로직에 대해 작업할 수 있다. 또 다른 실
용적인 예를 살펴보자. 트랜잭션 요청을 처리하지 않고 콘솔에 기록하고 싶다고 상
상해 보자. 다음 리스트는 transaction-request로부터 트랜잭션 이벤트 읽기를 보
여준다.

리스트 12.3 트랜잭션 추적기 KStream

```
KStream<String, Transaction> transactionStream =
    builder.stream("transaction-request",
                Consumed.with(stringSerde, transactionRequestAvroSerde));

    transactionStream.print(Printed.<String, Transaction>toSysOut()
      .withLabel("transactions logger"));

KafkaStreams kafkaStreams = new KafkaStreams(builder.build(), kaProperties);
kafkaStreams.cleanUp();
kafkaStreams.start();
...
```

transaction-request 토픽에서 데이터를
소싱하고 커스텀 Transaction 객체를
사용해 데이터를 보유한다.

로컬 데이터 저장소를 클린업하여
과거 상태 없이 실행되게 한다.

트랜잭션을 얻는 대로
인쇄하므로 예제를 더 쉽게
따라갈 수 있다.

이 흐름은 너무 간단해서 트랜잭션을 콘솔에 기록하기만 하면 되지만, API 호출
을 사용해 SMS나 이메일을 보낼 수도 있다. 애플리케이션을 시작하기 전에 추가된
cleanup() 호출을 확인하자. 이 메서드는 애플리케이션의 로컬 상태 저장소를 제거

하는 방법을 제공한다. 시작 전이나 애플리케이션을 닫은 후에만 이 작업을 수행해
야 한다.

KStreams의 사용 편의성에도 불구하고 데이터를 처리할 수 있는 유일한 방법은
아니다. KTable API는 대신 데이터를 업데이트로 표시하여 뷰에 이벤트를 항상 추
가할 수 있는 대안을 제공한다.

12.1.2 KTable API

KStream은 항상 로그에 추가되는 이벤트 데이터로 생각할 수 있지만, 그에 비해
KTable은 로그 컴팩션된log-compacted 토픽으로 생각할 수 있다. 사실, 업데이트를 처
리하는 데이터베이스 테이블과 비교해 볼 수도 있다. 이것이 작동하려면 데이터에
키가 있어야 한다는 7장의 컴팩션된 토픽 작업을 떠올려 보자. 키가 없으면 업데이
트할 값이 실제로 의미가 없다. 다음 리스트에서 코드를 실행하면 모든 주문 이벤트
가 표시되지 않는 것을 볼 수 있다. 대신 고유한 주문만 표시된다.

리스트 12.4 트랜잭션 KTable

```
StreamsBuilder builder = new StreamsBuilder();

KTable<String, Transaction> transactionStream =
  builder.stream("transaction-request",
              Consumed.with(stringSerde, transactionRequestAvroSerde),
           Materialized.as("latest-transactions"));

KafkaStreams kafkaStreams = new KafkaStreams(builder.build(), kaProperties);
```

StreamsBuilder.table()은
transaction-request 토픽으로부터
KTable을 생성한다.

KTable 레코드는 latest-transactions 상태
저장소에서 로컬로 구체화(materialize)된다.

이 리스트에서 익숙한 것은 우리가 스트림을 구축하는 방식이다. 빌더를 사용해
단계를 생성한 다음 단계가 정의되면 start를 호출한다. 그 순간까지는 애플리케이
션에서 어떤 것도 처리되지 않는다.

312

12.1.3 GlobalKTable API

KTable과 유사하긴 하지만 GlobalKTable은 토픽의 모든 파티션 데이터로 채워진다[2]. 토픽과 파티션에 대한 기본 지식은 인스턴스가 토픽의 각 파티션을 사용하는 방식에서 볼 수 있듯이 이러한 추상화를 이해할 때 유용하다. 리스트 12.5는 GlobalKTable과 함께 조인을 사용하는 예다. 고객을 위해 발송된 패키지에 대한 세부 정보로 업데이트되는 스트림을 상상해 보자. 이러한 이벤트에는 고객 ID가 포함되며 고객 테이블에 조인하여 관련 이메일을 찾고 메시지를 보낼 수 있다.

리스트 12.5 메일 알림 GlobalKTable

```
...
StreamsBuilder builder = new StreamsBuilder();

final KStream<String, MailingNotif> notifiers =         알림 스트림은 고객에게 보낼
  builder.stream("kinaction_mailingNotif");      ◀──    메일에 대한 새 메시지를
                                                        수신한다.
final GlobalKTable<String, Customer> customers =        GlobalKTable은 이메일을 포함한
  builder.globalTable("kinaction_custinfo");     ◀──    고객 정보 목록을 갖고 있다.

lists.join(customers,                                  ◀── join 메서드는 이메일로
    (mailingNotifID, mailing) -> mailing.getCustomerId(),   알림을 받아야 하는
    (mailing, customer) -> new Email(mailing, customer))    고객을 찾는다.
    .peek((key, email) ->
        emailService.sendMessage(email));

KafkaStreams kafkaStreams = new KafkaStreams(builder.build(), kaProperties);
kafkaStreams.cleanUp();
kafkaStreams.start();
...
```

리스트 12.5에서 볼 수 있듯이 globalTable 메서드를 사용해 새로운 GlobalKTable을 빌드할 수 있다. 전역 테이블이 아닌 테이블은 여러 파티션으로 인해 입력 항목의 데이터를 모두 사용하지 않을 수 있지만, 전역 테이블은 실행 중인 코드에 대해 모든 파티션을 사용한다[2].

스트림즈 DSL은 빠른 사용 사례에 탁월했지만 때때로 로직의 경로를 따라 데이터를 보낼 때 더 많은 제어가 필요할 수 있다. 개발자는 프로세서 API를 단독으로 사용하거나 스트림즈 DSL과 함께 사용해 훨씬 더 많은 선택지를 제공할 수 있다.

12.1.4 프로세서 API

다른 스트리밍 애플리케이션에 대한 코드를 검토하거나 자체 로직에서 더 낮은 추상화 수준을 검토할 때 프로세서Processor API의 예제를 마주할 수 있다는 점에 유의하는 것이 중요하다. 이것은 이전 절에서 논의한 DSL보다 사용하기 쉽지 않은 것으로 생각되지만, 로직에 대해 더 많은 옵션과 성능을 제공한다[2]. 토폴로지를 생성하고 이전 스트림즈 애플리케이션과의 차이점을 강조하는 다음 리스트의 예제를 살펴보자.

리스트 12.6 프로세서 API 소스

```
import static org.apache.kafka.streams.Topology.AutoOffsetReset.LATEST;

public static void main(String[] args) throws Exception {
//...
final Serde<String> stringSerde = Serdes.String();
Deserializer<String> stringDeserializer = stringSerde.deserializer();
Serializer<String> stringSerializer = stringSerde.serializer();

Topology topology = new Topology();          ←  토폴로지 객체로
                                                 흐름을 생성

topology = topology.addSource(LATEST,            ←  이 오프셋을 LATEST로 지정
    "kinaction_source",         ←  이후 단계에서 참조할 수
    stringDeserializer,            있는 노드의 이름을 지정
    stringDeserializer,                          ←  값에 대한
    "kinaction_source_topic");  ←  카프카          역직렬화
}                                   토픽에서 읽기
//...
```

키에 대한
역직렬화

먼저 Topology 객체를 사용해 그래프를 만든다[4]. 오프셋을 LATEST로 설정하고 키와 값 역직렬 변환기를 지정하는 것은 5장에서 클라이언트 컨슈머에 대한 구성 속성을 설정할 때부터 익숙할 것이다. 리스트 12.6에서 kinaction_source_topic 토픽을 읽는 노드의 이름을 kinaction_source로 지정했다. 다음 단계는 리스트 12.7과 같이 프로세싱 노드를 추가하는 것이다.

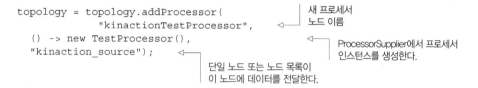

리스트 12.7 프로세서 API 프로세서 노드

```
topology = topology.addProcessor(
        "kinactionTestProcessor",
() -> new TestProcessor(),
"kinaction_source");
```

새 프로세서 노드 이름

ProcessorSupplier에서 프로세서 인스턴스를 생성한다.

단일 노드 또는 노드 목록이 이 노드에 데이터를 전달한다.

리스트 12.7은 프로세싱 노드를 정의할 때 이름(여기서는 kinactionTestProcessor)을 지정하고, 이 로직을 이 단계와 연결하는 방법을 보여준다. 데이터를 제공할 노드도 나열한다.

이 간단한 예제를 마치기 위해 리스트 12.8을 살펴보자. 토폴로지를 완성하기 위해 2개의 싱크를 별도로 정의하는 방법을 보여준다. 싱크는 처리가 끝날 때 데이터를 배치하는 곳이다. 토픽 이름과 키/값 직렬 변환기는 프로듀서 클라이언트에 대한 이전 작업에서 친숙할 것이다. 토폴로지의 다른 부분과 마찬가지로 흐름에서 데이터를 가져올 노드 중 하나로 kinactionTestProcessor를 정의한다.

리스트 12.8 프로세서 API 프로세서 싱크

```
topology = topology.addSink(
        "Kinaction-Destination1-Topic",
"kinaction_destination1_topic",
stringSerializer,
stringSerializer,
"kinactionTestProcessor");
topology = topology.addSink(
        "Kinaction-Destination2-Topic",
"kinaction_destination2_topic",
stringSerializer,
stringSerializer,
"kinactionTestProcessor");

...
```

싱크 노드 이름

사용할 출력 토픽 이름

값에 대한 직렬화

싱크에 쓸 데이터를 공급하는 노드를 정의

키에 대한 직렬화

토폴로지에 두 번째 싱크를 추가

프로세서 코드에서 로직을 사용해 데이터 흐름을 지시하는 방법을 살펴볼 것이다. kinactionTestProcessor를 사용하면 키와 값을 포함한 흐름을 Kinaction-Destination2-Topic이라는 싱크로 전달할 수 있다. 다음 리스트에서 이는 하드코딩되어 있지만, 로직을 사용해 두 번째 싱크로 데이터를 보낼 시기를 결정할 수 있다.

리스트 12.9 프로세서 커스텀 코드

```
public class KinactionTestProcessor
  extends AbstractProcessor<String, String> {          ◁ ─── AbstractProcessor를 확장하여
    @Override                                                 커스텀 로직에 대한 프로세스
    public void process(String key, String value) {           메서드를 구현
      context().forward(key, value,                    ◁ ─── 하드코딩된 값이지만 추가적인
        To.child("Kinaction-Destination2-Topic"));            로직을 사용해 forward를
    }                                                          사용할 수 있다.
}
```

코드가 DSL 예제보다 더 장황하다는 사실을 쉽게 알 수 있지만, 중요한 것은 DSL API를 사용하는 간단한 흐름에 표시되지 않은 현재 로직에 있는 제어다. 처리가 발생하는 일정이나 결과에 대한 커밋 시간을 제어하려면 더 복잡한 프로세서 API 메서드를 살펴봐야 한다.

12.1.5 카프카 스트림즈 설정

예제 애플리케이션은 단일 인스턴스만 사용하지만, 스트리밍 애플리케이션은 스레드 수를 늘리고 둘 이상의 인스턴스를 배포하여 확장할 수 있다. 동일한 컨슈머 그룹에 있는 컨슈머의 인스턴스 수와 마찬가지로 애플리케이션의 병렬 처리는 해당 소스 토픽의 파티션 수와 관련이 있다[5]. 예를 들어, 시작 부분의 입력 토픽에 8개의 파티션이 있는 경우 애플리케이션의 인스턴스를 8개로 확장하는 것을 고려할 것이다. 인스턴스 실패를 대비하여 인스턴스를 준비하지 않는 한 트래픽을 사용하지 않기 때문에 더 많은 인스턴스가 필요하지는 않다.

애플리케이션의 설계를 생각할 때는 사용 사례에 필요한 처리 보장을 언급해야 한다. 카프카 스트림즈는 최소 한 번at-least-once 및 정확히 한 번exactly-once 처리 시맨틱을 지원한다.

애플리케이션 로직이 정확히 한 번 시맨틱에 의존하는 경우, 카프카 스트림즈 애플리케이션을 카프카 생태계 벽 내부에 두면 이러한 가능성을 보장받을 수 있다. 데이터를 외부 시스템으로 보내자마자 약속된 전달 옵션을 어떻게 달성 가능할지 살펴봐야 한다. 스트림즈 API는 토픽 데이터 검색, 저장소 업데이트 및 다른 토픽에 쓰기를 하나의 원자적 작업으로 처리할 수 있지만, 외부 시스템은 처리할 수 없다. 시스템 경계는 이러한 보증에 영향을 미칠 때 중요해진다.

최소 한 번 전달의 경우 데이터가 손실되지는 않지만, 메시지가 두 번 이상 처리되는 상황에 대비해야 할 수도 있다는 점을 유의해야 한다. 이 책을 쓰는 시점에는 최소 한 번 전달이 기본 모드이므로 애플리케이션 로직에서 중복 데이터를 처리해도 괜찮은지 확인하자.

카프카 스트림즈는 내결함성을 염두에 두고 설계됐다. 카프카 클러스터에서 이전에 본 방식으로 내결함성을 지원한다. 사용 중인 상태 저장소는 분할되고 복제된 카프카 토픽에 의해 내결함성을 지원한다. 카프카는 메시지를 유지하고 오류 이전에 발생한 것을 재생하는 기능으로 인해 사용자가 수동으로 상태를 다시 만들지 않고도 성공적으로 계속 수행할 수 있다. 카프카 스트림즈가 제공하는 기능을 더 자세히 알아보려면, 카프카 스트림즈 세부 사항을 깊이 있게 설명한 윌리엄 베젝^{William P. Bejeck} ^{Jr.}의 『Kafka Streams in Action』(에이콘출판, 2019)을 추천한다.

12.2 ksqlDB: 이벤트 스트리밍 데이터베이스

ksqlDB(https://ksqldb.io)는 이벤트 스트리밍 데이터베이스다. 이 제품은 처음에 KSQL로 소개됐으나, 2019년 11월 프로젝트 이름이 변경됐다. 아파치 카프카는 데이터 작업을 좀 더 쉽게 할 수 있도록 다양한 클라이언트를 개발했다.

ksqlDB는 SQL을 사용해 본 적이 있는 모든 사람에게 카프카의 강력한 기능을 제공한다. 갑자기 클러스터 내부의 토픽과 데이터를 사용해야 하는 경우에도 자바나 스칼라 코드가 필요하지 않다. 또 다른 주요 요인은 사용자가 전체 애플리케이션 수명 주기에서 작업할 때, 카프카가 필요한 전체 아키텍처가 아닌 일부분만을 제공하는 경우가 많았기 때문이다. 그림 12.3은 카프카를 활용할 수 있는 한 가지 방법의 예를 보여준다.

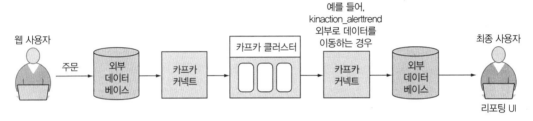

그림 12.3 카프카 애플리케이션 흐름 예

사용자에게 서비스를 제공하기 위해 카프카의 데이터가 외부 데이터 저장소로 이동된다. 예를 들어, 전자상거래 시스템에서 주문을 트리거하는 애플리케이션을 상상해 보자. 이벤트는 주문 프로세스의 각 스테이지에 대해 트리거되며 구매자가 보고서에서 주문과 관련된 상황을 알 수 있는 상태 역할을 한다.

ksqlDB 이전에는 주문 이벤트가 카프카에 저장되고 카프카 스트림즈 또는 아파치 스파크로 처리한 다음 카프카 커넥트 API를 사용해 외부 시스템으로 이동되는 경우가 많았다. 그런 다음, 애플리케이션은 해당 데이터베이스에서 이벤트 스트림에서 생성된 뷰를 읽어 사용자를 특정 시점 상태로 표시한다. ksqlDB에 추가된 풀 쿼리 pull query 및 커넥터 관리 기능을 통해 개발자는 사용자에게 이러한 구체화된 뷰를 표시하기 위해 생태계 내에 남아 있을 수 있는 경로를 얻었다. 그림 12.4는 카프카 생태계가 외부 시스템 없이 더 통합된 애플리케이션을 제공할 수 있는 방법에 대한 높은 수준의 개요를 보여준다. 방금 소개한 풀 쿼리부터 시작하여 ksqlDB가 지원하는 쿼리 유형을 자세히 살펴보자.

318

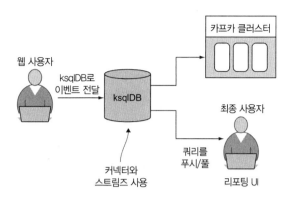

그림 12.4 ksqlDB 예제 카프카 애플리케이션 흐름

12.2.1 쿼리

풀 쿼리와 푸시 쿼리는 애플리케이션을 구축하는 데 도움이 된다. **풀 쿼리**^{pull query}는 요청 및 응답 패턴과 같은 동기 흐름에서 사용될 때 잘 맞는다[7]. 도착한 이벤트에 의해 구체화된 뷰의 현재 상태를 요청할 수 있다. 쿼리는 응답을 반환하고 완료된 것으로 간주된다. 대부분의 개발자는 이 패턴에 익숙하며, 쿼리가 검색될 때 데이터가 이벤트 지점의 스냅숏임을 알아야 한다.

반면에 **푸시 쿼리**^{push query}는 비동기 패턴에서 사용될 때 잘 작동할 수 있다[7]. 사실상 컨슈머 클라이언트를 사용할 때와 마찬가지로 구독한다. 새 이벤트가 도착하면 코드가 필요한 조치에 따라 응답할 수 있다.

12.2.2 로컬 개발

카프카 이외의 추가 기술을 도입하지 않으려고 노력했지만, ksqlDB 로컬을 사용하는 가장 쉬운 방법은 컨플루언트의 도커 이미지를 사용하는 것이다. 웹사이트 (https://ksqldb.io/quickstart.html)에서 전체 카프카 설정, ksqldb-server, ksqldb-cli 파일만 포함하는 이미지를 다운로드할 수 있다.

도커 이미지를 사용하는 경우 `docker-compose up`으로 도커 이미지를 시작할 수 있다. 이제 ksqldb-cli를 사용해 명령 터미널에서 KSQL 서버로 대화형 세션을 생성할 수 있다. 사용자가 알고 있듯이 데이터베이스 서버를 확보한 후에는 데이터를 정의해야 한다. 도커를 사용해 카프카 및 도구를 실행하는 방법에 대한 자세한 내용은 부록 A를 참고하라. 다음 리스트는 도커를 활용하여 대화식 ksqlDB 세션을 시작하기 위해 실행할 수 있는 명령을 보여준다[8].

리스트 12.10 ksqlDB로 대화형 세션 만들기

```
docker exec -it ksqldb-cli \
  ksql http://ksqldb-server:8088
> SET 'auto.offset.reset'='earliest';
```

터미널에서 명령을 실행하기 위해 ksqlDB 서버에 연결한다.

오프셋 재설정 정책을 earliest로 설정하여, ksqlDB가 카프카 토픽에서 기존 데이터를 처리하게 한다.

다음으로 트랜잭션 프로세서의 확장으로 ksqlDB 검색을 시작할 수 있는 상황의 예를 살펴보자. 처리된 트랜잭션의 기존 데이터를 사용해 **명세서**statement report를 생성하는 방법을 알아볼 것이다. 명세서에는 트랜잭션 계정에 대한 확장(또는 보강) 정보가 포함된다. 성공적인 트랜잭션(transaction-success)을 계정 데이터와 결합함으로써 가능할 것이다. 카프카의 토픽에서 성공적인 트랜잭션 스트림을 생성하는 것으로 시작할 것이다.

NOTE

이전에 카프카 스트림즈 애플리케이션의 카프카 토픽에서 데이터를 사용했을 수도 있기 때문에 SET 'auto.offset.reset' = 'earliest'; 명령을 사용해 오프셋을 재설정해야 할 수도 있다. 따라서 ksqlDB는 기존 데이터로 작업할 수 있다. CREATE 문을 실행하기 전에 이 명령을 실행해야 한다. 리스트 12.11은 transaction-success 토픽에서 읽는 트랜잭션 성공을 위한 스트림을 생성하는 프로세스의 다음 단계를 보여준다.

```
CREATE STREAM TRANSACTION_SUCCESS (          레코드 키에 관해
  numkey string KEY,                          ksqlDB에 알린다.
  transaction STRUCT<guid STRING, account STRING,
                     amount DECIMAL(9, 2), type STRING,      ksqlDB는 중첩된 데이터
                     currency STRING, country STRING>,       작업을 지원한다.
  funds STRUCT<account STRING,
               balance DECIMAL(9, 2)>,
  success boolean,
  errorType STRING                           WITH 절의 KAFKA_TOPIC
) WITH (                                      속성을 사용해 읽을 토픽을
  KAFKA_TOPIC='transaction-success',          지정한다.
  VALUE_FORMAT='avro');                ksqlDB에 에이브로의
                                       스키마를 통합한다.
```

ksqlDB는 중첩 데이터nested data 작업을 지원하기 때문에 카프카 스트림즈 예제의
TransactionResult 클래스에서 중첩 유형 Transaction을 사용했다. STRUCT 키워드
를 사용해 중첩 유형의 구조를 정의했다. ksqlDB는 컨플루언트 스키마 레지스트리
와도 통합되며, 기본적으로 에이브로, 프로토콜 버퍼Protobuf, JSON 및 JSON 스키마
형식의 스키마를 지원한다. 이 스키마 레지스트리 통합을 사용해 ksqlDB는 스키마
로 대부분의 경우 스트림 또는 테이블 구조를 유추하거나 검색할 수 있다. 이는 마이
크로서비스 간의 효과적인 협업을 가능하게 하는 데 엄청난 도움이 된다.

언급했듯이 계정에 대한 포괄적인 정보를 사용해야 한다. 성공적인 트랜잭션 내
역과 달리 계정 정보 변경의 전체 내역에는 관심이 없다. 우리는 계정 ID로 계정을
조회하기만 하면 된다. 이를 위해 ksqlDB에서 TABLE을 사용할 수 있다. 다음 리스트
는 이를 수행하는 방법을 보여준다.

```
                                             테이블의 기본 키로 이 account
                                             필드를 선택한다.
CREATE TABLE ACCOUNT (number INT PRIMARY KEY)
WITH (KAFKA_TOPIC = 'account', VALUE_FORMAT='avro');
                                             ksqlDB는 에이브로 스키마를
                                             사용해 account 테이블의
                                             필드에 관해 알게 된다.
```

다음 단계는 테이블을 채우는 것이다. 리스트 12.13의 SQL 문이 과거에 실행한
SQL 문과 유사해 보이나, 작지만 강력한 차이점에 주목하자. EMIT CHANGES를 사용

하면 이전에 **푸시 쿼리**로 논의한 내용이 생성된다. 명령 프롬프트로 돌아가는 대신 이 스트림은 백그라운드에서 실행된다!

리스트 12.13 계정 정보가 포함된 트랜잭션 명세서 스트림

```
CREATE STREAM TRANSACTION_STATEMENT AS
    SELECT *
    FROM TRANSACTION_SUCCESS
    LEFT JOIN ACCOUNT
        ON TRANSACTION_SUCCESS.numkey = ACCOUNT.numkey
    EMIT CHANGES;
```

쿼리를 테스트하려면 테스트 트랜잭션을 계속 생성하기 위해 스트림에 데이터를 삽입할 ksqldb-cli 파일의 새 인스턴스가 필요하다. 카프카 스트림즈 애플리케이션은 이러한 트랜잭션을 처리한다. 성공한 경우 카프카 스트림즈 프로세서는 결과를 transaction-success 토픽에 기록하는데, 이는 ksqlDB가 선택하고 TRANSACTION_SUCCESS 및 TRANSACTION_STATEMENT 스트림에서 사용된다.

12.2.3 ksqlDB 아키텍처

도커 이미지를 사용함으로써 ksqlDB의 일부인 아키텍처를 얼버무리며 넘어갔다. 하지만 스트림즈 API와 달리 ksqlDB를 실행하려면 추가 구성 요소가 필요하다는 점을 알아야 한다. 주요 구성 요소는 **ksqlDB 서버**라고 부른다[9]. 이 서버는 제출된 SQL 쿼리를 실행하고 카프카 클러스터에서 데이터를 가져오는 역할을 한다. 쿼리 엔진 외에 REST API도 제공된다. 이 API는 예제에서 사용한 ksqldb-cli 파일에서 사용된다[9].

고려해야 할 또 다른 항목은 배포 모드 중 하나다. **헤드리스**headless라고 불리는 이 모드는 개발자가 명령줄 인터페이스를 통해 쿼리를 실행하는 것을 막는다[10]. 이 모드를 구성하려면, --queries-file 명령줄 인수로 ksqlDB 서버를 시작하거나 ksql-server.properties 파일을 업데이트한다. 물론 이는 쿼리 파일도 필요하다는 것을 의미한다. 다음 리스트는 헤드리스 모드에서 ksqlDB를 시작하는 방법을 보여준다[10].

```
bin/ksql-server-start.sh \
etc/ksql/ksql-server.properties --queries-file kinaction.sql
```

← CLI가 작동하지 않는 비대화형 모드에서 ksqlDB를 시작한다.

이제 카프카 스트림즈와 ksqlDB를 사용했는데, 새로운 작업에 접근할 때 어떤 것을 사용해야 할지 어떻게 알 수 있을까? REPL^Read-Eval-Print Loop은 아니지만 직접 ksqldb-cli를 사용해 몇 가지 빠른 프로토타입 테스트 및 시험을 실행하는 것은 새로운 애플리케이션을 시작하는 좋은 방법일 수 있다. ksqlDB의 또 다른 핵심은 자바나 스칼라(JVM 언어)를 실행하지 않는 사용자가 이 SQL 옵션에서 사용 가능한 카프카 스트림즈 기능 세트를 찾을 수 있다는 것이다. 마이크로서비스를 구축하려는 사용자는 스트림즈 API가 더 적합할 것이다.

12.3 더 나아가기

카프카 스트림즈와 ksqlDB를 막 도입했지만, 카프카 학습을 계속하는 데 도움이 되는 더 많은 리소스가 있다. 다음 절에서는 이러한 리소스 중 일부를 살펴볼 것이다.

12.3.1 카프카 개선 제안(KIP)

가장 흥미로운 선택지처럼 보이지 않을 수도 있지만, 카프카 개선 제안^KIP, Kafka Improvement Proposal을 따르는 것은 카프카를 최신 상태로 유지하는 가장 좋은 방법 중 하나다. 제안된 모든 것이 구현되지는 않았지만, 시간이 지나며 사용 사례가 변경됨에 따라 카프카의 다른 사용자들이 무엇을 탐구할 가치가 있다고 생각하는지 보는 것은 흥미로운 일이다.

5장에서 보았듯이 KIP-392(http://mng.bz/n2aV)는 파티션 리더가 로컬이 아닌 데이터 센터에 있을 때 사용자가 데이터를 가져와야 하는 필요성에 의해 동기가 부여됐다. 카프카가 재해 복구를 위한 별도의 데이터 센터 없이 온프레미스 데이터 센터에만 존재했다면 제안이 승인되지 않았을 수도 있다. 이러한 새로운 KIP를 검토하면 모든 사람이 일상생활에서 동료 카프카 사용자가 경험하는 문제 또는 기능을 이해할 수 있다. KIP는 KIP-500(http://mng.bz/8WvD)이 발표된 카프카 서밋 2019와 같은 기조 연설에서 다루고 논의할 만큼 충분히 중요하다. KIP-500은 주키퍼의 교체를 다룬다.

12.3.2 탐색할 수 있는 카프카 프로젝트

카프카 소스 코드 외에도 카프카의 실제 사용에 대한 깃허브^{GitHub} 또는 깃랩^{GitLab} 공개 저장소를 검색하면서 이러한 프로젝트에서 배울 수 있다. 모든 코드의 품질이 같지는 않겠지만, 이전 장에서 필요한 부분이 어떻게 제자리에 있는지 이해할 수 있는 충분한 정보를 제공했다. 이 책은 카프카를 일부 활용해 소프트웨어를 구동하는 몇 가지 프로젝트를 언급했는데 깃허브에 소스 코드가 공개되어 있다. 한 가지 예는 아파치 플룸(https://github.com/apache/flume)이다.

12.3.3 커뮤니티 슬랙 채널

좀 더 대화식으로 정보를 수집하고 검색하거나 질문할 수 있는 좋은 장소가 필요하다면, 컨플루언트 커뮤니티 페이지(https://www.confluent.io/community/)를 방문해 보자. 클라이언트, 커넥트 및 그 밖의 여러 카프카 주제와 같은 카프카의 특정 부분에 초점을 맞춘 채널이 있는 슬랙^{Slack} 그룹을 찾을 수 있다. 다른 사람들이 게시한(그리고 여러분이 게시할 수 있는) 자세한 질문의 수는 사용자가 탐색하고 공유하려는 경험의 폭을 보여준다. 자신을 소개하고 다른 활기찬 회원을 만날 수 있는 커뮤니티 포럼도 있다.

이 장을 통해 카프카 스트림즈 및 ksqlDB의 추가적인 추상화와 이러한 추상화가 카프카의 핵심 지식과 어떻게 관련되는지 알아보기 위해 기존 지식을 확장했다. 카프카 생태계가 진화하고 변화하거나 새로운 제품을 추가함에 따라 여기에 제시된 카프카의 기반이 내부적으로 진행되는 상황을 이해하는 데 도움이 될 것이라고 확신한다. 여러분의 지속적인 카프카 학습에 행운을 빈다!

요약

- 카프카 스트림즈는 레코드당(또는 메시지당) 처리가 있는 애플리케이션에서 스트림 처리를 제공한다. 프로듀서 및 컨슈머 클라이언트에 대한 추상화 계층이다.

- 카프카 스트림즈는 함수형 DSL(도메인 특화 언어)과 프로세서 API 중에서 선택할 수 있다.

- 스트림은 카프카 스트림즈 DSL을 사용해 토폴로지로 모델링할 수 있다.

- ksqlDB는 SQL을 이미 알고 있는 사람들에게 카프카의 파워를 노출시키는 데이터베이스다. ksqlDB 쿼리는 지속적으로 실행되며, 스트리밍 애플리케이션의 프로토타입을 빠르게 만드는 데 도움이 될 수 있다.

- KIP(카프카 개선 제안)는 향후 카프카 버전에서 요청되고 구현되는 변경사항을 확인할 수 있는 좋은 방법이다.

참고문헌

[1]   "Documentation: Kafka Streams." Apache Software Foundation (n.d.). https://kafka.apache.org/documentation/streams/ (accessed May 30, 2021).

[2]   "Streams Concepts." Confluent documentation (n.d.). https://docs.confluent.io/platform/current/streams/concepts.html (accessed June 17, 2020).

[3]   "Documentation: Kafka Streams: Core Concepts." Apache Software Foundation (n.d.). https://kafka.apache.org/26/documentation/streams/core-concepts (accessed June 25, 2021).

[4]   "Kafka Streams Processor API." Confluent documentation (n.d.). https://docs.confluent.io/platform/current/streams/developer-guide/processor-api.html#streams-developer-guide-processor-api (accessed August 22, 2021).

[5]   "Streams Architecture." Confluent documentation (n.d.). https://docs.confluent.io/platform/current/streams/architecture.html (accessed June 17, 2020).

[6]   "Documentation: Streams API changes in 2.6.0." Apache Software Foundation. https://kafka.apache.org/26/documentation/streams/upgrade-guide#streams_api_changes_260 (accessed August 22, 2021).

[7]   "ksqlDB Documentation: Queries." Confluent documentation (n.d.). https://docs.ksqldb.io/en/latest/concepts/queries/ (accessed May 5, 2021).

[8]   "ksqlDB: Configure ksqlDB CLI." Confluent documentation (n.d.). https://docs.ksqldb.io/en/0.7.1-ksqldb/operate-and-deploy/installation/cli-config/ (accessed August 23, 2021).

[9]   "Installing ksqlDB." Confluent documentation (n.d.). https://docs.confluent.io/platform/current/ksqldb/installing.html (accessed June 20, 2020).

[10]   "Configure ksqlDB Server." Confluent documentation (n.d.). https://docs.ksqldb.io/en/latest/operate-and-deploy/installation/server-config/ (accessed August 23, 2021).

부록 **A**

설치

정교한 기능 세트가 있음에도 불구하고 아파치 카프카 설치 과정은 간단하다. 우선 셋업 문제를 살펴보자.

A.1 운영체제(OS) 요구사항

카프카에 있어서 리눅스는 본거지와 같으며 많은 사용자 지원 포럼에서 계속해서 질문과 답변이 오르내리는 곳이다. 맥OS를 bash(맥OS 카탈리나^{Catalina} 이전의 기본 터미 널) 또는 zsh(맥OS 카탈리나 이후의 기본 터미널)와 함께 사용했다. 마이크로소프트 윈도 우에서 개발을 위해 카프카를 실행하는 것도 괜찮지만, 프로덕션 환경에서는 권장 하지 않는다[1].

> **NOTE**
>
> 이후의 절에서는 도커(http://docker.com)를 사용한 설치에 대해서도 설명한다.

A.2 카프카 버전

아파치 카프카는 활발한 아파치 소프트웨어 재단Apache Software Foundation 프로젝트이며, 시간이 지남에 따라 카프카 버전이 업데이트된다. 카프카 릴리스는 일반적으로 이전 버전과의 호환성을 심각하게 고려했다. 새 버전을 사용하기를 원한다면, 새 버전을 사용하면서 더 이상 사용되지 않는 것deprecated으로 표시된 코드 부분을 업데이트하자.

> **TIP**
>
> 일반적으로 아파치 주키퍼와 카프카는 내결함성을 원하는 경우 프로덕션 환경의 하나의 물리적 서버에서 실행하면 안 된다. 하지만 이 책에서는 학습하는 동안 여러 서버를 관리하는 대신 카프카 기능 학습에 집중할 수 있게 했다.

A.3 로컬 머신에 카프카 설치

일부 개발자가 카프카를 사용하기 시작했을 때 더 간단한 선택지 중 하나는 단일 노드에 클러스터를 직접 만드는 것이었다. 마이클 놀Michael Noll은 'Running a Multi-Broker Apache Kafka 0.8 Cluster on a Single Node'라는 기사에서 이 절의 셋업 단계에 반영된 대로 단계를 명확하게 설명했다[2].

2013년에 작성됐지만, 이 셋업 옵션은 관련된 세부 정보와 좀 더 자동화된 로컬 설정에서 놓칠 수 있는 필요한 변경사항을 확인하는 좋은 방법이다. 도커 설정은 로컬 설정을 위한 옵션이기도 하다. 이 옵션이 더 편한 경우 이 부록의 뒷부분을 참고한다.

개인적인 경험에 따르면 다음과 같은 최소 요구사항이 있는 워크스테이션에 카프카를 설치할 수 있다(하지만 그 결과는 우리의 기본 셋업과는 다를 수 있다). 그런 다음, 다음 절에 있는 지침을 사용해 워크스테이션에 자바 및 아파치 카프카(및 주키퍼 포함)를 설치한다.

- 최소 CPU 수(물리적 또는 논리적): 2

- 최소 RAM 용량: 4GB

- 최소 하드 드라이브 여유 공간: 10GB

A.3.1 전제 조건: 자바

자바는 우선적으로 설치해야 하는 필수 구성 요소다. 이 책의 예제에서는 JDK^{Java} Development Kit 버전 11을 사용한다. 웹사이트(https://jdk.dev/download/)에서 자바 버전을 다운로드할 수 있다. 머신에 자바 버전을 설치하고 관리하려면, 웹사이트(http://sdkman.io)에서 SDKMAN CLI를 사용하는 것이 좋다.

A.3.2 전제 조건: 주키퍼

카프카는 주키퍼도 필요한데, 이 책을 쓰는 시점에 카프카 다운로드에는 주키퍼도 함께 번들로 제공된다. 최신 버전의 클라이언트에서 주키퍼에 대한 의존성이 줄어들더라도 카프카가 작동하려면 여전히 주키퍼를 설치해야 한다. 아파치 카프카 배포에는 호환되는 주키퍼 버전이 포함되어 있으므로, 별도로 다운로드하여 설치할 필요는 없다. 주키퍼를 시작하고 중지하는 데 필요한 스크립트도 카프카 배포판에 포함되어 있다.

A.3.3 전제 조건: 카프카 다운로드

이 책이 출판될 당시 카프카 버전 2.7.1(예제에서 사용된 버전)은 최신 릴리스였다. 아파치 프로젝트에는 미러 사이트가 있으며, 그 방법으로 다운로드할 버전을 검색할 수 있다. 자동으로 가장 가까운 미러 사이트로 리다이렉트되려면, URL(http://mng.bz/aZo7)을 사용하자.

파일을 다운로드한 후 실제 바이너리 파일 이름을 살펴보자. 처음에는 조금 혼란스러워 보일 수 있다. 예를 들어, kafka_2.13-2.7.1은 카프카 버전이 2.7.1임을 의미한다(하이픈 뒤의 정보).

이 책의 예제를 최대한 활용하면서 시작하기 쉽게 하려면, 단일 시스템에 3개 노드를 가진 클러스터를 설정하는 것이 좋다. 이는 프로덕션에 권장되는 전략은 아니지만, 셋업에 많은 시간을 소비해야 하는 오버헤드 없이 중요한 개념을 이해할 수 있게 해준다.

> **NOTE**
>
> 3개 노드를 가진 클러스터를 사용해야 하는 이유는 무엇일까? 분산 시스템으로서 카프카의 많은 부분은 둘 이상의 노드가 적합하다. 우리의 예제는 배우고 있는 내용을 명확히 하기 위해 다른 머신 없이 클러스터를 시뮬레이션한다.

카프카를 설치한 후 3개 노드를 가진 클러스터를 구성해야 한다. 먼저 바이너리의 압축을 풀고 bin 디렉터리를 찾아야 한다.

리스트 A.1에는 JAR 파일의 압축을 푸는 데 사용되는 tar 명령이 나와 있지만, 다운로드한 압축 형식에 따라 unzip 또는 다른 도구를 사용해야 할 수도 있다. $PATH 환경 변수에 카프카 스크립트가 있는 bin 디렉터리를 포함시키는 것이 좋다. 이 경우 전체 경로를 지정하지 않고도 명령을 사용할 수 있다.

리스트 A.1 카프카 바이너리 압축 풀기

```
$ tar -xzf kafka_2.13-2.7.1.tgz
$ mv kafka_2.13-2.7.1 ~/
$ cd ~/kafka_2.13-2.7.1
$ export PATH=$PATH:~/kafka_2.13-2.7.1/bin    ◁── $PATH 셸 스크립트에 bin
                                                  디렉터리 추가
```

> **NOTE**
>
> 윈도우 사용자의 경우 bin/windows 폴더 아래에서 다음 예제에 사용된 셸 스크립트와 동일한 이름을 가진 .bat 스크립트를 찾을 수 있다. 리눅스 2용 윈도우 서브 시스템WSL2, Windows Subsystem for Linux 2을 사용하고 리눅스에서 사용하는 것과 동일한 명령을 실행할 수 있다[1].

A.3.4 주키퍼 서버 시작하기

이 책의 예제에서는 단일 로컬 주키퍼 서버를 사용한다. 리스트 A.2의 명령은 단일 주키퍼 서버를 시작한다[2]. 카프카 브로커를 시작하기 전에 주키퍼를 시작하는 것이 좋다.

리스트 A.2 주키퍼 시작하기

```
$ cd ~/kafka_2.13-2.7.1
$ bin/zookeeper-server-start.sh config/zookeeper.properties
```

A.3.5 수동으로 클러스터 생성 및 구성

다음 단계는 3개 노드 클러스터를 만들고 구성하는 것이다. 카프카 클러스터를 만들기 위해 3개의 서버(server0, server1, server2)를 셋업할 것이다. 각 서버에 대한 속성 파일을 수정한다[2].

카프카는 사전 정의된 기본값 세트와 함께 제공된다. 리스트 A.3의 명령을 실행하여 클러스터 [2]의 각 서버에 대한 구성 파일을 만든다. 기본 server.properties 파일을 시작점으로 사용한다. 그런 다음, 리스트 A.4의 명령을 실행하여 각 구성 파일을 열고 속성 파일을 변경한다[2].

리스트 A.3 여러 카프카 브로커 만들기

```
$ cd ~/kafka_2.13-2.7.1
$ cp config/server.properties config/server0.properties
$ cp config/server.properties config/server1.properties
$ cp config/server.properties config/server2.properties
```

카프카 디렉터리로 이동한 후 기본 server.properties 파일을 3개 복사한다.

> **NOTE**
>
> 예제에서는 vi를 텍스트 편집기로 사용하지만, 원하는 텍스트 편집기로 이러한 파일을 편집할 수 있다.

리스트 A.4 서버 0 구성

```
$ vi config/server0.properties                브로커 ID 0번의 id, port, log
                                              디렉터리 업데이트
broker.id=0
listeners=PLAINTEXT://localhost:9092
log.dirs= /tmp/kafkainaction/kafka-logs-0

$ vi config/server1.properties                브로커 ID 1번의 id, port, log
                                              디렉터리 업데이트
broker.id=1
listeners=PLAINTEXT://localhost:9093
log.dirs= /tmp/kafkainaction/kafka-logs-1

$ vi config/server2.properties                브로커 ID 2번의 id, port, log
broker.id=2                                    디렉터리 업데이트
listeners=PLAINTEXT://localhost:9094
log.dirs= /tmp/kafkainaction/kafka-logs-2
```

NOTE

각 카프카 브로커는 해당 포트에서 실행되며, 별도의 로그 디렉터리를 사용한다. 또한 각 브로커는 고유한 ID를 사용해 클러스터의 구성원으로 자신을 등록하므로 각 구성 파일에는 각 브로커에 대한 고유한 ID가 있어야 한다. 일반적으로 0부터 시작하는 배열 인덱싱 체계에 따라 브로커 ID가 0부터 시작하는 것을 볼 수 있다.

그런 다음, 리스트 A.4에서 업데이트한 구성 파일과 함께 초기 설치의 일부인 기본 제공 스크립트를 사용해 각 브로커를 시작할 수 있다. 터미널에서 카프카 브로커 출력을 관찰하려면, 별도의 터미널 탭이나 창에서 각 프로세스를 시작하고 실행 상태로 두는 것이 좋다. 다음 리스트는 콘솔 창에서 카프카를 시작한다[2].

리스트 A.5 콘솔 창에서 카프카 시작하기

```
$ cd ~/kafka_2.13-2.7.1                              카프카 디렉터리로 이동 후
$ bin/kafka-server-start.sh config/server0.properties  각각의 브로커 프로세스를
$ bin/kafka-server-start.sh config/server1.properties  시작(총 3개)
$ bin/kafka-server-start.sh config/server2.properties
```

리스트 A.6은 3개의 브로커와 주키퍼 인스턴스의 출력에서 브로커의 PID와 주키퍼의 JVM 프로세스 레이블(QuorumPeerMain)을 얻을 수 있는 한 개발자의 시스템 예를 보여준다. 각 인스턴스의 프로세스 ID 번호는 왼쪽에 있으며 시작 스크립트를 실행할 때마다 달라진다.

리스트 A.6 주키퍼와 3개의 브로커에 대한 jps 출력

```
2532  Kafka                   브로커별 카프카 JVM
2745  Kafka                   프로세스 레이블과 ID
2318  Kafka
2085  QuorumPeerMain                              주키퍼 JVM 프로세스
                                                  레이블과 ID
```

로컬 설치를 수동으로 구성하는 방법을 알았으니, 이제 컨플루언트 플랫폼을 사용하는 방법을 살펴보자. 컨플루언트사Confluent, Inc.(https://www.confluent.io/)는 아파치 카프카 기반 플랫폼인 컨플루언트 플랫폼을 제공한다.

A.4 컨플루언트 플랫폼

컨플루언트 플랫폼(자세한 내용은 https://www.confluent.io/ 참고)은 필수 개발 기능으로 아파치 카프카를 보완하는 엔터프라이즈용 패키징 옵션이다. 여기에는 도커Docker, 쿠버네티스Kubernetes, 앤서블Ansible 및 기타 다양한 패키지가 포함된다. 컨플루언트는 C++, C#/닷넷.NET, 파이썬Python, 고Go용 카프카 클라이언트를 적극적으로 개발하고 지원한다. 또한 3장과 11장에서 설명한 스키마 레지스트리Schema Registry도 포함되어 있다. 컨플루언트 플랫폼 커뮤니티 에디션Confluent Platform Community Edition에는 ksqlDB도 포함되어 있다. 12장에서 ksqlDB를 사용한 스트림 처리에 대해 배웠다.

컨플루언트는 완전히 관리되는 클라우드 네이티브 카프카 서비스도 제공하므로,

향후 여러분의 프로젝트에 유용할 수도 있다. 관리형 서비스는 실행 방법에 대한 지식 없이도 아파치 카프카 경험을 제공한다. 이는 개발자가 중요한 것, 즉 코딩에 집중할 수 있도록 하는 것이 특징이다. 컨플루언트 버전 6.1.1 다운로드에는 이 책 전체에서 사용된 아파치 카프카 버전 2.7.1이 포함되어 있다. 공식 컨플루언트 문서(http://mng.bz/g1oV)에 있는 쉬운 설치 단계를 따를 수 있다.

A.4.1 컨플루언트 명령줄 인터페이스(CLI)

컨플루언트사에는 명령줄에서 컨플루언트 플랫폼을 빠르게 시작하고 관리할 수 있는 명령줄 도구도 있다. 깃허브(https://github.com/confluentinc/confluent-cli)의 README.md에는 스크립트 사용에 대한 자세한 내용이 포함되어 있으며 지침(http://mng.bz/RqNR)에 따라 설치할 수 있다. CLI는 필요에 따라 제품의 여러 부분을 시작할 수 있다는 점에서 유용하다.

A.4.2 도커

아파치 카프카는 현재 공식 도커 이미지를 제공하지 않지만, 컨플루언트는 이를 제공한다. 이러한 이미지는 프로덕션 환경에서 많은 개발자가 테스트하고 지원하며 사용한다. 이 책의 예제 소스 저장소에서 미리 구성된 카프카, 주키퍼 및 기타 구성 요소가 포함된 docker-compose.yaml 파일을 찾을 수 있다. 모든 구성 요소를 시작하고 실행하려면, 다음 리스트와 같이 YAML 파일이 있는 디렉터리에서 docker-compose up -d 명령을 실행한다.

> **NOTE**
>
> 도커에 익숙하지 않거나 도커를 설치하지 않은 경우 공식 문서(https://www.docker.com/get-started)를 읽어보자. 해당 사이트에서도 설치 지침을 찾을 수 있다.

```
$ git clone \                          깃허브의 책 예제로부터
  https://github.com/Kafka-In-Action-Book/Kafka-In-Action-Source-Code.git
$ cd ./Kafka-In-Action-Source-Code
$ docker-compose up -d                 examples 디렉터리에서
                                       도커 컴포저를 시작한다.
Creating network "kafka-in-action-code_default" with the default driver
Creating Zookeeper... done             다음 출력을
Creating broker2   ... done            관찰하자.
Creating broker1   ... done
Creating broker3   ... done
Creating schema-registry ... done
Creating ksqldb-server   ... done
Creating ksqldb-cli      ... done

$ docker ps --format "{{.Names}}: {{.State}}"    모든 구성 요소가 실행 중인지
                                                 확인하자.
ksqldb-cli: running
ksqldb-server: running
schema-registry: running
broker1: running
broker2: running
broker3: running
zookeeper: running
```

A.5 책 예제로 작업하는 방법

어떤 IDE를 사용하더라도 이 책에 포함된 코드를 열고 실행할 수 있다. 권장하는
IDE는 다음과 같다.

- 인텔리제이 IDEA 커뮤니티 에디션IntelliJ IDEA Community Edition(https://www.
  jetbrains.com/idea/download/)

- 아파치 넷빈즈Apache Netbeans(https://netbeans.org)

- 자바용 VS 코드(https://code.visualstudio.com/docs/languages/java)

- 이클립스 STS(https://spring.io/tools)

A.5.1 명령줄에서 빌드

명령줄에서 빌드하려면 몇 가지 단계가 더 필요하다. 이 책의 자바 11을 사용한 예제는 메이븐 3.6.3으로 빌드됐다. pom.xml 파일이 포함된 폴더의 chapter 디렉터리 루트와 루트 프로젝트 수준에서 ./mvnw verify 또는 ./mvnw --projects KafkaInAction_Chapter2 verify를 실행하면 각 장에 대한 JAR 파일이 만들어져야 한다.

메이븐 래퍼^{Maven Wrapper} 도구(http://mng.bz/20yo)를 사용하므로 메이븐이 설치되어 있지 않은 경우 앞의 명령 중 하나를 실행하면 메이븐을 자동으로 다운로드하고 실행한다. 특정 클래스를 실행하려면 JAR에 대한 경로 다음에 인수로 기본 메소드를 포함하는 자바 클래스를 제공해야 한다. 다음 리스트는 2장에서 일반 자바 클래스를 실행하는 방법을 보여준다.

> **NOTE**
>
> 명령을 성공적으로 실행하려면 모든 의존성과 함께 빌드된 JAR을 사용해야 한다.

리스트 A.8 명령줄에서 Chapter 2 프로듀서 실행

```
java -cp target/chapter2-jar-with-dependencies.jar \
 replace.with.full.package.name.HelloWorldProducer
```

A.6 문제 해결

이 책의 전체 소스 코드는 깃허브(https://github.com/Kafka-In-Action-Book/Kafka-In-Action-Source-Code)에 있다. 이 책의 예제를 실행하는 데 문제가 있는 경우 문제 해결을 위한 일반적인 팁은 다음과 같다.

- 이 책의 코드 및 명령줄 예제를 실행하기 '전에' 클러스터가 시작됐는지 확인한다.

- 클러스터를 올바르게 종료하지 않을 경우, 다음에 클러스터를 시작할 때 사용할 포트를 이미 사용되고 있는 이전 프로세스가 있을 수 있다. jps나 lsof 같은 도구를 사용해 실행 중인 프로세스와 종료해야 할 프로세스를 식별할 수 있다.

- 달리 명시되지 않는 한 명령을 실행할 때 설치된 디렉터리 내에서 시작해야 한다. 명령줄에 더 익숙한 경우 환경 변수 및 별칭 추가와 같은 셋업을 할 수도 있다.

- 명령을 찾을 수 없는 문제가 있는 경우 설치 디렉터리의 셋업을 확인한다. 실행 가능한 것으로 표시된 파일이 있는가? chmod -R 755 같은 명령이 도움이 되는가? 설치 bin 폴더가 PATH 변수에 포함되어 있는가? 아무것도 작동하지 않으면 명령에 대한 절대 경로를 사용해야 한다.

- 각 장의 소스 코드에 있는 Commands.md 파일을 읽어본다. 이는 특정 장에서 사용되는 대부분의 명령을 포함하는 파일이다. 더 많은 참고사항을 보려면 README.md 파일을 찾아본다.

참고문헌

[1]   J. Galasyn. "How to Run Confluent on Windows in Minutes." Confluent blog (March 26, 2021). https://www.confluent.io/blog/set-up-and-run-kafka-on-windows-and-wsl-2/ (accessed June 11, 2021).

[2]   M. G. Noll. "Running a Multi-Broker Apache Kafka 0.8 Cluster on a Single Node." (March 13, 2013). https://www.michael-noll.com/blog/2013/03/13/running-a-multi-broker-apache-kafka-cluster-on-a-single-node/ (accessed July 20, 2021).

[3]   "Apache Kafka Quickstart." Apache Software Foundation (n.d.). https://kafka.apache.org/quickstart (accessed August 22, 2021).

[4]   README.md. Confluent Inc. GitHub (n.d.). https://github.com/confluentinc/customer-utilities (accessed August 21, 2021).

부록 **B**

클라이언트 예제

이 책의 코드 샘플은 자바 카프카 클라이언트에 초점을 맞추고 있지만, 새로운 사용자가 빠르게 유사점을 이해하기 위한 가장 쉬운 방법 중 하나는 그들에게 더 친숙한 프로그래밍 언어의 예제를 보는 것이다. 컨플루언트 플랫폼에는 지원하는 클라이언트 목록도 있다[1]. 부록 B에서는 카프카 파이썬 클라이언트를 살펴본 다음 자바 클라이언트 테스트에 대한 몇 가지 참고사항을 제공한다.

B.1 파이썬 카프카 클라이언트

이 예제에서는 컨플루언트 파이썬 클라이언트를 살펴본다[2]. 컨플루언트 클라이언트를 사용할 때의 이점은 클라이언트가 아파치 카프카 자체뿐만 아니라 전체 컨플루언트 플랫폼 제품과도 호환되리라는 신뢰도가 높다는 것이다. 두 가지(프로듀서와 컨슈머) 클라이언트 예제로 파이썬 사용을 시작하는 방법을 살펴보자. 하지만 파이썬 설치에 대한 간략한 설명을 먼저 확인하자.

B.1.1 파이썬 설치하기

파이썬 사용자라면 이미 파이썬 3로 이동했을 것이다. 그렇지 않다면 librdkafka를 설치해야 한다. 홈브루Homebrew를 사용한다면 brew install librdkafka 명령을 사용할 수 있다[2].

다음으로, 코드에서 의존성으로 사용하는 클라이언트 패키지가 필요하다. 컨플루언트 카프카용 휠 패키지는 pip install confluent-kafka를 사용해 pip로 설치할 수 있다. 워크스테이션에 이러한 준비를 했다면 간단한 파이썬 프로듀서 클라이언트를 빌드하는 방법을 살펴보자.

B.1.2 파이썬 프로듀서 예

다음 리스트는 confluent-kafka-python을 사용하는 간단한 파이썬 프로듀서 클라이언트를 보여준다[2]. kinaction-python-topic 토픽에 2개의 메시지를 전달한다.

리스트 B.1 파이썬 프로듀서 예제

```
from confluent_kafka import Producer          컨플루언트 패키지를
                                              먼저 임포트한다.
producer = Producer(
    {'bootstrap.servers': 'localhost:9092'})   특정 카프카 브로커에 연결하도록
                                              프로듀서 클라이언트를 구성한다.
def result(err, message):                      성공 및 실패 처리 콜백
    if err:                                    역할을 수행한다.
        print('kinaction_error %s\n' % err)
    else:
        print('kinaction_info : topic=%s, and kinaction_offset=%d\n' %
        (message.topic(), message.offset()))

messages = ["hello python", "hello again"]      보낼 메시지가
                                              담긴 배열
for msg in messages:
    producer.poll(0)
    producer.produce("kinaction-python-topic",   모든 메시지를
    value=msg.encode('utf-8'), callback=result)  카프카로 전달한다.

producer.flush()       메시지가 버퍼링되지 않고          샘플 출력은 2개의 전달된 메시지에
                       전달됐는지 확인한다.              대한 메타데이터를 보여준다.
# 출력
#kinaction_info: topic=kinaction-python-topic, and kinaction_offset=8

#kinaction_info: topic=kinaction-python-topic, and kinaction_offset=9
```

컨플루언트 패키지를 사용하려면 먼저 confluent_kafka 의존성을 임포트해야 한다. 그런 다음, 연결할 브로커 주소를 포함하는 구성값으로 프로듀서 클라이언트를 셋업할 수 있다. 리스트에서 result 콜백은 호출이 성공하든 실패하든 각 produce 메서드 호출 후 일부 로직을 실행하도록 트리거된다. 그런 다음, 샘플 코드는 message 배열을 반복하여 각 메시지를 차례로 전달한다. 메시지가 나중에 전송되도록 대기열에만 있는 것이 아니라 실제로 브로커로 전송되는지 flush()를 호출하여 확인한다. 마지막으로, 일부 샘플이 콘솔에 출력된다. 이제 메시지 소비 측면으로 돌아가 파이썬에서 어떻게 작동하는지 살펴보자.

B.1.3 파이썬 컨슈머

다음 리스트는 confluent-kafka-python을 사용하는 샘플 카프카 컨슈머 클라이언트를 보여준다[3]. 리스트 B.1에서 파이썬 카프카 프로듀서가 생산한 메시지를 읽는 데 사용할 것이다.

리스트 B.2 파이썬 컨슈머 예제

```
from confluent_kafka import Consumer        ◁── 먼저 컨플루언트 패키지를
                                                임포트한다.
consumer = Consumer({
    'bootstrap.servers': 'localhost:9094',  ◁── 특정 카프카 브로커에 연결하도록 컨슈머
    'group.id': 'kinaction_team0group',         클라이언트를 구성한다.
    'auto.offset.reset': 'earliest'
})
consumer.subscribe(['kinaction-python-topic'])  ◁── 토픽 목록에 대한 컨슈머를
                                                    구독한다.
try:
    while True:
        message = consumer.poll(2.5)        ◁── 무한 루프 내에서 메시지를
                                                폴링한다.
        if message is None:
            continue
        if message.error():
            print('kinaction_error: %s' % message.error())
            continue
        else:
            print('kinaction_info: %s for topic: %s\n'  %
                (message.value().decode('utf-8'),
                 message.topic()))
```

```
except KeyboardInterrupt:
    print('kinaction_info: stopping\n')
finally:
    consumer.close()            ← 리소스를 확보하기 위한            소비한 메시지를 콘솔에
                                   일부를 클린업한다.                 출력한다.
# 출력
# kinaction_info: hello python for topic: kinaction-python-topic
```

리스트 B.1의 프로듀서 예제와 마찬가지로 confluent_kafka 의존성을 선언했는지 확인해야 한다. 그런 다음, 연결할 브로커의 주소를 포함하는 구성값으로 Consumer 클라이언트를 셋업할 수 있다. 컨슈머 클라이언트는 메시지를 소비하려는 토픽 배열을 구독한다. 여기서는 kinaction-python-topic이라는 단일 이름을 사용했다. 그리고 자바 컨슈머 클라이언트에서 했던 것과 같은 방식으로 컨슈머가 새 메시지에 대해 정기적으로 카프카를 폴링하는 무한 루프를 사용한다. 샘플 출력에는 성공적인 메시지와 해당 메시지의 오프셋이 표시된다. 컨슈머가 종료된 경우 finally 블록에서 소비된 오프셋을 커밋한 후 컨슈머 그룹을 떠나 클라이언트를 정상적으로 닫으려고 시도한다.

이 절에서 제공되는 파이썬 예제는 단순하지만 파이썬뿐만 아니라 대부분의 프로그래밍 언어로 카프카와 상호 작용할 수 있음을 비 자바 개발자에게 보여주는 것을 목표로 한다. 하지만 모든 클라이언트가 자바 클라이언트와 동일한 수준의 기능을 지원하는 것은 아니다.

B.2 클라이언트 테스트

EmbeddedKafkaCluster를 사용한 테스트는 7장에서 간략하게 다뤘다. 이제 카프카 코드를 프로덕션에 배포하기 전에 테스트하기 위한 몇 가지 대안을 살펴볼 것이다.

B.2.1 자바 단위 테스트

단위 테스트는 단일 소프트웨어 단위를 체크하는 데 중점을 둔다. 이상적으로는 이 격리된 테스트가 다른 구성 요소에 의존하지 않아야 한다. 하지만 실제 카프카 클

러스터에 연결하지 않고 어떻게 카프카 클라이언트 클래스를 테스트할 수 있을까?

Mockito(https://site.mockito.org/) 같은 테스트 프레임워크에 익숙하다면, 실제 프로듀서를 대신할 모의mock 프로듀서 객체를 만들어 사용할 수 있다. 운 좋게도 공식 카프카 클라이언트 라이브러리는 이미 Producer 인터페이스를 구현하는 MockProducer와 같은 모의 객체를 제공한다[4]. 프로듀서 로직이 작동하는지 확인하는 데 실제 카프카 클러스터가 필요하지는 않다! 또한 모의 프로듀서는 다른 후속 테스트를 실행할 수 있도록 모의 프로듀서가 기록한 메시지를 지우기 위해 호출할 수 있는 clear 메서드도 제공한다[4]. 편리하게도, 컨슈머도 사용 가능한 모의 구현체가 있다[4].

B.2.2 카프카 테스트 컨테이너

7장에서도 언급했듯이 Testcontainers(https://www.testcontainers.org/modules/kafka/)는 또 다른 선택지다. EmbeddedKafkaCluster 옵션은 메모리에서 카프카 브로커 및 주키퍼 노드를 실행하는 프로세스에 의존하지만 Testcontainers는 도커 이미지에 의존한다.

참고문헌

[1]   "Kafka Clients." Confluent documentation (n.d.). https://docs.confluent.io/current/clients/index.html (accessed June 15, 2020).

[2]   confluent-kafka-python. Confluent Inc. GitHub (n.d.). https://github.com/confluentinc/confluent-kafka-python (accessed June 12, 2020).

[3]   consumer.py. Confluent Inc. GitHub (n.d.). https://github.com/confluentinc/confluent-kafka-python/blob/master/examples/consumer.py (accessed August 21, 2021).

[4]   MockProducer<K,V>. Kafka 2.7.0 API. Apache Software Foundation (n.d.). https://kafka.apache.org/27/javadoc/org/apache/kafka/clients/producer/MockProducer.html (accessed May 30, 2021).

찾아보기

Kafka IN ACTION
예제로 마스터하는 카프카 스트리밍 플랫폼

발 행 | 2023년 10월 30일

옮긴이 | 최 중 연
지은이 | 딜 런 스콧 · 빅토르 가모프 · 데이브 클라인

펴낸이 | 권 성 준
편집장 | 황 영 주
편 집 | 김 진 아
　　　　임 지 원
디자인 | 윤 서 빈

에이콘출판주식회사
서울특별시 양천구 국회대로 287 (목동)
전화 02-2653-7600, 팩스 02-2653-0433
www.acornpub.co.kr / editor@acornpub.co.kr

책값은 뒤표지에 있습니다.